高等学校创新性数智化应用型经济管理规划教材（财务系列）

总主编 / 李雪　主审 / 徐国君

财务管理概论

耿菲◎主编

杨屾◎副主编

U0781126

立信会计出版社

LIXIN ACCOUNTING PUBLISHING HOUSE

内容提要

本书的主要内容是财务管理的基本理论和方法。本书注重理论与实务的联系,以企业的投资、筹资、经营、分配等财务活动为主线,全面、系统、综合地介绍了财务管理的基本理论和方法,在保持财务管理专业特色的基础上力求做到内容完整、重点突出、深浅适度、简明实用。此外,本书充分利用智能化技术手段,提供立体化教材资源,每章配有音频、视频等拓展资源以及大量的案例与习题,旨在帮助学生更好地理解和掌握学习内容。

图书在版编目(CIP)数据

财务管理概论 / 耿菲主编. 一上海 : 立信会计出版社,2023.4

"十四五"高等学校创新性数智化应用型经济管理规划教材. 财务系列

ISBN 978-7-5429-7220-0

Ⅰ. ①财… Ⅱ. ①耿… Ⅲ. ①财务管理－高等学校－教材 Ⅳ. ①F275

中国国家版本馆 CIP 数据核字(2023)第 046636 号

策划编辑 方士华
责任编辑 许 颖
美术编辑 吴博闻

财务管理概论
CAIWU GUANLI GAILUN

出版发行	立信会计出版社			
地 址	上海市中山西路 2230 号		邮政编码	200235
电 话	(021)64411389		传 真	(021)64411325
网 址	www. lixinaph. com		电子邮箱	lixinaph2019@126. com
网上书店	http://lixin. jd. com			http://lxkjcbs. tmall. com
经 销	各地新华书店			

印 刷	上海华业装璜印刷有限公司
开 本	787 毫米×1092 毫米 1/16
印 张	12.75
字 数	324 千字
版 次	2023 年 4 月第 1 版
印 次	2023 年 4 月第 1 次
书 号	ISBN 978-7-5429-7220-0/F
定 价	39.00 元

如有印订差错,请与本社联系调换

总　序

教材是高校实现人才培养目标的重要载体,教材及教材建设对高校发展具有举足轻重的作用。由于历史原因,在财经类教材的出版方面,研究型本科或者高职高专、中等职业等层次的教材较多,应用型本科层次的教材较少。虽然近年来一些财经类应用型本科教材也陆续出版,但总体而言,这些教材缺乏权威性、普适性、实用性、创新性。造成这种状况有多方面的原因:一是出版社对财经类应用型本科教材的出版还不够重视,没有进行有效的策划组织出版;二是财经类应用型本科院校多为新建院校,教材建设相对滞后,主观上也较愿意使用研究型本科教材;三是教材使用中存在比较严重的混用现象,教材目标读者群不明确,例如,不少教材既适用于研究型本科院校又适用于应用型本科院校,或者既适用于本科院校又适用于高职高专院校。

由于目前财经类应用型本科教材种类和数量匮乏或质量欠佳,财经类应用型本科院校不得不沿用传统研究型教材。这些教材本身的质量很好、层次高,但是并不适用于应用型本科院校的教学,教师和学生普遍反映不好用。现有教材存在的主要问题包括:一是教材的定位和要求过高;二是教材的内容偏多、难度偏大;三是教材着重于理论解释,相关案例、实训等内容较少,缺乏普适性、实用性。

近年来,信息技术的快速发展使学生的学习习惯和阅读习惯发生了改变,不断向个性化、自主学习的方向发展,传统的单一纸质教材已经无法适应这种变化。翻转课堂、慕课、微课等网络课程的兴起,混合式教学的不断推进,也提出了建设立体化教材的新要求。教材作为一种课堂上的教学工具、传播媒介,理应顺势而为,随课堂形式、学生学习方式的改变而改变,朝着数字化、立体化、可视化的方向发展。因此,需要编写适应学生水平、便于学生接受的立体化财经类应用型本科教材。

我们组织具有多年应用型人才培养经验的优秀教师和实务界专家编写了这套教材。本系列教材有《会计基本技能》《出纳实务》《基础会计》《中级财务会计》《成本会计》《管理会计》《会计信息系统》《财务管理》《审计学》《高级财务会计》《商业分析》《税法》《经济法》《金融学》等品种。为了保证教材的质量,本系列教材聘请了知名高校的专家教授进行专门指导和审核。每本教材至少有一名本学科的知名专家或学科带头人提出审核指导意见,至少有一名高等院校教学一线的高级职称教师组织编写,有一名行业协会、实务界专家或教学研究机构人员提出编写建议。

本系列教材的定位准确、特色明显,适用于应用型本科院校教学,便于学生的自学和教师的教学。本系列教材的特色如下。

1. 应用性

应用型本科教材建设应坚持培养应用型本科人才的定位,充分吸收和借鉴传统的普通本科教材与高职高专教材建设的优点和经验,以就业为导向,做到理论的培养上高于高职高专教材、动手能力的培养上高于传统本科院校教材。本系列教材体现了应用型本科的定位,体现了素质教育和"以学生发展为本"的教育理念,遵循了高等教育教学基本规律,重视知识、能力和素质的协调发展,根据应用型人才培养模式对学生的创新精神、实践能力和适应能力的要求,在内容选材、教学方法、学习方法、实验和实训配套等方面突出了应用性特征。

2. 针对性

本系列教材的编写符合会计学、财务管理和审计学等专业的培养目标、培养需求、业务规格和教学大纲的基本要求,与各专业的课程结构和课程设置相对应,与课程平台和课程模块相对应。教材在结构纵横的布局、内容重点的安排、示例习题的设计等方面符合教改目标和教学大纲的要求,把教师的备课、试讲、授课、辅导、答疑等教学环节有机地结合起来。

3. 立体化

本系列教材为立体化教材,实现了由传统纸质教材向"纸质教材+数字资源"的转变,通过技术手段将晦涩难懂的理论知识转变为直观的具体知识,以立体化、数字化的方式呈现,包括图文、动画、音频、视频等多种形式,生动、有趣且易懂,不仅可以激发学生的学习兴趣,还有利于教学效果的提升。

4. 趣味性

本系列教材使用了大量的例题和案例,每章都加入了"思政育人""延伸阅读"等内容,帮助学生加深理解,更快掌握相关内容。在案例、例题等的设计选用上重点突出趣味性,易于引发学生的共鸣。

5. 先进性

本系列教材包含应用型会计人才教育教学改革的内容,能够反映财务相关学科领域的最新发展状况。系列教材的整体规划、每种教材的内容构建等均体现了创新性。系列教材在规划时强调系列配套,包括了教材、学习参考书、教学课件等。立体化教材在内容修订上更具有明显优势,线上资源可以随时根据政策法规、理论知识或工作实务等的变化进行调整,更有利于保持教材内容的先进性。

6. 基础性

本系列教材将打破传统教材自身知识框架的封闭性,尝试将多方面的知识进行融会贯通,注重知识层次的递进,涵盖每门科目的基本内容,同时在具体内容编写上重点培养学生的实际运用能力,做到"教师易教,学生乐学,技能实用"。

7. 易于自学

自学能力是大学生的一项基本能力。学生只有具备了自主学习的能力,才能最终建立起终身学习的保障体系,这也是应用型本科人才培养的客观要求。应用技术型高校的生源素质与普通高校相比存在一定的差距,部分学生在学习习惯、基础知识等方面存在一定的欠缺,这就要求教材能够调动这部分学生的学习积极性,在理论方面尽量通俗易懂,在实践方面尽量采用案例式教学。为了有利于学生课后自主学习,本系列教材配套了学习指导书和教学课件。

"十四五"高等学校创新性数智化应用型经济管理规划教材凝聚了众多领导、教授和专家多年来的经验和心血。由于我们的经验和人力有限,教材中可能存在不足,期待各位同行、专家和读者的批评指正,我们将根据形势的变化,不断修订教材,以便及时反映学科的最新发展动态和人才培养的最新变化。

本系列教材自 2014 年出版后,得到市场的认可,深受广大高校师生的欢迎。为了更好地完善教材体系,本系列教材从 2017 年起启动第二版的修订工作,2019 年启动第三版的修订工作,2021 年启动第四版的修订工作。各教材的修订版将陆续出版。我们将一如既往地做好教材修订和相关服务工作,希望广大读者对本套系列教材继续给予支持。

李 雪

2022 年 8 月

前　言

　　财务管理学具有很强的理论性、实践性和发展性。财务管理理论自诞生以来,广泛借鉴与吸收相关学科领域的理论、方法及研究成果,不断发展和完善,逐步形成了较为完备的基础理论与知识体系。财务管理涉及企业投资、筹资、运营管理和利润分配等方面的财务决策和控制问题,其知识体系包括基础理论和应用方法。现代财务管理以企业的价值创造和管理为核心,从战略高度服务于企业价值创造。进入 21 世纪,随着全球化的发展、知识经济的兴起、电子商务的繁荣、资源紧缺的加剧以及环境保护与生态意识的增强,财务管理环境发生了巨大的变化,给财务管理理论探索和实务发展提出了新的课题,带来了新的机遇。本书由在财务管理教学中具有良好理论基础和丰富实践经验的教师进行编写,满足当前我国应用型高等学校财务管理教学的需要。

　　本书在编写过程中,坚持推进习近平新时代中国特色社会主义思想进教材、进课堂、进头脑,培育和践行社会主义核心价值观,加强中华优秀传统文化教育,增加课程的知识性、人文性,提升教学的引领性、时代性和开放性,挖掘并把握教材的育人点,有机地渗透思想品德教育。

　　本书围绕财务管理的基本概念、基本理论和方法展开,注重基本理论与基本实务的联系,以企业的投资、筹资、经营、分配等财务活动为主线,全面、系统、综合地介绍了财务管理的基本理论和方法,涵盖现代企业生产经营所涉及的资金运动全过程。

　　本书吸收借鉴了现代财务管理的最新成果和同类优秀教材的成熟经验,立足于我国应用型高等学校的人才培养目标,结合编写者在教学与科研工作中的知识积累与经验积淀,注重理论与实践相结合,注重培养学生的逻辑思维能力和分析解决问题的能力。在内容上,本书坚持以财务管理的基本原理为基础,以企业财务活动为主线,力求将原理、方法和应用融为一体,并充分利用现代智能化技术手段,形成立体化教材资源,促进教、学、用三者的有机结合。

　　本书具有如下编写特点:

　　(1) 逻辑性强。在总体布局上,本书按财务活动的内在逻辑将财务管理的主要内容划分成投资管理、筹资管理、营运资金管理、利润分配与价值分享管理四个模块,各个模块既是一个个相互独立的知识单元,又相互联系形成一个有机的整体。

　　(2) 实践性强。在内容安排上,确保理论充实,突出实践导向。每章编有大量例题,章前设有引导案例,章节中穿插有小案例。案例主要源于实际的经济生活,易于理解,同时又与正文呼应,有利于培养学生的应用能力。

　　(3) 深入浅出,循序渐进。在内容的组织安排和编写过程中,本书力求趣味性与科学性相结合,理论性与实践性相统一,从财务管理学科特点出发,有效激发学生学习兴趣。无论是整体内容还是局部章节,都尽可能做到深入浅出、循序渐进,以达到理想的教学效果。

(4)借助图形、表格等工具进行讲解,图文并茂,通俗易懂。

本书由耿菲主编,杨屾为副主编,陈晓冬、颜萍、于翔、倪运运、王心雨为编者。具体分工如下:第一章财务管理总论由耿菲编写,第二章财务管理的价值观念由耿菲、王心雨编写,第三章业财融合由耿菲编写,第四章投资管理由耿菲、于翔编写,第五章筹资管理由耿菲、杨屾编写,第六章营运资金管理由杨屾、陈晓冬编写,第七章利润分配与价值分享管理由杨屾、颜萍编写,第八章财务与经济活动分析由陈晓冬、倪运运编写。

本书在编写的过程中参考了大量相关教材和论著,在此向有关作者致以深深的谢意!编者对本书的编写进行多次讨论研究,力求内容编排合理。书中疏漏不足之处,敬请读者批评指正。

编　者

2023 年 3 月

目　录

第一章　财务管理总论

内容简介

本章主要内容是财务管理的概述、目标、影响环境及重要环节。

重点难点

本章重点为财务管理的内容和财务管理的目标;难点为对财务管理目标观点的评价。

学习目标

通过学习本章,学生应理解财务管理的概念与特点;掌握财务管理的内容和财务管理的目标;理解财务管理的环境等基本理论。

知识框架

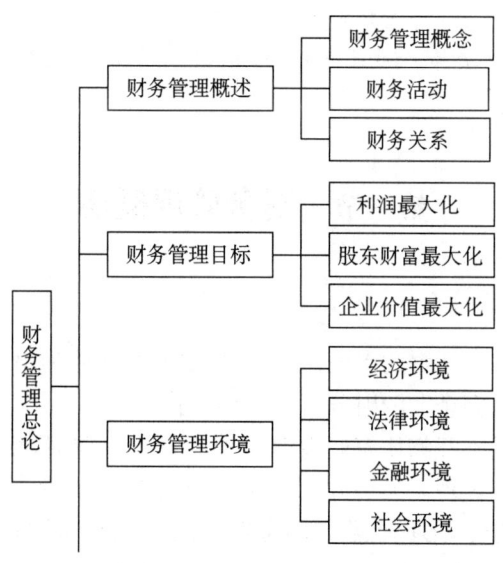

1

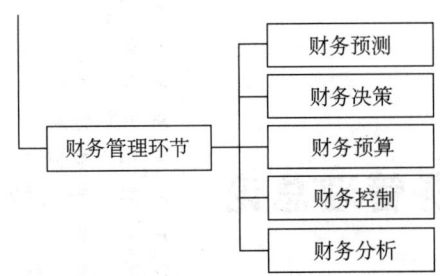

```
                                    ┌─────────────┐
                                    │   财务预测   │
                                    ├─────────────┤
                                    │   财务决策   │
                      ┌──────────┐  ├─────────────┤
                      │ 财务管理环节 │──│   财务预算   │
                      └──────────┘  ├─────────────┤
                                    │   财务控制   │
                                    ├─────────────┤
                                    │   财务分析   │
                                    └─────────────┘
```

 引入案例　　　　　　　　　**雷曼兄弟公司破产**

2008 年 9 月 15 日,美国第四大投资银行雷曼兄弟公司按照美国公司破产法案的相关规定提交了破产申请,成为美国有史以来倒闭的最大的金融公司。

雷曼兄弟公司成立于 1850 年,在成立初期,公司性质为家族企业,规模相对较小,其财务管理目标是利润最大化。随着雷曼兄弟公司从经营干洗、小件寄存的小店逐渐转型为金融投资公司,公司的性质从一个较小的家族企业逐渐成长为在美国乃至全球名声显赫的上市公司。19 世纪末,雷曼兄弟公司开始转型,经营美国当时最有利可图的大宗商品期货交易。其后,该公司又开始涉足股票承销、证券交易、金融投资等业务。1899 年至 1906 年的 7 年间,雷曼兄弟公司从一个金融外行成长为纽约当时最有影响力的股票承销商之一,每一次业务转型都是资本追逐利润的结果。然而,公司在过度追求利润的同时忽视了对经营风险的控制,为其破产的结局埋下了伏笔。

随着公司性质的变化,雷曼兄弟公司财务管理的目标也由利润最大化转变为股东财富最大化。自 1984 年上市以来,公司实现了 14 年连续盈利的经营业绩和 10 年间高达 1 103% 的股东回报率。为了使本公司的股票维持在一个比较高的价位上,雷曼兄弟公司自 2000 年开始连续 7 年将公司税后利润的 92% 用于购买自己的股票,此举虽然对抬高公司的股价有所帮助,但同时减少了公司的现金持有量,降低了其应对风险的能力。

思考:雷曼兄弟公司破产对公司制定财务管理目标有什么启示?

资料来源:刘胜强,卢凯,程惠峰.雷曼兄弟破产对企业财务管理目标选择的启示[J].财务与会计,2009(23):18-19.

第一节 | 财务管理概述

一、财务管理概念

财务通俗地讲就是有关钱财的事务。一个国家的财务,称为财政或公共财政;一个家庭的财务,称为家庭财政;工商企业的财务,称为企业财务。

人类的生存与发展离不开物质资料及其生产经营。一方面,物质资料在生产经营过程中是以货币价值形式加以表现。另一方面,在社会再生产活动中,企业要不断地利用物质资料保障生产经营的正常进行,形成企业与国家之间、企业与外部单位之间的经济关系;同时,企业内部部门之间、企业与职工之间也会产生一定的经济关系。这些经济关系必然会引起企业资金的不断变化,即资金运动或资金流动,从而形成财务关系。因此,对企业来说,财务是企业在生产经营过程中的资金运动及其体现的财务关系。

管理是为实现预期目标所进行的最经济、最有效的活动,是对行动的反映、计划、组织、控制、监督和调节。财务管理是对资金的取得、使用和分配等一系列活动所进行的管理,包括组织财务活动和处理财务关系。就企业财务管理而言,一是要确定管理的对象或管理的内容;二是要确定财务管理的预期目标,即企业财务管理活动所希望实现的结果。

目前,公司制企业已经成为最重要的企业组织形式,本书所讲的财务管理主要是指股份有限公司的财务管理。

二、财务活动

1-1 视频:
资金周转循
环过程

在企业再生产过程中,企业的资金总是处于不断运动中。企业的资金运动表现为资金的循环和周转。

企业的生产经营活动,包括采购过程、生产过程和销售过程。采购过程是产品生产的准备阶段,其主要工作是采购材料物资,形成生产储备,以保证生产经营的正常进行。生产过程是企业生产经营活动的中心环节。在生产过程中,工人利用劳动资料对劳动对象进行加工,形成劳动产品。生产过程既是产品的制造过程,又是生产资料和活劳动的消费过程。销售过程是企业生产经营活动的最后阶段。在销售过程中,企业通过商品交换,获得销售收入,同时使生产过程中物化劳动和活劳动的耗费得到补偿。销售过程既是产品价值的实现过程,又是经营成果的实现过程。

企业资金从货币资金开始,经过采购、生产、销售三个阶段,依次转换形态,又回到货币资金形态的过程是资金的循环。不断重复的资金循环是资金的周转。企业资金只有不断地循环和周转才能既保存自己的价值,又实现其价值的增值。资金周转速度越快,资金利用效果就越好,企业经济效益越高。

企业的资金运动构成企业的财务活动,通过企业财务活动实现企业的资金运动。财务管理是由筹资、投资、资金营运、分配等互相联系、互相作用的部分组成的整体。资金运动具体表现为企业资产、负债、所有者权益、收入、费用和利润六个要素的增减变化,与之相对应,企业财务活动可以归纳为四个方面。

(一) 筹资活动

筹资是指企业为了满足生产经营活动的需要,从一定的渠道,采用特定的方式,筹集企业生产经营所需资金的过程。筹集资金是企业进行生产经营活动的前提,也是资金运动的起点。一般而言,企业可以从三个渠道筹资并形成相应性质的资金来源:一是从所有者方取得的资金形成资本金;二是从债权人取得的资金形成负债;三是从企业获利中以留存收益形式取得的资金形成一部分所有者权益。企业筹集的资金,可以是货币资金,也可以是实物资产或无形资产。在筹资过程中,企业一方面要确定筹资的总规模,以保证投资所需要的资金;另一方面要通过对筹资渠道和筹资方式或工具的选择,确定合理的筹资结构,使筹资的代价较低而风险不变甚至降低。

(二) 投资活动

企业在取得资金后,必须将资金投入使用,以谋取最大的经济效益。否则,筹资将失去目的和依据,不仅如此,还会给企业带来偿付所筹资金本息的风险。投资有广义、狭义之分。广义的投资是指企业将筹集的资金投入使用,包括企业内部使用资金和企业对外投放资金。其中,企业内部使用资金即企业将筹集的资金投入生产经营中,主要是通过购买、建造等,形成各种生产资料。具体而言,有三种主要形式:一是通过固定资产的购买和建造,形成企业的固定资产投资;二是通过流动资产的购买和制造,形成流动资产的占用或投资;三是通过无形资产的购买或创立,形成无形资产的投资。在投资活动中,企业一方面必须确定投资规模,以保证获得最佳的投资效益;另一方面通过对投资方向和投资方式的选择,确定合理的投资结构,使投资的收益较高而投资风险低。

(三)经营活动

采购经营所需材料物资,支付工资和相关费用,构成了企业日常财务支出;取得产品服务销售收入和其他业务的相关收入,构成企业日常财务收入。为了保证日常财务收支在时间上的平衡,企业需要利用所筹集的资金垫付支出大于收入的资金缺口。企业为满足日常营业活动的需要而垫支的资金,称为营运资金。在一定时期内,营运资金周转速度越快,资金的利用效率越高,企业能生产出更多的产品,取得更多的收入,获取更多的利润。

(四)分配活动

企业通过资金的投放和使用,从而取得各种收入。企业的收入首先要用来弥补生产耗费、缴纳税费,余下部分为企业的经营利润。经营利润和对外投资净收益、其他净收益构成企业的利润总额。利润总额首先要按国家规定缴纳所得税,税后利润要提取公积金,用于扩大积累、弥补亏损和提高员工集体福利,其余利润分配给投资者或暂时留存企业或作为投资者的追加投资。企业必须在国家的财务分配政策指导下,根据国家所确定的分配原则,合理确定分配的规模和分配的方式,使企业获得最大的长期利益。

三、财务关系

财务关系是指企业在组织财务活动过程中与各有关方面发生的经济关系。企业的筹资活动、投资活动、经营活动和分配活动都会引起相应的财务关系。常见的财务关系主要包括以下几种。

(一)企业与投资者之间的财务关系

企业与投资者之间的财务关系指的是投资者将资金投入企业,企业获得利润后向投资者分配利润所形成的经济关系。投资者向企业投入资金,成为企业的所有者,对企业具有所有权,享有企业生产经营的管理权,对企业的收益享有分享权。企业获得投资者投入的资金后,投入生产经营中产生收益,要向投资者分配利润。

(二)企业与债权人之间的财务关系

企业与债权人之间的财务关系主要是指企业向债权人借入资金,到期向债权人还本付息所形成的关系。企业在生产活动中,为了扩大生产经营规模和降低资金使用成本,需要借入一部分资金。企业的债权人主要有企业的债券持有人、金融机构、商业信用提供者和其他出借资金给企业的单位或个人。

(三)企业与被投资者之间的财务关系

企业与被投资者之间的财务关系主要是指企业向被投资单位投资,被投资单位获利后向企业分配股利所形成的经济关系。企业向其他单位投资,按约定履行出资义务,并依据其出资份额享有对被投资单位的经营管理权。企业与被投资单位之间的关系体现了所有权性质的投资与受资的关系。

(四)企业与债务人之间的财务关系

企业与债务人之间的财务关系是指企业将资金以购买债券、提供借款或商业信用等形式出借给其他单位或个人所形成的经济利益关系。企业将资金借出后,有权要求债务人按约定的条件偿还借款的本金和利息。企业同债务人之间的关系体现的是债权和债务的关系。

(五) 企业与政府之间的财务关系

政府作为社会管理者,行使政府行政职能,与企业之间的财务关系主要表现为:国家税务机关依法征税,企业要按税法的规定依法纳税。税收收入是国家重要的财政收入,税款的及时征收和缴纳对保障国家正常运行起到非常重要的作用。企业与政府之间的财务关系反映了依法纳税和依法征税之间的权利义务关系。

(六) 企业内部各单位之间的财务关系

企业内部各单位之间的财务关系表现为各单位在生产经营环节中相互配合、相互提供劳务或产品所形成的关系。在实行内部经济核算制的条件下,企业供、产、销各部门以及各生产单位之间,相互提供产品和劳务要进行计价结算。企业内部各单位之间的这种关系表现为各单位之间的利益关系。

1-2 练习题

(七) 企业与职工之间的财务关系

企业与职工之间的财务关系指的是职工提供劳务,企业向职工支付报酬所形成的关系。职工为企业提供的劳务包括脑力劳动和体力劳动,企业根据职工为企业所做贡献的多少支付相应的酬劳,包括各种奖金、津贴等。

1-3 练习题答案

第二节 | 财务管理目标

目标是人们通过一系列的行为所要达到的目的。财务管理目标是财务管理理论与实务的逻辑起点,是财务理论与实践的基础。财务管理的目标是财务活动期望实现的结果,是评价企业财务活动是否合理的基本标准。关于财务管理目标主要有以下三种观点。

一、利润最大化

利润最大化是西方微观经济学的理论基础。西方经济学家大都是以利润最大化这一观点来分析和评价企业业绩。该观点认为,利润代表了企业新创造的财富,利润越多,则企业财富增长越多,越接近企业生存、发展和盈利的目标。以利润最大化作为财务管理目标,有其合理的一面。企业追求利润最大化就必须加强管理,改进技术,提高劳动生产率,降低产品成本,注重市场销售。这些措施有利于资源的合理配置,有利于经济利益的提高。然而,自 20 世纪 70 年代以来,企业一味追求过高的利润带来了许多负面影响,主要集中在以下方面:

(1) 忽视了时间因素,没有考虑货币时间价值。例如,今年获利 100 万元和明年获利 100 万元,哪一个更符合企业的目标? 若不考虑货币时间价值,难以做出正确的判断。

(2) 忽视了风险因素。企业追求利润最大化,可能会使企业忽视投资过程中的风险。

(3) 忽视了利润与投入资本的关系。企业只追求利润最大化,只看利润数量上的增长,而没有全面评估企业为实现利润所投入的资本。

因此,现代财务理论认为,利润最大化并不是企业财务管理的最佳目标。

思政育人 ··

利润与仁义的辩证关系

《易经·系辞》有:"作结绳而为网罟,以佃以渔,盖取诸离。包牺氏没,神农氏作,斫木为耜,揉木为耒,耒耨之利,以教天下,盖取诸益。日中为市,致天下之民,聚天下之货,交易而退,各得其所,盖取诸噬嗑。"人类追求便利,从上古就已开始。即使飞禽走兽,也始终对追求便利乐此不疲。但也如《易经·系辞》所言:"方以类聚,物以群分,吉凶生矣。"在追求利益方面,现代社会和古代社会并无区别,只要涉及交往和利益,就既有方便、便利、吉利、盈利与收获的一面,也同时会产生失利、亏损、不仁不义、凶险甚至陷入无以为继的一面。自古以来的商家,或者受利益驱使不择手段,最后事业大起大落;或者以仁义为本,以诚信为约束,以互惠为目的,以长久兴盛为理想,而成为商家的楷模或典范。

资料来源:钱凤仪.利润与仁义的辩证关系——如何用儒家道德观消解市场中的唯利是图问题[J].企业研究,2018(05):42-44.

二、股东财富最大化

按照现代委托代理学说,企业的代理关系是一种契约关系。在这种关系下,企业的日常经营管理活动由受委托的经营者负责处理。基于委托代理条件下的受托财产责任,经营者应最大限度地为股东或委托人谋求利益。股东或委托人的目标是提高资本报酬率,增加股东财富,实现权益资本的保值增值。在股份制经济条件下,股东财富由其所拥有的股票数量和股票的市场价格两方面来决定。在股票数量一定时,当股票价格达到最大化时,股东财富也达到最大,所以股东财富最大化又演变为股票价格最大化。

与利润最大化相比,股东财富最大化有其积极的方面,体现在以下方面:

(1)股东财富最大化目标考虑了时间价值,因为股票价格受到企业每股预期收益的大小以及取得时间的影响。

(2)股东财富最大化目标考虑了风险因素,因为股价通常会对风险做出敏感的反应。

(3)股东财富最大化目标反映了资本与收益之间的关系,因为股票价格是对每股股价的标价,反映的是单位投入资本的市场价格。

但也应该看到,股东财富最大化存在如下缺点:

(1)无论是我国还是西方,上市公司在全部企业中只占一小部分,大量的非上市公司不可能采用这一目标。

(2)即使是上市公司,股票价格也受多种因素的影响,影响股票价格的因素并非都是公司所能控制的,把公司不可控的因素引入财务管理目标不合理。

(3)股东财富最大化强调了股东利益最大化,很容易忽视其他利益相关者的利益。

新的产权理论认为,股东、债权人、员工都是企业的产权主体,都有权获取企业创造的剩余财产,不难发现,市场竞争的加剧使得一切只以股东利益为出发点的企业财务管理效果变得十分有限。

三、企业价值最大化

企业价值是企业所能创造的预计未来现金流量的现值,反映了企业潜在的或预期的获利能力。通过科学管理,包括采取最优的财务政策、充分利用资金的时间价值、充分考虑风

 1-4 引例解析

险与收益的关系、注重长期稳定发展、强调在价值增长中应满足各方利益,企业可以不断增加财富,从而达到价值最大化。

以企业价值最大化作为财务管理目标,其优点主要表现在如下几方面:

(1)考虑了不确定性和时间价值,强调风险与收益的权衡,并将风险限制在企业可以接受的范围内,有利于企业统筹安排长短期规划,合理选择投资方案。

(2)将企业长期、稳定的发展和持续的获利能力放在首位,能够克服企业追求利润的短期行为。

(3)反映了对企业资产的保值增值要求。在投入资本一定的条件下,如果企业价值大于已投入的资本,实现了资产保值增值的目标,并且企业价值越大,增值越多。

(4)有利于资源的优化配置。社会资金通常流向企业价值最大化的企业或行业,有利于实现社会效益最大化。

1-5 如何统一 CEO 与股东的利益

以企业价值最大化作为财务管理的目标存在以下问题:

(1)尽管上市公司股票价格的变动在一定程度上可以揭示企业价值的变化,但股价是受多种因素综合影响的结果,特别是在资本市场弱式有效的情况下,股票价格很难反映公司的真实价值。

(2)对于非上市公司,只有对公司进行专门评估才能确定其价值。而在评估企业价值时,由于受到评估标准和评估方式的影响,很难做到客观和准确。

(3)在评估企业价值时,企业未来报酬及与企业风险相适应的折现率很难预计。

即使有以上缺陷,企业价值最大化仍是目前认同度最高的财务管理目标。

第三节 | 财务管理环境

财务管理环境也称理财环境,是指对企业财务活动产生影响的各种条件或因素的集合。财务管理环境按其范围,分为宏观财务管理环境和微观财务管理环境。宏观财务管理环境是指对企业财务行为施加影响的各种宏观方面因素的集合,主要包括:经济环境、法律环境、金融环境、社会环境。宏观环境的变化一般对企业的财务管理均产生影响。微观财务管理环境是指对企业财务行为施加影响的各种微观方面因素的集合,主要包括:企业组织形式、采购环境、生产环境、销售环境、企业文化等。微观环境的变化一般只对特定企业、行业或产业财务管理产生影响。下面主要分析宏观财务管理环境。

一、经济环境

财务管理的经济环境是指影响企业财务管理活动的各种经济因素,主要包括经济周期、经济发展水平、通货膨胀和经济政策等。

(一)经济周期

在市场经济环境下,经济的发展具有波动性,一般会经历复苏、繁荣、衰退和萧条四个阶段,呈现出周期性的变化,这种循环称为经济周期。在经济周期的不同阶段,市场呈现出不同的特点,企业也应针对性地采取不同的经营政策和财务管理政策。

在经济的复苏阶段,社会购买力逐步提高,企业要制定适当的发展计划,开发新产品,扩大存货量并采取较为宽松的信用政策,为企业的发展积累能量。在经济的繁荣阶段,市场需求旺盛,企业应该采取扩张的经营政策,扩大经营规模,增加对生产的投资,财务人员应及时筹集到所需资金。在经济的衰退阶段,企业应采取保守的经营政策,缩减投资,采取较为稳健的经营政策,以获得较为稳定的收益。在经济的萧条阶段,企业应尽量维持现有的生产规模,降低企业成本,使企业的收益保持在一定水平,以度过萧条时期。

(二)经济发展水平

目前,世界各国按照经济发展水平可划分为发达国家、发展中国家和不发达国家三类。处于不同发展水平国家的经济发展特点不相同,所采用的财务管理政策也不一样。

发达国家经历了较长的经济发展历程,已经形成较为完善的生产方式,经济关系也比较复杂。此类国家经济较为发达,科学技术特别是信息技术水平不断提高,为财务管理水平的提升提供了基础,财务管理工作的特点表现为理财水平较高。

发展中国家经济基础较薄弱,但发展速度较快,经济政策变更频繁,国际交往合作日益增多。这些因素决定了发展中国家的财务管理工作的特点表现为内容和手段更新较快,企业财务管理的有关法规受国家政策影响较大、不太稳定。

不发达国家经济发展水平较低,经济形式和内容都较为简单,相应的财务管理工作也较为简单,发展也比较缓慢。

(三)通货膨胀

1-6 视频:
什么是通货
膨胀

通货膨胀不仅对消费者不利,也会给企业财务管理带来较大的不利影响,主要表现在以下几方面:

(1)引起资金占用额迅速增加,致使企业现金短缺。货币购买力下降,企业必须支付更多的现金用来购买存货及支付工资,维持原生产规模的难度提升;为了促销而采用赊销方式,会使企业占用较以往更多的资金。

(2)引起利率上升,增加企业的筹资成本。

(3)引起物价上升,增加企业的产品成本。

(4)导致利润虚增、资金流失。

延伸阅读 1-1

改革开放以来我国代表性通货膨胀的表现及主要原因

改革开放以来,我国主要经历过四次较为明显的通货膨胀。

第一,1987—1990 年。1988 年和 1989 年我国 CPI 同比增速均超过 18%,1988 年 12 月更是达到 27.9%。原因包括三方面:一是财政支出速度加快。1986 年,中央政府开始加大财政支出力度,固定资产投资迅猛增长,带动社会需求上升,1988 年全国财政支出增速达两位数。二是价格改革导致隐性通胀压力迅速释放。20 世纪 80 年代后期,我国开始推动计划经济向商品经济转轨,并在 1988 年进行了"价格闯关",以改革旧的价格体系和经济结构中的不合理因素。为此,各大城市先后调整商品价格,提价商品占商品总量比重达 80%,商品价格平均涨幅超过 30%,直接催动物价水平大幅上涨。三是信贷投放保持高位。在社会总需求扩张背景下,信贷投放同步保持高位,1988 年贷款增速达到 21.9%,比同年 GDP 增速高 10.6%。

第二,1993—1994 年。1993 年党的十四届三中全会正式通过了《中共中央关于建立社会主义市场经济体制若干问题的决定》,开始全面推动计划经济向市场经济转轨。但在具体执行中出现了明显的过热倾向,1994 年 CPI 涨幅达到 24.1%。原因包括两方面:一是投资需求和消费需求急剧扩张。1990 年我国取消了储蓄存款保值贴补率,并采取了下调利率等措施,居民消费动力有所增强。同时,各地开始抓紧推动项目建设,投资热情不断高涨,1993 年全社会固定资产投资增速达 61.8%。总需求短期内集中爆发,严重超出了社会的供给能力,导致物价水平大幅上涨。二是货币投放速度同步加快。为配合总需求快速扩张,货币投放力度也同步加大,M1和M2增速一度超过30%。多地出现"乱集资、乱拆借、乱提高利率"等问题,金融秩序一度陷入混乱,加剧了物价的上涨。

第三,2007—2008年。2007年,经济开始出现过热苗头,CPI涨幅一度超过8%。原因包括两方面:一是国际收支持续顺差导致货币供应量高速增长。加入WTO后,我国低成本优势迅速显现,产能开始不断释放,加之对外开放持续加速,我国国际收支持续呈现双顺差格局。在高顺差影响下,企业大量结汇导致货币数量不断增加,加之在人民币汇率持续升值背景下,央行大量购汇投放基础货币,货币发行速度快速上升,M2增速长期保持在15%以上,CPI、股市、房地产均出现持续上涨。二是成本上升加剧通胀压力。这一时期农产品生产成本开始上升,催动食品价格上涨,加之国际大宗商品价格不断走高,输入型通胀压力同步增大。

第四,2010—2011年。受2008年金融危机影响,我国CPI增速一度变为负值。为应对金融危机冲击,我国采取了"积极的财政政策＋适度宽松的货币政策"的政策组合,推出4万亿经济刺激计划、十大产业振兴方案等措施助力经济复苏,货币政策更是有史以来首次出现"宽松"。2009—2010年,人民币贷款共计新增约18万亿元,M2增速一度接近30%。受此影响,CPI增速在2011年超过6%,为此我国再次采取了紧缩政策抑制总需求,控制物价上涨,2012年起CPI逐步降至2%以下。

资料来源:邱亦霖,梁斯.通货膨胀表现形式的变化、主要原因及建议[J].西南金融,2022(11):3-16.

(四)经济政策

经济政策是指国家为了增进社会经济福利而制定的解决经济问题的指导原则和措施,包括财政、税收、金融、外汇、价格、投资、物资流通和社会保障等各个方面的政策。在经济政策中,对企业影响较大的主要有财政政策和货币政策。一般来讲,积极、扩张的财政政策与货币政策,会使投资机会增加;紧缩的财政政策与货币政策,会使投资机会减少。政府增加开支时,投资机会将增多;政府压缩开支时,投资机会将减少。同时,对某些地区、某些行业、某些经济事项的优惠、鼓励和重点倾斜,也是政府经济政策的主要内容。经济政策对企业理财活动的影响巨大。企业财务人员应研究不同的经济政策对企业理财活动可能造成的影响,趋利避害,更好地为企业理财服务。

二、法律环境

财务管理的法律环境是指影响企业财务活动的各种法律、法规和规章,主要包括企业组织法规、税法和财务法规。

(一)企业组织法规

企业组织必须依法设立。组建不同的企业,要依照不同的法律规范。我国企业组织法规主要有《中华人民共和国公司法》(以下简称《公司法》)、《中华人民共和国个人独资企业法》《中华人民共和国外商投资法》《中华人民共和国合伙企业法》等。这些法律规范既是企业的组织法,又是企业的行为法。例如,公司的组建要遵循《公司法》中的有关条件和程序,公司一旦成立,其主要的活动,包括财务管理活动,都要按照《公司法》的规定进行。因此,《公司法》是公司财务管理最重要的强制性规范,公司的财务活动不能违反该法律,公司的自主权不能超出该法律的限制。其他类型企业也应按照相应的企业法来进行其理财活动。

(二)税法

税法是税收法律制度的总称,是调整税收征纳关系的法规规范。税法可分为两大类,一类是以《中华人民共和国税收征收管理法》为核心的程序法系;另一类是实体法系,实体法按征收对象的不同分为所得税、流转税、资源税、财产税、行为税五大类。

税负是企业的一种现金支出。因此,企业希望在不违反税法的前提下减轻税负。减轻税负只能靠事先合理安排和筹划筹资、投资、利润分配等财务行为,而不允许在应纳税行为已经发生时偷税漏税。掌握税法,对财务主管人员具有重要意义。

(三)财务法规

财务法规是规范企业财务活动、协调企业财务关系的行为准则,主要包括企业财务通则和财务制度。

财务通则是开展财务活动、进行财务管理必须遵循的基本原则和规范,是财务制度体系中最基本的法规,是制定企业财务制度和企业内部财务管理办法的纲领性文件。我国的财务通则分别从企业、事业单位、行政单位和金融企业的角度进行了规范,有《企业财务通则》(财政部令第 41 号)、《事业单位财务规则》(财政部令第 108 号)、《行政单位财务规则》(财政部令第 71 号)、《金融企业财务规则》(财政部令第 42 号)。

财务制度是财政部依据财务通则,结合不同类型单位的性质和特点制定的,是各类单位从事财务活动必须遵循的行为规范和原则。例如,根据《事业单位财务规则》制定了《科学事业单位财务制度》《高等学校财务制度》《文物事业单位财务制度》《医院财务制度》《中小学校财务制度》《体育事业单位财务制度》《农业事业单位财务制度》《国家物资储备事业单位财务制度》等事业单位的财务制度;根据《企业财务通则》制定了《工业企业财务制度》《商品流通企业财务制度》《运输企业财务制度》等。

三、金融环境

金融环境是企业财务管理最主要的环境之一,主要包括金融机构、金融市场、金融工具和利率等。

(一)金融机构

社会资金从资金供应者手中转移到资金需求者手中,大多需要通过金融机构。财务人员最有效地筹集资金,必须了解金融机构。

目前我国金融机构主要包括以下几类。

1. 银行

我国银行主要包括中国人民银行、商业银行和国家政策性银行。中国人民银行代表政府管理全国的金融机构和金融活动,经理国库。商业银行是以经营存款、放款和办理转账结算为主要业务,以营利为目标的金融企业,主要包括国有商业银行(如中国工商银行、中国农业银行、中国银行、中国建设银行和交通银行等)和其他商业银行(如广东开发银行、招商银行、光大银行等)。国家政策性银行是由政府设立、以贯彻国家产业政策为目的、不以营利为目的的金融机构,主要有中国进出口银行、国家开发银行、农业发展银行等。

2. 证券公司

证券公司分为综合类证券公司和经纪类证券公司。综合类证券公司主要通过承担证券的推销或包销工作,为企业融通资金提供服务。经纪类证券公司只能专门从事已上市证券的代理买卖经纪业务。

3. 其他金融机构

其他金融机构主要包括信托投资公司、保险公司和租赁公司等。

(二) 金融市场

金融市场是资金供求双方借助金融工具融通资金的市场,其特点是以资金为交易对象。

1. 金融市场的分类

金融市场可以根据不同的标准进行分类,常见的方法是按金融交易对象分类,如图 1-1 所示。

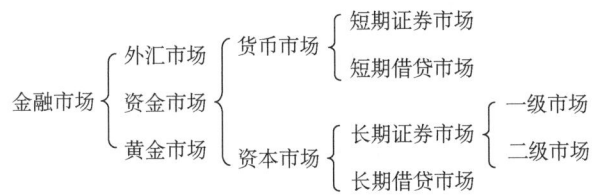

图 1-1　金融市场的基本类型

资金市场按期限分为货币市场和资本市场。货币市场是指资金偿还期限在一年之内的市场,简称短期资本市场,包括短期借贷市场、短期证券市场等;资本市场是指资金偿还期限在一年以上的市场,简称长期资本市场,包括长期借贷市场和长期证券市场。

长期证券市场按具体功能分为一级市场和二级市场。一级市场是由新证券首次发行而形成的证券市场,亦称发行市场;二级市场是由现有证券买卖交易而形成的证券市场,亦称交易市场。

2. 金融市场与企业财务管理

金融市场对企业财务管理的影响主要表现在以下方面:

(1) 金融市场为企业筹资和投资提供场所。当企业需要资金时,可以到金融市场上选择合理的方式进行筹资;当企业的资金有剩余时,也可以到金融市场上选择投资方式,为资金寻找出路。

(2) 企业可通过金融市场实现长期资金和短期资金的相互转换。例如,将长期的债券、股票和远期票据转换成现金,或将短期的资金转换成长期的债券和股票等。

(3) 金融市场为企业财务管理提供相关信息。

(三) 金融工具

金融工具是指在信用活动中产生的能够证明债权债务关系或所有权关系并据以进行货币资金交易的合法凭证。金融工具按发行和流通的场所可划分为货币市场证券和资本市场证券。

货币市场证券到期日通常在一年以内,是由政府、银行及工商企业发行的短期信用工具,主要包括商业本票、银行承兑汇票、国库券、银行同业拆借、短期债券等。资本市场证券是指到期期限超过一年的证券,主要包括普通股、优先股、长期公司债券、国债、衍生金融工具等。

(四) 利率

利率是衡量资本增值量的基本单位,也是资本的增值与投入资本的价值比率。从资本流通角度看,利率为资本的交易价格。资本作为一种特殊的商品,是以利率作为价格标准,资本的融通实质上通过利率这一价格体系在市场机制作用下实行再分配。这种分配的结果,往往是获利较高的投资机会更容易得到资本。因此,利率可以被认为是资本市场中资本流向的调节器。

一般来说,利率可用下式表示:

$$利率＝纯利率＋通货膨胀率＋违约风险报酬率＋$$
$$流动性风险报酬率＋期限性风险报酬率$$

1. 纯利率

纯利率是指在无通货膨胀和无风险情况下的社会平均利润率。纯利率的高低,受平均利润率、资本供求关系和国家宏观调节的影响,很难被精确地测定。因此,在实际工作中,通常用无通货膨胀情况下的国库券利率来表示。

2. 通货膨胀率

通货膨胀会降低货币的实际购买力,使投资者的真实报酬率下降。因此,投资者必然要求提高利率水平以补偿其购买力损失。一般认为,政府发行的短期国库券利率是由纯利率和通货膨胀率两部分组成。

3. 违约风险报酬率

违约风险是指借款人无法按期偿还本金和利息而给投资者带来的风险。如果借款人经常不能按期支付本息,则说明该公司违约风险较高。投资者为了减少损失,必然要求提高报酬率以弥补违约风险。当然,违约风险报酬率不可以无限制地增长,如果某公司具有过高的风险性,则以任何利率都不可能筹集到借款。公司违约风险由其信用程度决定,公司的信用程度可以分为若干等级,等级越高,信用越好,违约风险越低,利率水平越低;等级越低,信誉不好,违约风险高,利率水平自然提高。一般将国库券与拥有相同到期日、变现力和其他特性的公司债券两者之间的利率差作为违约风险报酬率。

4. 流动性风险报酬率

流动性风险是指某项资产迅速转化为现金的可能性。如果一项资产能够迅速转化为现金,说明其变现能力强,流动性好,流动性风险低;反之,则说明流动性风险高。政府债券和大公司债券的信用好,变现能力强,具有较强的流动性,容易被广大投资者所接受,投资者在需要资本时,可以随时出售此类债券,流动性风险小,利率低。而一些不知名的小公司发行的债券,流动性差,流动性风险高,利率高。在其他因素相同的情况下,流动性风险小的债券和流动性风险大的债券利率相差 1％～2％,即流动性风险报酬率。

5. 期限性风险报酬率

期限性风险是指因债务到期日不同而带来的风险。一项负债,到期日越长,债权人承受的不确定因素就越多,承担的风险就越高。为了弥补这种风险而提高的利率水平,就是期限性风险报酬率。例如,同时发行的国库券,5 年期利率比 3 年期利率高,银行贷款利率也存在类似的特点。长期利率一般要高于短期利率,这便是期限性风险报酬率。

四、社会环境

社会环境也称社会文化环境,是指影响企业进行财务管理工作的社会文化因素,包括教育、科学、文学、艺术、舆论、新闻出版、广播电视、卫生体育、世界观、理想、信念、道德、习俗、思维方式等。

受教育程度的高低影响财务管理人员的职业判断、业务水平和实务能力。随着经济的不断发展,企业所面临的财务管理业务也越来越复杂,财务管理人员所面临的问题不仅是财务方面的专业问题,有时还需要处理、协调其他方面的关系。在进行财务管理决策时,不但要考虑财务方面的因素,还要考虑企业管理的其他方面,如与营销部门、生产部门等其他部门的协调。除此之外,财务管理人员还要熟悉各种法律法规,使企业的各项财务活动在法律法规规定的范围内进行。因此,财务管理人员所受的教育应不仅仅是财务方面的,企业管理的各方面知识也都要掌握,更要注重能力的培养。

财务管理知识体系的发展受到自然科学和社会科学的影响。一方面,科学发展为财务管理的发展提供了理论指导和管理手段,经济学、管理学乃至数学、物理及计算机等科学的发展,都在一定程度上促进了现代财务理论的发展,并用于指导财务管理的实践活动;另一方面,社会科学和自然科学的不断发展,也丰富了财务管理的研究内容,给财务管理的发展带来了新的挑战。

价值观、世界观直接影响人们对事物的判断和认识,财务管理人员对风险的偏好、对货币时间价值的认识、对信息的处理,都会影响其对企业经济活动的判断和处理。在新的形势下,财务管理人员要及时转变、更新观念,以适应不断变化的社会环境,使企业的财务管理活动能够有序、正常地进行。

第四节 | 财务管理环节

财务管理环节包括财务预测、财务决策、财务预算、财务控制和财务分析。

一、财务预测

(一) 财务预测的含义与目的

财务预测是根据财务活动的历史资料,考虑现实的要求和条件,对企业未来的财务活动和财务成果做出科学的预计和测算,是财务管理环节之一。其主要任务有:测算各项生产经营方案的经济效益,为决策提供可靠的依据;预计财务收支的发展变化情况,以确定经营目标;测定各项定额和标准,为编制计划、分解计划指标服务。财务预测环节主要包括明确预测目标、搜集相关资料、建立预测模型、确定财务预测结果等步骤。

财务预测的目的是体现财务管理事前决策的作用,帮助财务人员认识和控制未来的不确定性,使财务管理的目标和可能变化的环境尽量保持一致。财务预测可以按不同标准进行多种分类:①按预测对象分为筹资预测、投资预测、成本预测、收入预测和利润预测;②按性质分为定性预测和定量预测;③按预测跨度时间分为长期预测、中期预测和短期预测;④按预测值数量分为单项预测和多项预测;⑤按预测态势分为静态预测和动态预测。

(二) 财务预测的作用

财务预测对于提高公司经营管理水平和经济效益有着十分重要的作用,表现在以下几个方面:

(1) 财务预测是进行经营决策的重要依据。管理的关键是决策,决策的关键是预测,通过预测可以为企业管理提供重要的决策依据。

（2）通过财务预测可以使企业有效地安排资金，提高资金使用效率。通过对未来资金使用量的预测，企业可以及时筹集经营期间所需要的资金，合理安排资金的使用流向，既不会过度占用流动资金，也不会造成资金短缺。

（3）通过财务预测提高企业的管理水平。财务预测越准确，说明企业的管理水平越高，越能有效促进企业的生产经营活动。

二、财务决策

财务决策是指财务人员按照财务管理目标的总体要求，利用专门方法对各种备选方案进行比较分析，并从中选出最佳方案的过程。

（一）财务决策的目的

财务决策的目的在于确定科学合理的财务方案。只有确定了效果好并切实可行的方案，财务活动才能取得好的效益，完成企业价值最大化的财务管理目标。因此，财务决策是整个财务管理的核心。财务决策需要以财务预测为基础与前提，是对财务预测结果的分析与选择。财务决策是多标准的综合决策。决定方案取舍的既有货币化、可计量的经济标准，又有非货币化、不可计量的非经济标准，因此，决策方案往往是多种因素综合平衡的结果。

（二）财务决策的分类

财务决策按照能否程序化，可以分为程序化财务决策和非程序化财务决策。程序化财务决策是指对不断重复出现的例行财务活动所做的决策，非程序化财务决策是指对不重复出现、具有独特性的非例行财务活动所做的决策。

财务决策按照决策所涉及的时间长短，可分为长期财务决策和短期财务决策。长期财务决策是指所涉及时间超过一年的财务决策，短期财务决策是指所涉及时间不超过一年的财务决策。

财务决策按照决策的条件，又可以分为确定型决策、风险型决策和非确定型决策。确定型决策是指对未来情况完全掌握，每种方案只有一种结果的事件的决策；风险型决策是指对未来情况不能完全掌握，每种方案会出现多种情况，但可按概率确定的事件的决策；非确定型决策是指对未来情况完全不掌握，每种方案会出现多种结果，且其结果不能确定的事项的决策。

三、财务预算

财务预算是指运用科学的技术手段和数量方法，对未来财务活动的内容及指标所进行的具体规划，按涉及的内容分为专门预算和综合预算。

专门预算是反映某一方面经济活动的预算。例如，反映现金收支活动的现金预算，反映销售收入的销售预算，反映成本、费用支出的生产费用预算、期间费用预算，反映资本支出活动的资本预算，等等。综合预算是反映财务活动总体情况的预算。例如，反映财务状况的预计资产负债表、预计财务状况变动表，反映财务成果的预计损益表，等等。上述各种预算间存在下列关系：销售预算是各种预算的编制起点，构成生产费用预算、期间费用预算、现金预算和资本预算的编制基础；现金预算是销售预算、生产费用预算、期间费用预算和资本预算中有关现金收支的汇总；预计损益表要根据销售预算、生产费用预算、期间费用预算、现金预算编制;预计资产负债表要根据期初资产负债表和销售预算、生产费用预算、资本预算等编制;预计财务状况变动表则主要根据预计资产负债表和预计损益表编制。

四、财务控制

财务控制是指对企业的资金投入、收益过程和结果进行衡量与管理,目的是确保达成企业目标以及实施为达到目标所制定的计划。财务控制的总目标是在确保法律法规和规章制度贯彻执行的基础上,优化企业整体资源,综合配置效益,以资本增值和保值的委托责任目标与其他绩效考核标准来制定财务控制目标。财务控制是企业理财活动的关键,也是确保财务管理目标实现的主要手段。

五、财务分析

财务分析是根据核算资料,运用有关指标和方法,对企业财务活动过程及其结果进行分析和评价的一项工作。财务分析是财务管理的重要方法之一,通过对财务报告所提供的会计信息做进一步加工和处理,为股东、债权人和管理层等会计信息使用者进行财务预测和财务决策提供依据。财务分析的作用如下:

(1) 通过财务分析,可以全面评价企业在一定时期内的各种财务能力,包括偿债能力、营运能力、盈利能力和发展能力,分析企业经营活动中存在的问题,总结财务管理工作的经验教训,帮助企业改善经营活动,提高管理水平。

(2) 通过财务分析,可以为企业外部投资者、债权人、其他有关部门和人员提供更为系统、完整的会计信息,使其能更详细地了解企业的财务状况、经营成果和现金流量,为决策提供依据。

(3) 通过财务分析,可以检查企业内部各职能部门和单位完成经营计划的情况,考核各部门和单位的经营业绩,有利于企业建立和完善业绩评价体系,协调各方面的关系。

本 章 小 结

本章主要内容:财务管理的含义;财务管理的内容;财务管理目标的主要观点,包括利润最大化、股东财富最大化、企业价值最大化,以及这几种观点的优缺点;财务管理的环境,包括经济环境、法律环境、金融环境、社会环境;财务管理的环节,包括财务预测、财务决策、财务预算、财务控制和财务分析。

本章重要概念

财务管理　财务活动　利润最大化　股东财富最大化　企业价值最大化

1-7　第一章课件

1-8　第一章练习题

1-9　第一章练习题答案

第二章 财务管理的价值观念

内容简介

本章主要讲解公司理财中必须确立的基本观念,包括资金时间价值和风险报酬。资金时间价值知识点包括资金时间价值的含义和基本计算。其中,资金时间价值的基本计算包括一次性收付款项的复利终值、现值的计算,以及后付年金、先付年金、递延年金、永续年金的终值和现值计算。风险是指一定条件下一定时期内发生各种结果的可能性。风险的衡量指标有标准离差、标准离差率、风险报酬率等。与风险相对应的概念是报酬,人们甘愿冒一定的风险是为了获得相应的投资报酬。投资报酬率包括风险报酬率和无风险报酬率两部分。

重点难点

本章重点为资金时间价值的基本计算方法、单项资产及证券组合风险与报酬的衡量方法。本章难点为年金终值和现值的计算、单项资产风险报酬的计量。

学习目标

通过学习本章,学生应理解资金时间价值的概念,掌握资金时间价值的计算;理解风险的概念,掌握风险的计量方法,理解风险与报酬的关系。

知识框架

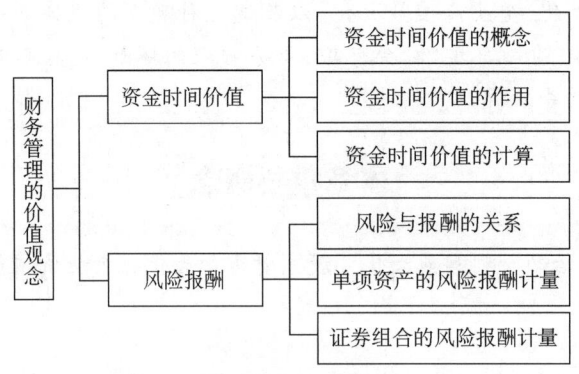

 引入案例 　　　　　　**资金时间价值**

中兴天一公司为建一条产品生产线,准备向长江财务公司借款3 000万元,长江财务公司提出的条件

是 5 年后归还本利之和 3 500 万元。另外,中兴天一公司投资购买产品生产线设备,销售方三联公司提出的条件是:如果现在立即付款,则付款额为 2 000 万元;如果分次付款,则在今后的 5 年内每年年末付款 450 万元。

思考:在银行年利率为 8% 的情况下,中兴天一公司能否接受长江财务公司的借款条件? 向三联公司采购设备选择哪种付款方式更有利?

资料来源:马元兴.财务管理实务[M].4 版.北京:高等教育出版社,2019:26.

第一节 | 资金时间价值

一、资金时间价值的概念

2-1 音频:
资金时间
价值

资金时间价值也称货币时间价值,是指一定数量的资金在不同时点上价值量的差额,是资金在周转使用中随着时间的推移而形成的价值增量。在商品经济中,资金时间价值时刻存在。现在的 100 元和一年后的 100 元或一年前的 100 元,其经济价值是不相等的。假定将现在的 100 元存入银行,银行存款的年利率为 10%,则现在的 100 元等于一年后的 110 元,或现在的 100 元等于一年前的 90.91 元。

资金投入生产经营后,随着时间的推移,其价值不断增长,这是一种客观的经济现象。企业资金循环和周转的起点是投入货币资金,企业用货币资金购买所需的资源,然后生产出新的产品,产品出售后得到的货币量大于最初投入的货币量。资金的循环与周转以及实现货币增值,需要一定的时间,每完成一次循环,货币就增加一定数额,周转的次数越多,增值额也就越大。随着时间的延续,货币总量在循环和周转中不断增长,使得资金具有时间价值。

资金时间价值是在没有风险和没有通货膨胀条件下的社会平均资金利润率。由于存在竞争,市场经济中各部门投资的利润率趋于平均化。每个企业在投资一个项目时,至少要取得社会的平均资金利润率,否则应投资于其他高利润的项目或企业。因此,资金的时间价值成为评价投资方案的基本标准。

资金时间价值可以用绝对数表示,也可以用相对数表示,即以利息额或利息率来表示。在实际工作中对这两种表示方法并不做严格区分,但通常以利息率进行计量。

二、资金时间价值的作用

(一)资金时间价值是评价投资方案是否可行的基本依据

资金时间价值是扣除风险报酬和通货膨胀等因素后的社会平均资金利润率。投资方案至少应取得社会平均资金利润率,因此,以资金时间价值作为标准对投资项目的资金利润率进行衡量,成为评价投资方案的基本依据。如果投资方案的资金利润率低于资金时间价值,则该方案经济效益状况不佳,方案不可行;如果投资方案的资金利润率高于资金时间价值,则该方案的经济效益良好,方案可行。

(二)资金时间价值是评价企业收益的标准

企业财务管理的目标是实现企业价值最大化,不断增加股东财富。为此,经营者必须充分调动和利用各种经济资源去实现预期的收益。而评判资源是否被充分有效使用的一个重要标准,就是看是否达到了预期的收益水平,预期的收益水平应以社会平均资金利润率为标准。因此,资金时间价值就成为评价企业收益的基本标准。

三、资金时间价值的计算

为了计算资金时间价值,需要引入"终值"和"现值"两个概念,用以表示不同时点上资金的价值。终值,又称将来值或本利和,是指一定数量的资金在若干时期后包括本金和利息在内的价值之和,通常用 F 表示。现值,又称本金,是指未来某一时点上的一定数量的资金,按照规定的利率折算成现在的价值,通常用 P 表示。将未来某一时点上的资金换算成等值的现在时点上的资金的折算过程称为贴现,即已知终值和利率求现值的过程。贴现、计息与终值、现值的关系如图 2-1 所示。

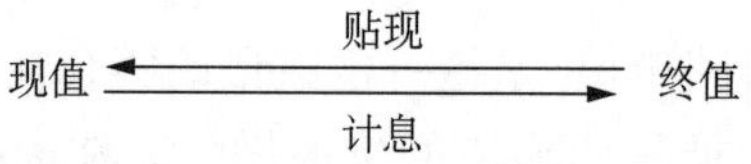

图 2-1 贴现、计息与终值、现值的关系

(一) 复利终值及复利现值计算

复利是指在计算资金时间价值时,不仅本金要计算利息,利息也要计算利息的方法,俗称"利滚利"。如果不做特别说明,本书所指利息均以复利方式计算。

1. 复利终值

复利终值是指在复利的基础上计算一定数量的资金在若干时期后包括本金和利息在内的未来价值。复利终值的计算公式如下:

第 1 年末的本利和: $F_1 = P \times (1+i)$

第 2 年末的本利和: $F_2 = P \times (1+i)^2$

第 3 年末的本利和: $F_3 = P \times (1+i)^3$

……

第 n 年末的本利和: $F_n = P \times (1+i)^n$

采用复利形式计算资金时间价值,涉及指数计算问题,较为复杂。在实际工作中,为了简化计算工作,将指数 $(1+i)^n$ 称为复利终值系数,用符号 $(F/P,i,n)$ 表示,则复利终值的计算公式为:

$$F = P \times (F/P,i,n)$$

在实际工作中,复利终值系数值可以查阅按不同利率和期数编制成的"复利终值系数表"(参见附录附表一)。

【例 2-1】 小王将 10 000 元闲置资金存入银行,年利率为 2%,5 年后的本利和为多少?

解: $F = 10\,000 \times (F/P,2\%,5) = 10\,000 \times 1.104 = 11\,040$(元)

2. 复利现值

复利现值是指在复利的基础上将未来的资金按利率折算成现在的价值。复利现值公式如下:

$$P = \frac{F}{(1+i)^n}$$

通常称指数 $\dfrac{1}{(1+i)^n}$ 为复利现值系数,用符号 $(P/F,i,n)$ 表示,则复利现值公式也可写作如下形式:

$$P = F \times (P/F,i,n)$$

在实际工作中,复利现值系数值可以查阅按不同利率和期数编制成的"复利现值系数表"(参见附录附表二)。

【例 2-2】 甲公司计划 4 年后进行技术改造,需要资金 120 万元,如果银行存款年利率为 5% 时,公司现在存入银行的资金应为多少才能满足 4 年后的资金需求?

解: $P = 120 \times (P/F,5\%,4) = 120 \times 0.823 = 98.76$(万元)

 延伸阅读2-1

百万富翁与指数爆炸

时间价值的威力可以在杰米和韦伯的故事中进一步得到证明。杰米是百万富翁,他碰上一件奇怪的事。一天,一个叫韦伯的人对他说:"我想和你订个合同,根据这个合同,我将在整整一个月(30 天)中的每天给你 10 万元,而你第一天只需给我 1 分钱,以后你每天给我的钱是前一天的两倍。"杰米说:"真的? 你说话算数!"但杰米没想到,他付给韦伯的钱是每天以 100% 的复利增长。

合同开始生效了,第 1 天杰米支出 1 分钱,收入 10 万元;第 2 天杰米支出 2 分钱,收入 10 万元……到了第 10 天,杰米共得到 100 万元,而总共才支出 10.23 元。杰米想:"要是合同签两个月、三个月该多好啊!"

可从第 21 天起情况发生了变化。第 21 天杰米支出 1 万多元,收入 10 万元。到第 28 天,杰米支出 134 万余元,收入 10 万元。结果,杰米在一个月内得到 300 万元的同时,共付给韦伯 1 073 741 823 分(双方未计利息),也就是 1 000 万余元,直接导致杰米破产了。

杰米的故事一定让你感到吃惊:开始微不足道的数字,成倍成倍地增长,会变得这么巨大! 这种增长的速度就像大爆炸一样,非常惊人。

资料来源:李秉林.百万富翁与"指数爆炸"[J].财会月刊,2000(23):21.

(二) 年金终值及现值计算

年金是指时间间隔相同、金额相等的一系列连续的资金收付款项,通常用 A 表示,如分期付款赊购、分期偿还贷款、发放养老金、支付租金、提取折旧、零存整取存款等都属于年金的形式。年金的确认应该符合以下条件:一是时间间隔相同,二是金额相等,三是必须有一系列连续的收付款项(至少两期)。年金按收付款方式分为后付年金、先付年金、递延年金和永续年金 4 种。

1. 后付年金

后付年金是指一定时期内每期期末等额的系列收付款项,又称为普通年金。n 期后付年金的现金流量如图 2-2 所示。

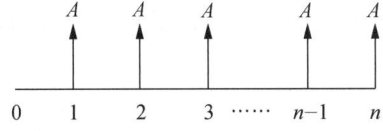

图 2-2　后付年金现金流量示意图

（1）后付年金终值，是指一定时期内每期末等额收款（或付款）的复利终值之和。n 期后付年金终值计算过程如图 2-3 所示。

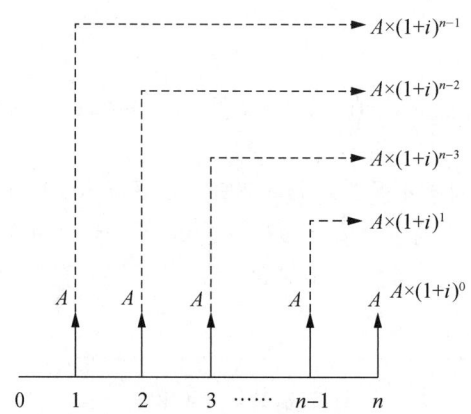

$$A \times (1+i)^{n-1}$$
$$A \times (1+i)^{n-2}$$
$$A \times (1+i)^{n-3}$$
$$A \times (1+i)^{1}$$
$$A \times (1+i)^{0}$$

图 2-3 后付年金终值计算示意图

后付年金终值计算的公式为：

$$F = A \times (1+i)^0 + A \times (1+i)^1 + \cdots + A \times (1+i)^{n-3} +$$
$$A \times (1+i)^{n-2} + A \times (1+i)^{n-1}$$
$$= A \times \frac{(1+i)^n - 1}{i}$$

式中，$\dfrac{(1+i)^n - 1}{i}$ 称为年金终值系数，记作 $(F/A, i, n)$，则后付年金终值计算公式也可写作如下形式：

$$F = A \times (F/A, i, n)$$

在实际工作中，可以通过查阅按不同利率和期数编制成的"年金终值系数表"（参见附录附表三），获取年金终值系数值。

【例 2-3】 假设华东公司每年年末等额向银行存入 5 000 元，存期 6 年，年利率为 8%，则 6 年后的本利和一共有多少？

解：$F = 5\,000 \times (F/A, 8\%, 6) = 5\,000 \times 7.336 = 36\,680$（元）

（2）后付年金现值，是指一定时期内每期末等额收款（或付款）的复利现值之和。n 期后付年金现值计算过程如图 2-4 所示。

后付年金现值的计算公式为：

$$P = \frac{A}{(1+i)^1} + \frac{A}{(1+i)^2} + \frac{A}{(1+i)^3} + \cdots + \frac{A}{(1+i)^{n-1}} + \frac{A}{(1+i)^n}$$
$$= A \times \frac{1 - (1+i)^{-n}}{i}$$

式中，$\dfrac{1 - (1+i)^{-n}}{i}$ 称为年金现值系数，记作 $(P/A, i, n)$，则后付年金现值计算公式

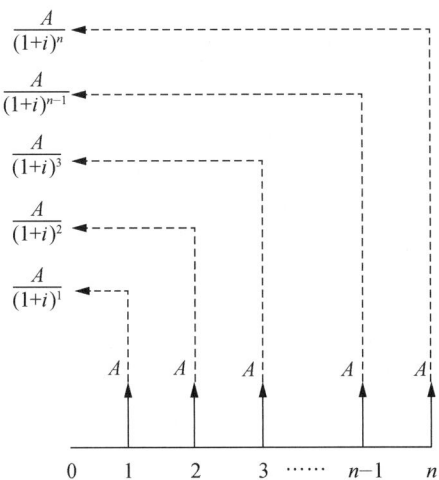

图 2-4 后付年金现值计算示意图

也可写作如下形式：

$$P = A \times (P/A, i, n)$$

在实际工作中,可以通过查阅按不同利率和期数编制成的"年金现值系数表"(参见附录附表四),获取年金现值系数值。

【例 2-4】 某投资公司从今年起每年年末可获得收益 10 000 元,按年利率 10% 计算,10 年收益的总现值为多少?

解: $P = 10\,000 \times (P/A, 10\%, 10) = 10\,000 \times 6.145 = 61\,450$(元)

(3) 年偿债基金和年资本回收额的计算。

年偿债基金是指为了在约定的未来某一时点清偿某笔债务或积聚一定数额的资金而必须分次等额形成的存款准备金。年偿债基金的计算实质上是后付年金终值计算公式的应用,即已知年金终值、利率和期数,求年金 A。年偿债基金的计算公式为:

$$A = \frac{F}{(F/A, i, n)}$$

年资本回收额是指在约定年限内等额回收初始投入资本或清偿所欠债务的金额。年资本回收额的计算实质上是后付年金现值计算公式的应用,即已知年金现值、利率和期数,求年金 A。年资本回收额的计算公式为:

$$A = \frac{P}{(P/A, i, n)}$$

【例 2-5】 某家庭想在 5 年后给孩子准备 5 万元的教育基金,假设年利率为 6%,现在开始每年应该存入银行多少钱?

解: $A = \dfrac{50\,000}{(F/A, 6\%, 5)} = \dfrac{50\,000}{5.637} = 8\,869.97$(元)

【例 2-6】 张军准备购买一辆总价为 20 万元的小轿车,现在向银行贷款 20 万元,准备在 3 年内,每年年末等额偿还,年利率为 5%,请问每年年末应该支付多少钱?

解:$A = \dfrac{200\ 000}{(P/A,5\%,3)} = \dfrac{200\ 000}{2.723} = 73\ 448.40(元)$

2. 先付年金

先付年金是指一定时期内每期期初等额的系列收付款项,又称即付年金。先付年金可以看成是将后付年金整体向前推动了一个计息期间。n 期先付年金的现金流量如图 2-5 所示。

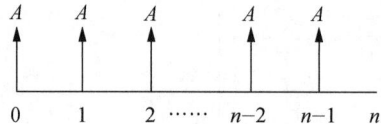

图 2-5　先付年金现金流量示意图

n 期先付年金终值的计算公式如下:

$$F = A \times (1+i)^1 + A \times (1+i)^2 + \cdots A \times (1+i)^{n-2} +$$
$$A \times (1+i)^{n-1} + A \times (1+i)^n$$
$$= A \times (F/A,i,n) \times (1+i)$$

n 期先付年金现值的计算公式如下:

$$P = \dfrac{A}{(1+i)^0} + \dfrac{A}{(1+i)^1} + \dfrac{A}{(1+i)^2} + \cdots + \dfrac{A}{(1+i)^{n-2}} + \dfrac{A}{(1+i)^{n-1}}$$
$$= A \times (P/A,i,n) \times (1+i)$$

可见,先付年金终值和现值的计算结果都比后付年金多计息一期。

【例 2-7】 为了给儿子上大学准备资金,王女士连续 6 年每年年初存入银行 5 000 元,若银行存款年利率为 5%,则王女士在第 6 年年末可以得到的本利和是多少?

解:$F = 5\ 000 \times (F/A,5\%,6) \times (1+5\%) = 5\ 000 \times 6.802 \times (1+5\%) = 35\ 710.5(元)$

【例 2-8】 新友商店未来每年年初需要支付整年的店面房租 10 000 元,共需支付 10 年,年利率为 8%,问这些租金的现值为多少?

解:$P = 10\ 000 \times (P/A,8\%,10) \times (1+8\%) = 10\ 000 \times 6.710 \times (1+8\%) = 72\ 468(元)$

3. 递延年金

递延年金是指若干期以后发生的系列等额收付款项。它是普通年金的特殊形式,即不是从第一期开始的后付年金都是递延年金。递延期为 m,收付款期为 n 的递延年金的现金流量如图 2-6 所示。

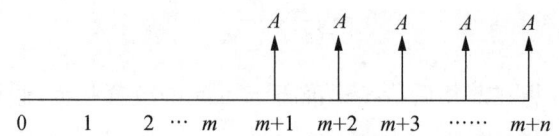

图 2-6　递延年金现金流量示意图

(1) 递延年金的终值大小与递延期无关,因此,计算方法与普通年金终值相同。

【例 2-9】　小王拟投资一处房产,现有两个方案可供选择:方案一,现在起 15 年内每年年末支付 100 000 元;方案二,前 5 年不支付,第 6 年起到第 15 年止每年年末支付 180 000 元。假设银行利率为 10%,采用终值计算,哪个方案对小王更有利?

解:

方案一:$F = 100\ 000 \times (F/A, 10\%, 15) = 100\ 000 \times 31.772 = 3\ 177\ 200$(元)

方案二:$F = 180\ 000 \times (F/A, 10\%, 10) = 180\ 000 \times 15.937 = 2\ 868\ 660$(元)

从以上计算可得,采用方案二对小王有利。

(2)递延年金现值的计算通常有三种方法。

方法一:先计算出 n 期后付年金的终值,然后再将其折合成现值。其计算公式为:

$$P = A \times (F/A, i, n) \times (P/F, i, m+n)$$

方法二:将递延年金看成 n 期后付年金,先计算出 n 期后付年金的现值(即递延期末 m 时点的价值),然后再将其折合成现值。其计算公式为:

$$P = A \times (P/A, i, n) \times (P/F, i, m)$$

方法三:首先计算出 $(m+n)$ 期后付年金的现值,然后再减去没有收付款项的前 m 期后付年金的现值即为递延年金现值。其计算公式为:

$$P = A \times (P/A, i, m+n) - A \times (P/A, i, m)$$

【例 2-10】　花明公司借入一笔款项,银行贷款年利率为 10%,银行规定,前 10 年不用还本付息,从第 11 年起至第 20 年止每年年末偿还本息 50 000 元。问这笔款项的现值应是多少?

解:以下分别用三种方法计算本题。

$P_1 = 50\ 000 \times (F/A, 10\%, 10) \times (P/F, 10\%, 20) = 50\ 000 \times 15.937 \times 0.149$
$\quad = 118\ 730.65$(元)

$P_2 = 50\ 000 \times (P/A, 10\%, 10) \times (P/F, 10\%, 10) = 50\ 000 \times 6.145 \times 0.386$
$\quad = 118\ 598.5$(元)

$P_3 = 50\ 000 \times (P/A, 10\%, 20) - 50\ 000 \times (P/A, 10\%, 10)$
$\quad = 50\ 000 \times 8.514 - 50\ 000 \times 6.145 = 118\ 450$(元)

三种方法的答案误差是系数的精确度所造成的。

4. 永续年金

永续年金是指无限期连续收付等额款项的年金,是普通年金的特例。

永续年金没有终止的时间,因此不存在终值。

永续年金现值的计算公式可以根据后付年金现值计算的公式推导得出,在后付年金现值计算公式中,令 n 趋于无穷大,即可得出永续年金的现值:

$$P = A \times \lim_{n \to \infty} \frac{1 - (1+i)^{-n}}{i} = \frac{A}{i}$$

【例 2-11】　某公司拟建立一项永久性的科研奖励基金,计划每年提供 10 万元用于奖励当年在技术研发方面做出突出贡献的技术人员。如果年利率 10%,则该项奖励基金的现值是多少?

解：$P = \dfrac{A}{i} = \dfrac{10}{10\%} = 100$（万元）

 思政育人

理性消费、理性投资

为了树立科学的消费观，人们一方面要量入为出、适度消费，使消费支出与收入相适应，在自己经济承受能力之内消费；另一方面要避免盲从与其他一些不健康的消费心理的影响，坚持从个人实际需要出发、理性消费。

要理性投资，不要轻易相信所谓的高息"保险"、高息"理财"，因为高收益往往意味着高风险；不被小礼品打动，不被"先返息"之类的诱饵迷惑，记住"天上不会掉馅饼"。

资料来源：中国邮政储蓄银行济源市直属支行. 树立科学消费观争做理性投资者[EB/OL]. (2021-07-29)[2022-12-10]. http://epaper.jyrb.cn/pc/con/202007/29/c_53955.html.

（三）资金时间价值计算中的特殊问题

1. 不等额现金流量现值的计算

年金现值的计算是针对等额的系列收付款项进行的，而在现实经济生活中，往往发生的是每次收付款项不等额的系列业务。为求得不等额的系列收付款的现值之和，可先计算每次收付款的复利现值后加总。

【例 2-12】　某企业未来 5 年每年年末的付款金额如表 2-1 所示，若折现率为 10%，则该项系列付款的现值是多少？

表 2-1　　　　　　　　　　　　　　　**某不等额现金流量**　　　　　　　　　　　　单位：元

年份	20×2	20×3	20×4	20×5	20×6
付款额	100 000	200 000	300 000	200 000	100 000

解： 该项系列付款的现值如下。

$P = 100\ 000 \times (P/F,10\%,1) + 200\ 000 \times (P/F,10\%,2) + 300\ 000 \times (P/F,10\%,3) +$
$\qquad 200\ 000 \times (P/F,10\%,4) + 100\ 000 \times (P/F,10\%,5)$
$\quad = 100\ 000 \times 0.909 + 200\ 000 \times 0.826 + 300\ 000 \times 0.751 + 200\ 000 \times 0.683 +$
$\qquad 100\ 000 \times 0.621$
$\quad = 680\ 100$（元）

2. 年金和不等额现金流量混合情况下现值的计算

在年金和不等额现金流量混合的情况下，能用年金计算公式计算现值的用年金计算公式计算，不能用年金计算的部分使用复利计算，然后加以汇总，便得出年金和不等额现金流量混合情况下的现值。

【例 2-13】　某企业在未来 8 年年末预计的现金流量如表 2-2 所示，若贴现率为 10%，求这一系列现金流量的现值。

表 2-2　　　　　　　　　　　　　**某企业在未来 8 年的现金流量表**　　　　　　　　　单位：元

年份	20×2	20×3	20×4	20×5	20×6	20×7	20×8	20×9
现金流量	30 000	30 000	30 000	20 000	20 000	20 000	20 000	10 000

解： 该项系列现金流量的现值如下。

$$P = 30\,000 \times (P/A, 10\%, 3) + 20\,000 \times (P/A, 10\%, 4) \times (P/F, 10\%, 3) +$$
$$10\,000 \times (P/F, 10\%, 8)$$
$$= 30\,000 \times 2.487 + 20\,000 \times 3.170 \times 0.751 + 10\,000 \times 0.467$$
$$= 126\,893.4(元)$$

3. 计息期短于一年的时间价值计算

资金的终值和现值通常是按年来计算的,但在有些时候也会遇到计息期短于一年的情况。例如,债券利息一般每半年支付一次,股利有时每季度支付一次,由此就出现了以半年、季度、月份甚至以天为期间的计息期。

前面探讨的都是以年为单位的计息期,当计息期短于一年,而已知的利率又是年利率时,利率和计息期数均应按下列公式进行换算:

$$r = \frac{i}{m} \quad t = m \times n$$

式中 r 代表期利率,i 代表年利率,m 代表每年的计息次数,n 代表年数,t 代表换算后的计息期数。

【例 2-14】 刘平拟在第 5 年底获得 10 000 元的投资收益,假设投资报酬率为 10%。试计算:

(1) 如果每年计息一次,现在应投入多少资金?

(2) 如果每半年计息一次,现在应投入多少资金?

解:(1) 如果是每年计息一次,则 $n = 5$,$i = 10\%$,$F = 10\,000$,那么:

$$P = 10\,000 \times (P/F, 10\%, 5) = 10\,000 \times 0.621 = 6\,210(元)$$

(2) 如果每半年计息一次,则 $m = 2$,$r = \dfrac{i}{m} = \dfrac{10\%}{2} = 5\%$,$t = m \times n = 2 \times 5 = 10$,那么:

$$P = 10\,000 \times (P/F, 5\%, 10) = 10\,000 \times 0.614 = 6\,140(元)$$

4. 利率的计算

在财务管理中,经常会遇到已知计息期数、终值和现值,求利率的问题。一般来说,求利率可以分为两步进行计算:第一步,求出有关系数;第二步,根据有关系数和系数表求利率。根据前述有关公式,复利终值系数、复利现值系数、年金终值系数和年金现值系数可分别用下列公式计算:

$$(F/P, i, n) = \frac{F}{P} \quad (P/F, i, n) = \frac{P}{F}$$

$$(F/A, i, n) = \frac{F}{A} \quad (P/A, i, n) = \frac{P}{A}$$

【例 2-15】 郭艳现在存入银行 100 元,10 年后可获得本利和 259.4 元,假设银行以复利方式计算利息,问银行存款利率是多少?

解:复利现值系数 $= (P/F, i, 10) = \dfrac{100}{259.4} = 0.386$

查复利现值系数表,与 10 年相对应的利率中,10% 的系数为 0.386,因此,利率应为 10%。

【例 2-16】 某人在年初向银行存入 5 000 元作为养老备用金,在存款利率为多少时,才能保证在今后 10 年中每年年末得到 750 元?

解: 年金现值系数 $=(P/A,i,10)=\dfrac{5\ 000}{750}=6.667$

查年金现值系数表,当利率为 8% 时,系数为 6.710;当利率为 9% 时,系数为 6.418。所以利率应在 8%~9%,用插值法计算利率 i 如下:

利率		年金现值系数
8%	——	6.710
i	——	6.667
9%	——	6.418

$$\frac{i-8\%}{9\%-8\%}=\frac{6.667-6.710}{6.418-6.710}$$

则,利率 $i=8.15\%$。

5. 名义利率与实际利率

为了使计算简便,人们一般假设给定利率都是扣除了通货膨胀之后的实际利率。然而在现实生活中,当人们使用利率的时候却需要格外小心,因为这通常只是一个名义利率而并非实际利率。名义利率是不考虑通货膨胀因素,是以名义货币表示的利息与本金之比,是市场通行的利率。实际利率是扣除了通货膨胀率之后的真实利率。

例如,以 8% 的名义利率向银行存入 1 000 元,那么一年之后能得到 1 080 元。但这并不意味着投资价值真的增加了 8%。假设这一年的通货膨胀率亦为 8%,那么就意味着去年价值 1 000 元的商品其价格也增加了 8%,即变为 1 080 元。因此存款的实际终值将变为:

$$F=\frac{1\ 000\times(1+8\%)}{(1+8\%)}=1\ 000(元)$$

公式中分子中的利率是名义利率,分母中的利率是通货膨胀率。可以看出,该投资实际上一分钱都没赚。在上面这个例子中,名义利率为 8%,实际利率却是 0。

则实际利率的计算可以通过下式得到:

$$1+实际利率=\frac{1+名义利率}{1+通货膨胀率}$$

【例 2-17】 假设某公司投资的名义利率为 8%,此时的通货膨胀率为 5%。计算该公司的实际投资报酬率。

解: 实际利率 $=\dfrac{1+8\%}{1+5\%}-1=2.86\%$

 延伸阅读 2-2

"72 法 则"

Bill Veeck 曾用 1 000 万美元购买了一幢别墅,并且在 5 年后将其卖出,得到 2 000 万美元。简而言之,他在 5 年内使他的钱倍增了。那么,Veeck 这项投资的投资报酬率是多少?

处理复利问题,包括使自己的财富倍增的问题,一个快捷的方法是利用"72 法则":用 72 除以投资年限

n,就得到了近似的利率i,该利率将保证投资的资金在年内增加一倍。在 Veeck 的例子中,72/5＝14.4,即利率为 14.4%。

如果 Veeck 取消这笔投资而把资金用于储蓄,利率为 6%,那么他必须等上约 12 年才能使他的资金倍增,即 72/6＝12(年)。

实际上,"72 法则"给出了使资金倍增所要求的利率或投资期数,但按该法则计算的结果并不总是准确的。例如,在每年复利一次的利率下,要使资金在 5 年内倍增,必须要求利率达到 14.87%,而根据"72 法则"计算的结果是 14.4%;同样,若准确地计算,把资金按 6% 的利率存入银行,只要过 11.9 年就能使资金倍增,而按"72 法则"计算得出的结果是 12 年。尽管它不准确,但是对于那些只需近似计算的资金倍增问题,"72 法则"是相当方便的。

资料来源:潘朝毅.投资理财"72 法则"原理的拓展分析[J].财会月刊,2011(35):57-58.

第二节 风险报酬

一、风险与报酬的关系

在市场经济环境下,企业的经营活动充满着风险,风险与报酬如影随形。如何防范和化解风险以达到风险和报酬的均衡,是现代财务管理的重要内容。

(一) 风险的概念与分类

1. 风险的概念

风险是指在一定条件下和一定时期内可能发生的各种结果的可能性。风险是事件本身的不确定性,具有客观性、两面性、时期性的特征。风险常常与不确定性联系在一起。具体到财务管理活动中,风险是指由于各种难以或无法预料、控制的因素产生作用,投资者的实际收益和预计收益发生背离的可能性。风险不仅会造成超出预期的损失,表现其不利的一面,还可能带来超出预期的收益,表现其有利的一面。

2. 风险的分类

1) 经营风险和财务风险

按照风险产生的原因不同,风险可分为经营风险和财务风险。

经营风险是指由于生产经营中的原因企业的利润额或利润率存在不确定性。经营风险源于两个方面:一方面,是企业外部条件的变动,如经济形势、市场供求、价格、税收政策等的变动;另一方面,是企业内部条件的变动,如技术装备、产品结构、设备利用率、工人劳动生产率、原材料利用率等的变动。

财务风险是指由于负债融资的原因企业的净资产收益率或每股收益存在不确定性,也是企业到期不能偿还本息的可能性。

2) 公司特别风险和市场风险

按照风险可分散特性的不同,风险可分为公司特别风险和市场风险。

公司特别风险是指由发生在个别企业的特有事件造成投资者发生损失的可能性,如新产品研发失败、订单被取消、诉讼失败等。公司特别风险又称为可分散风险或非系统风险。

市场风险是指由对所有企业产生影响的因素引起的风险,如战争、经济衰退、通货膨胀、高利率等。市场风险又称为不可分散风险或系统风险。

（二）风险报酬

一般而言，投资者大都讨厌风险，并力求回避风险。那么，为什么还有人进行风险投资？这是因为，风险投资可以得到额外报酬——风险报酬。风险报酬是指投资者因冒风险进行投资而获得的超过资金时间价值的那部分报酬。风险报酬有两种表示方法：风险报酬额和风险报酬率。在财务管理中，风险报酬通常用相对数——风险报酬率来计量。

风险和报酬是一种对称关系，要求等量风险带来等量报酬，即风险报酬均衡。简单来说，就是高风险要求高报酬，低风险则只能获得低报酬。根据风险报酬均衡原则进行财务管理运作的一般目标是：在一定风险水平下，使收益达到较高的水平，或在收益一定的情况下，将风险维持在较低的水平。

通常计量风险报酬的方式有两种：一种是单项资产风险报酬的计量，另一种是证券组合风险报酬的计量。当投资者进行单项资产风险计量时，往往意味着其只持有这一项资产。很明显，绝大多数资产都是以组合方式被投资者所持有。为了更好地理解后者的计算过程，有必要先学习如何计算单项资产的风险报酬。

二、单项资产的风险报酬计量

风险是客观存在的，并广泛影响着企业的财务和经营活动。要计算在一定条件下的风险大小，必须利用概率论的方法。

在现实生活中，某一事件在完全相同的条件下可能发生也可能不发生，既可能出现这种结果又可能出现那种结果，人们称这类事件为随机事件。概率就是用百分数或小数来表示随机事件发生的可能性及出现某种结果可能性大小的数值。通常，把必然发生的事件的概率定为1，把不可能发生的事件的概率定为0，而一般随机事件的概率是介于0与1之间的数量。概率越大就表示该事件发生的可能性越大。如果把某一事件所有可能的结果都列示出来，对每一结果都给予一定的概率，便可构成概率的分布。

【例2-18】 西京公司和东方公司股票的报酬率及其概率分布情况如表2-3所示。

表2-3 西京公司和东方公司股票报酬率的概率分布

经济情况	该种经济情况发生的概率（P_i）	报酬率（K_i）	
		西京公司	东方公司
繁荣	0.20	40%	70%
一般	0.60	20%	20%
衰退	0.20	0	−30%

当然，报酬率作为一种随机变量，受多种因素的影响。这里为了简化，假设其他因素都相同，只有经济情况一个因素影响报酬率。

衡量风险的方法有：①期望报酬率；②标准离差；③标准离差率；④风险报酬率；⑤投资报酬率。

（一）期望报酬率

期望报酬率是各种可能的报酬率按其概率进行加权平均得到的报酬率，是反映集中趋势的一种量度。其计算公式为：

$$\overline{K} = \sum_{i=1}^{n} K_i P_i$$

式中,$\overline{K}$——期望报酬率;

　　K_i——第i种可能结果的报酬率;

　　P_i——第i种可能结果的概率;

　　n——可能结果的个数。

【例 2-19】 承[例 2-18],请分别计算西京公司和东方公司股票的期望报酬率。

解:西京公司期望报酬率 $\overline{K} = K_1 P_1 + K_2 P_2 + K_3 P_3 = 40\% \times 0.20 + 20\% \times 0.60 + 0 \times 0.20 = 20\%$

东方公司期望报酬率 $\overline{K} = K_1 P_1 + K_2 P_2 + K_3 P_3 = 70\% \times 0.20 + 20\% \times 0.60 + (-30\%) \times 0.20 = 20\%$

两家公司股票的期望报酬率都是20%,但西京公司各种情况下的报酬率比较集中,而东方公司却比较分散,这通常意味着西京公司的风险小。这种情况可通过图 2-7 来反映。

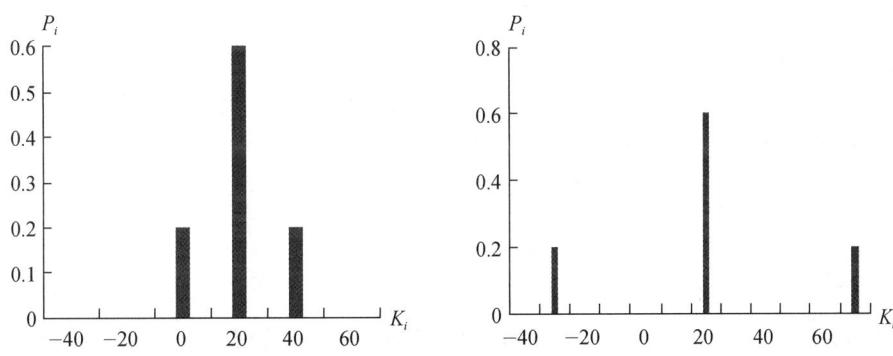

图 2-7　西京公司与东方公司报酬率的概率分布

(二) 标准离差

标准离差是各种可能的报酬率偏离期望报酬率的综合差异,是反映离散程度的一种度量。标准离差的计算公式为:

$$\delta = \sqrt{\sum_{i=1}^{n} (K_i - \overline{K})^2 \times P_i}$$

式中,δ——期望报酬率的标准离差;

　　$\overline{K}$——期望报酬率;

　　K_i——第i种可能结果的报酬率;

　　P_i——第i种可能结果的概率;

　　n——可能结果的个数。

【例 2-20】 承[例 2-19],请计算西京公司和东方公司股票报酬的标准离差。

解:将西京公司和东方公司的资料代入公式,可以得到两家公司股标的标准离差。

西京公司的
标准离差 $\delta = \sqrt{(40\% - 20\%)^2 \times 0.20 + (20\% - 20\%)^2 \times 0.60 + (0 - 20\%)^2 \times 0.20}$

　　　　$= 12.65\%$

东方公司的
标准离差 $\delta = \sqrt{(70\% - 20\%)^2 \times 0.20 + (20\% - 20\%)^2 \times 0.60 + (-30\% - 20\%)^2 \times 0.20}$

$= 31.62\%$

标准离差越小,离散程度越小,风险也越小;反之,风险越大。根据这种测量方法可知,东方公司的风险要大于西京公司。

(三) 标准离差率

标准离差是反映随机变量离散程度的指标,是绝对值,而不是相对量,只能用来比较期望报酬率相同项目的风险程度,无法比较期望报酬率不同投资项目的风险程度。要对比期望报酬率不同的各个项目的风险程度,应该用标准离差率。标准离差率是标准离差同期望报酬率的比值,反映单位收益所包含的风险大小。其计算公式为:

$$CV = \frac{\delta}{\overline{K}} \times 100\%$$

式中,CV——标准离差率;

δ——标准离差;

$\overline{K}$——期望报酬率。

【例 2-21】 承[例 2-20],请计算西京公司和东方公司股票报酬的标准离差率。

解: 将数据代入公式可得两个公司的标准离差率。

西京公司的标准离差率 $CV = \dfrac{12.65\%}{20\%} \times 100\% = 63.25\%$

东方公司的标准离差率 $CV = \dfrac{31.62\%}{20\%} \times 100\% = 158.1\%$

[例 2-20]中,两家公司股票的期望报酬率相等,可以直接根据标准离差来比较风险程度,但如果期望报酬率不等,则需要通过计算标准离差率才能对比风险程度。例如,假设西京公司和东方公司股票报酬的标准离差仍为 12.65% 和 31.62%,但西京公司股票的期望报酬率为 15%,东方公司股票的期望报酬率为 40%,此时就不能用标准离差作为判别标准,而要使用标准离差率来进行判断。

(四) 风险报酬率

标准离差率虽然能正确评价投资风险程度的大小,但这不是风险报酬率。要计算风险报酬率,还必须借助一个系数——风险报酬系数。风险报酬系数是将标准离差率转化为风险报酬的一种系数。风险报酬率、风险报酬系数与标准离差率之间的关系,可以用公式表示如下:

$$R_R = b \times CV$$

式中,R_R——风险报酬率;

b——风险报酬系数;

CV——标准离差率。

【例 2-22】 承[例 2-21],假设风险报酬系数为 5%,请计算两家公司股票的风险报酬率。

解: 西京公司风险报酬率 $R_R = b \times CV = 5\% \times 63.25\% = 3.16\%$

东方公司风险报酬率 $R_R = b \times CV = 5\% \times 158.1\% = 7.91\%$

风险报酬系数可以由企业领导,如总经理、财务副总经理、总会计师、财务主任等根据经验加以确定,也可以由企业组织有关专家确定。实际上,风险报酬系数的确定,在很大程度上取决于各企业对风险的态度。比较敢于承担风险的企业,往往把 b 值定得低些;反之,比较稳健的企业,常常把 b 值定得高些。

(五)投资报酬率

投资的总报酬率可表示为:

$$K = R_F + R_R = R_F + b \times CV$$

式中,K——投资报酬率;

R_F——无风险报酬率。

无风险报酬率是加上通货膨胀率以后的资金时间价值,一般把投资于国库券的报酬率视为无风险报酬率。

【例 2-23】 承[例 2-22],如果无风险报酬率为 10%,请计算两家公司股票的投资报酬率。

解:西京公司股票投资报酬率 $K = R_F + R_R = 10\% + 3.16\% = 13.16\%$

东方公司股票投资报酬率 $K = R_F + R_R = 10\% + 7.91\% = 17.91\%$

 延伸阅读 2-3 ···

让我们做笔交易

假如房主 Monty 对你说:"在第 1 扇门或第 2 扇门后面,不论你发现什么,它都将归你所有。其中一扇门后面有 1 万美元,另一扇门后面有一文不值的旧轮胎。"你选择打开哪扇门?但是在你做出选择前,Monty 又说:"我可以提供给你一笔钱,结束整个交易。"

Monty 给你多少钱才能让你放弃去开门呢?

若选择去开门,则有 50% 的机会得到 1 万美元,有 50% 的机会什么也得不到,所以选择去开门的期望价值是 5 000 美元。

若选择放弃去开门,无任何风险,但接受放弃开门的标准因人而异,有些人需要 2 000 美元,有些人需要 3 000 美元。风险与报酬同在。

资料来源:马元兴.财务管理实务[M].4 版.北京:高等教育出版社,2019:47.

三、证券组合的风险报酬计量

投资者在进行证券投资时,一般并不把其所有资金投资于一种证券,而是同时持有多种证券。这种同时投资于多种证券的方式,称为证券的投资组合,简称证券组合或投资组合。由于证券组合能够分散风险,绝大多数法人投资者,如工商企业、信托投资公司、投资基金等,都同时投资于多种证券。即使是个人投资者,一般也持有证券的投资组合,而不只是投资于某一个企业的股票或债券。所以,学习并掌握证券投资组合的风险与报酬知识,对于企业财务人员恰当地进行证券组合投资十分必要。

(一)证券组合的风险

虽然证券组合也无法消除全部风险,但如果股票种类较多,则能分散大部分风险。证券投资组合的风险可以分为非系统风险和系统风险。

1. 非系统风险

非系统风险又称为公司特别风险或可分散风险,这种风险可通过证券持有的多样化来抵消,即多买几家公司的股票,当其中某些公司的股票报酬下降,另一些公司的股票报酬上升,从而降低投资风险。

 延伸阅读 2-4 ....

证券组合的报酬率计算

证券组合的报酬率就是组成证券组合的各种证券的报酬率以各种证券在组合中所占的比重为权数加权平均计算的结果,即:

$$K_p = \sum_{i=1}^{n} \omega_i \times K_i$$

【例 2-24】 假设 W 股票和 M 股票构成一个证券组合,每种股票在证券组合中各占 50%,两种股票的报酬率和风险的详细情况如表 2-4 所示。

表 2-4 　完全负相关($r = -1$)的两种股票以及由其构成的证券组合的报酬率情况

年(t)	W 股票 K_W	M 股票 K_M	WM 股票的组合 K_P
2018	40%	−10%	15%
2019	−10%	40%	15%
2020	35%	−5%	15%
2021	−5%	35%	15%
2022	15%	15%	15%
平均报酬率(K)	15%	15%	15%

根据表 2-4 的资料,可以绘出两种股票及其构成的证券组合报酬率的示意图,如图 2-8 所示。

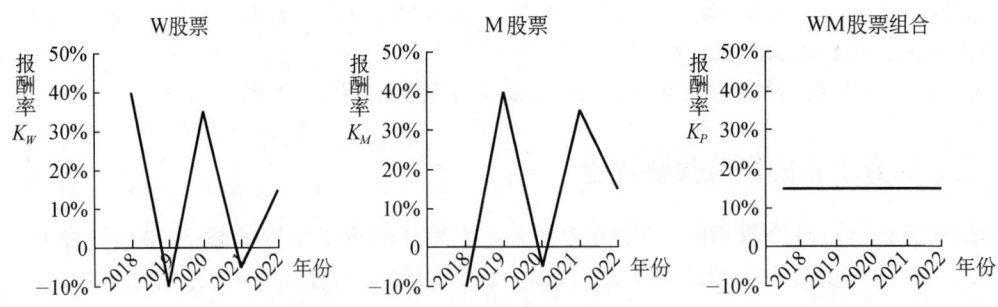

图 2-8 　两种完全负相关股票的报酬率

从表 2-4 和图 2-8 可以看出,分别持有两种股票,都有很大风险,但如果将其组合成一个证券组合,则没有风险。

W 股票和 M 股票之所以能结合起来组成一个无风险的证券组合,是因为两种股票报酬率的变化正好呈相反的循环:当 W 股票的报酬率下降时,M 股票的报酬率正好上升,并且上升与下降的幅度相同;反之亦然。我们把股票 W 和 M 之间的相关关系叫作完全负相关,这里相关系数 $r=-1$。与完全负相关相反的是完全正相关,即 $r=+1$,两个完全正相关股票的报酬率将一起上升或下降,并且上升与下降的幅度相同,这样的股票组成的证券组合不能抵消任何风险。

【例 2-25】 假设 W_1 股票和 W_2 股票构成一个证券组合,每种股票在证券组合中各占 50%,两种股票的报酬率和风险的详细情况如表 2-5 所示。

表 2-5 完全正相关($r=+1$)的两种股票以及由其构成的证券组合的报酬率情况

年(t)	W_1 股票 K_{W_1}	W_2 股票 K_{W_2}	W_1W_2 的组合 K_P
2018	40%	40%	40%
2019	−10%	−10%	−10%
2020	35%	35%	35%
2021	−5%	−5%	−5%
2022	15%	15%	15%
平均报酬率(K)	15%	15%	15%

根据表 2-5 的资料,可以绘制出两种股票以及由其构成的证券组合的报酬率的示意图,如图 2-9 所示。

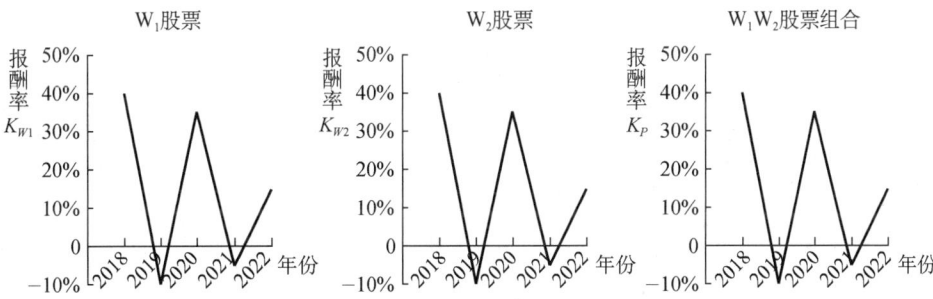

图 2-9 两种完全正相关股票的报酬率

从以上分析可知,当两种股票完全负相关($r=-1$)时,所有的风险都可以得以分散;当两种股票完全正相关($r=+1$)时,从分散风险的角度看,同时持有两种股票没有利益。实际上,完全负相关从而消除所有风险的股票组合在现实中是很难实现,大部分股票组合都是正相关(不是完全正相关)。一般来说,随机选取两种股票的相关系数为 $+0.6$ 左右的最多,绝大多数介于 $+0.5\sim+0.7$。在这种情况下,把两种股票组合成证券组合能降低风险,但不能消除全部风险。

2. 系统风险

系统风险又称为不可分散风险或市场风险,这些风险影响到所有的证券,不能通过证券组合加以分散。换句话说,即使投资者持有的是经过适当配置的证券组合,也将遭受这种风险。对投资者来说,这种风险是无法消除的,故称为不可分散风险。但这种风险对不同的企业有不同的影响。例如,前述西京公司和东方公司在经济情况发生变化时,两个公司的风险是不同的,东方公司的风险要大于西京公司的风险。

不可分散风险的程度通常用 β 系数来计量。β 系数是度量一种证券对于市场组合变化的反应程度的指标。β 系数有多种计算方法,实际计算过程十分复杂,但一般不需投资者自己计算,而是由一些投资服务机构定期计算并公布。表 2-6 列示了美国著名公司的 β 系数,表 2-7 列示了我国上市公司的 β 系数。

表 2-6 　　　　　　　　　　　**美国著名公司 2003 年度的 β 系数**

公司名称	β 系数
通用汽车公司	1.170
微软公司	1.725
沃尔玛公司	0.842
摩托罗拉公司	1.367
IBM 公司	1.484
美国电话电报公司	0.846
杜邦公司	0.858

表 2-7 　　　　　　　　　　　**我国上市公司 2002 年度的 β 系数**

股票代码	公司名称	β 系数
000037	深南电 A	0.767 2
000039	中集集团	0.786 8
000045	深纺织 A	1.111 2
000060	中金岭南	1.763 8
600637	广电信息	0.851 0
600641	中远发展	1.457 3
600644	乐山电力	0.483 9
600650	新锦江	1.197 5

作为整体的证券市场的 β 系数为 1。如果某种股票的风险情况与整个证券市场的风险情况一致,则这种股票的 β 系数也等于 1;如果某种股票的 β 系数大于 1,说明其风险大于整个市场的风险;如果某种股票的 β 系数小于 1,说明其风险小于整个市场的风险。

以上说明了单个股票 β 系数的计算方法。证券组合 β 系数怎样计算?证券组合的 β 系数是单个证券 β 系数的加权平均,权数为各种股票在证券组合中所占的比重。其计算公式为:

$$\beta_p = \sum_{i=1}^{n} \omega_i \beta_i$$

式中,β_p ——证券组合的 β 系数;

ω_i ——证券组合中第 i 种股票所占的比重;

β_i ——第 i 种股票的 β 系数;

n ——证券组合中包含的股票数量。

3. 证券组合风险总结

（1）一个股票的风险由两部分组成，它们是可分散风险和不可分散风险，可以用图 2-10 加以说明。

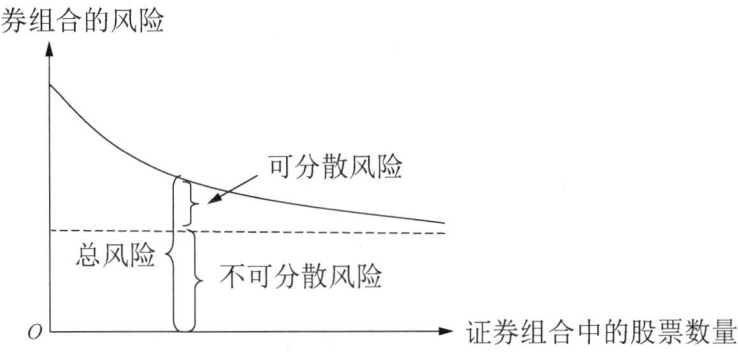

图 2-10　证券组合风险构成图

（2）可分散风险可通过证券组合来消减，而大部分投资者正是这样做的。从图 2-10 中可以看到，可分散风险随证券组合中股票数量的增加逐渐减少。根据有关统计资料，一种股票组成的证券组合的标准离差大约为 28%，市场证券组合的标准离差大约为 15.1%。一般来讲，一个包含 40 种股票而又比较合理的证券组合能消除大部分可分散风险。

（3）股票的不可分散风险由市场变动产生，它对所有股票都有影响，不能通过证券组合消除。不可分散风险是通过 β 系数来测量的，一些标准的 β 值如下：$\beta=0.5$，说明该股票的风险只有整个市场股票风险的一半；$\beta=1.0$，说明该股票的风险等于整个市场股票的风险；$\beta=2.0$，说明该股票的风险是整个市场股票风险的 2 倍。

2-3 视频：了解基金组合投资

（二）证券组合的风险报酬

投资者进行证券组合投资与进行单项投资一样，都要求对承担的风险进行补偿，股票的风险越大，要求的报酬就越高。但是，与单项投资不同，证券组合投资要求补偿的风险只是不可分散风险，而不要求对可分散风险进行补偿。如果存在对可分散风险的补偿，善于科学地进行投资组合的投资者将购买这部分股票，并抬高其价格，其最后的报酬率只反映不能分散的风险。因此，证券组合的风险报酬是投资者因承担不可分散风险而要求的，超过资金时间价值的那部分额外报酬。可用下列公式计算：

$$R_p = \beta_p \times (R_M - R_F)$$

式中，R_p——证券组合的风险报酬率；

$\quad \beta_p$——证券组合的 β 系数；

$\quad R_M$——所有股票的平均报酬率，也就是由市场上所有股票组成的证券组合的报酬率，
简称市场报酬率；

$\quad R_F$——无风险报酬率，一般用国库券的利息率来衡量。

【例 2-26】 特林公司持有由甲、乙、丙三种股票组成的证券组合，它们的 β 系数分别是 2.0、1.0、0.5，它们在证券组合中所占的比重分别为 60%、30%、10%，股票的市场报酬率为 14%，无风险报酬率为 10%，试确定这种证券组合的风险报酬率。

解：首先，确定证券组合的 β 系数。

$$\beta_p = 60\% \times 2.0 + 30\% \times 1.0 + 10\% \times 0.5 = 1.55$$

然后，计算证券组合的风险报酬率。

$$R_p = \beta_p \times (R_M - R_F) = 1.55 \times (14\% - 10\%) = 6.2\%$$

当然，计算出风险报酬率后，便可根据投资额和风险报酬率计算出风险报酬额。

从以上计算可以看出，调整各种证券在证券组合中的比重，可以改变证券组合的风险、风险报酬率和风险报酬额。

从以上计算还可以看出，在其他因素不变的情况下，风险报酬取决于证券组合的 β 系数，β 系数越大，风险收益就越大；反之亦然。或者说，β 系数反映了股票收益对于系统性风险的反应程度。

本 章 小 结

本章主要介绍了财务管理的两个基本概念——资金时间价值和风险报酬。资金时间价值是财务管理的基本概念之一。如果忽略资金时间价值，就无法正确计算不同时期的财务收支，也无法正确评价企业的盈亏。资金时间价值的计算包括复利终值与现值计算、年金终值与现值计算，其中年金又分为后付年金、先付年金、递延年金和永续年金。在财务管理中，不论是评估价值还是选择投资都需要考虑风险。承担风险，就要求得到相应的额外报酬，否则就不值得去冒险。在进行财务管理时，必须研究风险，计量风险并设法控制风险，以求最大限度地增加企业价值。

本 章 重 要 概 念

资金时间价值　终值　现值　后付年金　先付年金　递延年金　永续年金　名义利率　实际利率　风险　风险报酬　期望报酬率　标准离差　标准离差率　风险报酬率　投资报酬率　β 系数

2-4　第二章课件

2-5　第二章练习题

2-6　第二章练习题答案

第三章 业财融合

内容简介

本章主要对业财融合概念、基本特点、作用进行论述,从不同视角对业财融合的特征进行描述,系统介绍业财融合基本架构,包括业财融合组织系统、方法系统、决策系统、控制系统、评价和报告系统,同时对智能时代业财融合平台进行了描述。

重点难点

本章重点和难点为业财融合架构及其基本内容。

学习目标

通过学习本章,学生应了解业财融合的概念、特征、作用;熟悉业财融合的基本架构;了解财务共享与业财融合的关系。

知识框架

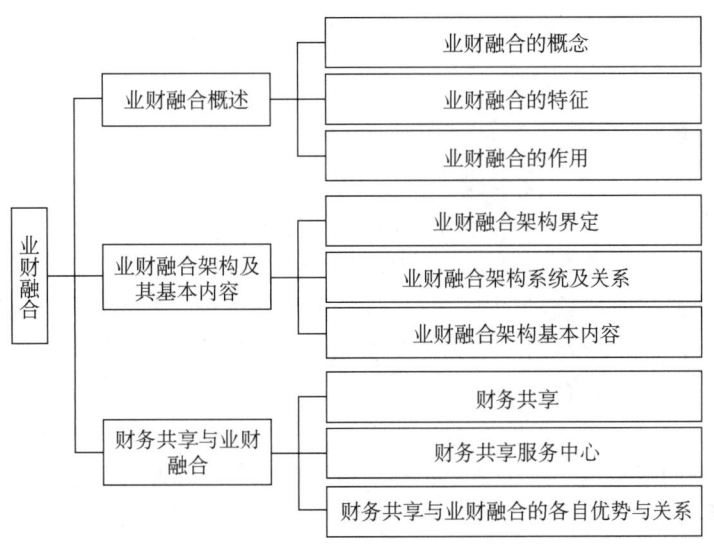

 引入案例　　**推进业财融合　重塑管理价值**

国网 A 公司运检分公司创新运用智能管控平台为核心的运检管理模式,为业财融合推进管理价值重

塑提供了基础。

该公司通过智能管控平台集成的多套应用系统,实时、全面、精准地展示各类静态和动态数据,实现对设备状态的全景可视,强化设备的运行属性监测,通过对静态、动态数据的比对分析,及时掌握数据异动及异常发展趋势;通过平台自动推送的故障告警,可第一时间获知故障情况,根据辅助研判信息以及查询其他辅助监视系统,实现异常情况的信息收集、分析研判和指挥协调,及时为现场故障异常处理提供技术支持;通过平台进一步强化缺陷管控管控效,建立更加扁平化的缺陷管理流程,全过程跟踪管控缺陷处理情况;通过平台及时掌握各类主设备异常情况,自动推送设备预警信息,强化对各类潜在风险预判与防控能力,实现对基层单位的"警钟长鸣",防患于未然。

通过全面监督每日工作进展情况,加强工期管控目视化管理,实现计划任务执行管控;通过视频检查以及系统检查等多元手段,远程督查作业现场,强化作业现场行为规范以及工作质量检查,保障作业现场安全可控;结合巡视记录登记情况,通过视频回放查看相关工作开展的真实性及工作质量,全面提升运维和检修工作质量;通过平台进行设备周期治理检查,实施基于大数据的专家诊断与精益分析,对数据进行智能化处理,为设备检修策略制定和异常情况下指挥协调提供技术支撑;融合视频会商系统以及智能穿戴装备,实现领导、专家与现场多层级实时互动,配合故障快速定位、研判功能,发挥统一指挥、专家指导、协同调配优势,从而达到提升运检管理穿透力的目标。

企业财务信息的准确性,依赖于前端业务执行的合规性。因此必须将财务视角延伸至业务前端,实现有效的业财融合。国网 A 公司"三集五大"的体系实现了对公司人、财、物资源的集约化管控,构建了大规划、大营销、大建设与大检修五大体系,涉及电网企业价值创造的全过程。这就要求财务部门充分发挥价值分析与控制职能,高效地配置和运用企业资源,帮助公司实现企业价值最大化的目标。公司以成本管理为切入点,将其作为财务与业务联系在一起的主线,通过最经济设计成本、价值工程分析等一系列工具,实现成本管理流程再造,将成本管理重心前移到成本产生的源头环节,从项目储备就开始实施成本精细化管控,逐步形成项目预算落实、责任到人、控制到位、信息畅通、严格考核、管理闭环的新型成本管理模式。

资料来源:王昊,王新秀.业财融合概念结构[M].北京:中国财政经济出版社,2021:8-9.

第一节 | 业财融合概述

一、业财融合的基本概念

3-1 音频:
业财融合的
内涵

(一)业财融合的含义

现代社会信息瞬息万变、技术日新月异,人类社会从工业经济时代迈入了数字经济时代,企业面临组织结构、管理方法以及商业模式的战略性变革。进入数字经济时代,企业规模越来越大,业务类型变得日益复杂,内部驱动力和外部压力促使企业采用具有先进性、适应性、经济性特征的发展模式,促进财务会计由核算型向经营管理型转型。转型发展需要构建有效的财务共享管控平台,由事后财务分析延伸到事前财务控制,实现业务标准化、人员专业化、财务信息共享化。企业的经营环境越来越复杂,从采购、生产到销售面临着一系列财务风险,业务活动已经离不开财务管理的参与。相应地,财务管理普遍呈现多方向、多样化,财务职能逐渐向战略、业务、智能化转移。通过财务管理和业务活动充分融合,维护企业财务工作的完整性,进而提高企业经营管理效率和资源利用率。业财融合需要企业全员参与,以财务管理为核心,以实现"一体化"战略目标为指导思想,以业务和财务为端口,企业各部门之间相互学习、相互理解、相互支持、协同工作,保障企业健康、持续地发展。

广义而言,业财融合就是遵循企业价值管理理念,依据经营业务运作规律,运用智能化工具和平台,协同业务与财务的功能与方法,实现整体数据信息从业务到财务、内部到外部、静态到动态及时共享的过程。具体来说,业财融合是指业务部门与财务部门通过信息化技术和手段实现业务流、资金流、信息流等数据源的及时融合、共享,基于价值目标共同进行预测、决策、控制、报告和评价等管理活动,以保证企业价值创造的实现。业财融合强调财务管理的主导性,强调财务部门要深入了解企业的业务,在对业务实施管控的同时,对业务提供指导性的服务;财务部门的工作不再单纯是业务的事后反映和监督,而是从价值角度对前台业务进行事前预测,考核业务活动的绩效,并把这些重要的信息反馈给具体业务人员,从而为开展具体业务活动提供参考依据。

业财融合已经成为企业实现价值最大化目标面临的核心问题,是大数据时代的产物,是追求高质量发展的必选战略,是财务管理的发展趋势,是财务转型的必然方向。业财融合重视业务技能与财务管理相结合,有助于企业打破财务与业务的边界,提升财务管理及业务管理水平,让企业更深入了解自己,提高组织的效率。因此,企业应强化业财融合意识,融合智能技术,搭建智能平台,打造智慧财务,营造良好的业财双向融合氛围;财务管理活动应更好地与业务管理活动互动,留存企业核心竞争职能,外包非核心职能,让懂财务的人管业务或让懂业务的人管财务;业财部门应保持战略思维,根据企业实际情况制定和实施相应的战略,引领企业创造价值,实现从赋能到使能的管理变革。

(二)业务与财务之间的关系

业务与财务同属企业经营管理活动。一般认为财务活动以资金为主线,涉及企业筹资、投资、营运资金管理和利润分配,强调价值管理;业务活动则涉及企业人财物、供产销各个领域和环节,根据企业所处行业和类型不同,业务种类呈现多样性特征。

1. 业务与财务的联系

业务和财务在企业中处于同等重要地位。财务为企业管理层及有关信息使用者提供客观、及时、可靠的财务信息,监督和控制企业的资金运动。高效的财务管理可以使企业以最低的代价有计划地筹集资金,并最大限度地提高资金运用效果,它是企业极其重要的管理活动。而业务则直接服务于经济价值的创造,如果离开了强有力的业务机构和有效的业务管理,企业在日益激烈的市场竞争中将无法生存发展。

尽管业务与财务有着各自的范畴和要求,在具体目标上不甚相同,但两者的根本目标是一致的,即共同服务于企业管理的目标,事实上,大部分现代公司财务的基本观念和方法均源于经营常识。财务也可以被视为企业的资金管理业务。

2. 业务与财务的区别

(1)概念不同。业务和财务是企业经营的两种管理活动。狭义上的财务定义为在一定的整体目标下,针对资产的购置(投资)、资本的融通(筹资)、经营中现金流量(营运资金)以及利润分配的管理。它是企业管理的一个组成部分,即依据财经法规制度,按照财务管理原则和方法,组织企业财务活动,处理财务关系的一项经济管理工作。业务则定义为对企业经营过程中的生产、经营、投资、劳动力、服务、专业技术服务等按照经营目的执行有效的规范、控制、调整等管理活动,是企业系统运行的中心环节。采购供应、生产储备、产品销售以及提供技术服务等,都在业务管理流程中实现,企业的效益也由此直接产生。

(2)性质不同。财务是由财务部门负责的,主要对企业财务资金进行严格的管理、运用、分配,对财务信息进行分析整合,提供决策依据,等等,侧重于企业资金流动管控以及企业价值管理。业务则由各业务部门负责，主要任务是分析市场发展状况，找准市场机会，制定市场营销策略，实施控制活动，等等，侧重于开拓市场、进行需求分析与管理。

3. 业务与财务相互作用

所有业务活动的开展都需要消耗财务资源，其最终目的是获取更多的财务资源。因此，财务既是业务的起点，亦是业务的终点。

（1）财务预算以业务为基础和出发点。企业在制定财务计划和财务预算时，应当以业务为起点，体现市场需求导向；而业务预算是由业务人员制定的，须经财务部门把关复核。

（2）财务是业务成功的基础。首先，充足的资金、良好的财务状况对增加市场份额具有关键作用。其次，卓有成效的财务活动可以进一步扩大市场份额，增加销售收入，及时回收货款，降低营销成本，改善企业财务状况，提高企业竞争能力，使企业的运转进入良性循环。

（3）业财融合，相互促进。通过业财融合，业务驱动财务不断智能化，使企业财务从传统核算向大管家、业务合作伙伴、战略赋能者的职责演进，推动智能财务向纵深发展，提升企业财务转型升级的速度和质量。通过新技术落地和企业数字化转型的推动，业务数字化和标准化程度越来越高，支持决策的效率也越来越高。此外，由于新技术的不断落地，传统财务工作比较难实现的全面预算、作业成本法、本量利分析法等各类管理会计方法的应用技术难度不断降低，有利于实现基于多维作业中心的费用赋能模式核算并分配期间费用与制造费用等。借助数字技术的发展，智能管理驾驶舱与智能管理数字赋能系统将以往滞后的数据量化并反馈的"事后"模式，转换为根据数据实时整理归纳得到实时结果的"事前"模式。随着业财融合的推进，财务的预测和风险防控功能必将得到有效的发挥。

二、业财融合的特征

不同时代，业财融合有不同的特点和内容，并非一蹴而就。企业资源禀赋不同，业财融合的功能、方法就不同；不同岗位的人，有不同的业财融合内容，其融合的重点也不同，从事业务的人以业为主、财为辅，从事财务的人以财为主、业为辅。在智能时代，业财跨界融合已成为企业管理升级的趋势、改革的目标和发展的方向，业财交叉融合工作在越来越多的企业中得到了重视和应用。业财融合的特征可以概括为以下几点。

（一）业财融合实践产生于专业化分工

在专业化分工的传统模式下，业务与财务的分隔界限较明显。早期的工业生产通常将业务和财务作为两个完全独立的系统，传统记账型财务工作与企业业务部门的职能关联性不大，很少考虑企业目标及业务发展的实际需求，导致业与财"水火不相容"。工业革命后，专业化生产、协作化分工在全世界兴盛，一定程度上提升了企业生产效率。然而，专业分工也造成业务链过长，环节过多，部门之间的隔阂加大、沟通交流减少，企业被分割成条块各异的制度化"铁笼子"。从地位和职能来看，财务部门是企业专门从事财务管理工作的职能机构，业务部门是企业组织实施采购、生产、销售等业务的职能机构。由于企业内部机构设置目标不一致、信息不对称的原因，业务部门与财务部门故步自封、各自为政，出现低效率的横向协作，如部门间职能的交叉、重叠和缺失。基于系统论的思维，业务部门需要财务部门配合支持，财务职能与业务职能相互动态制衡。

（二）业财融合方式体现了回归本源

回归经济管理的本源，业务与财务具有天然的一体性和交融性。财务管理总是与经营业务相伴而生,没有业务就不需要财务,离开了财务管理也就谈不上高效的业务运营;业务的发展重塑财务,同时财务又反作用于业务。在企业运营中,财务与业务的信息互通互融、有机结合。业务流程离不开财务全面梳理,商业模式离不开财务参与探讨,发展战略需要财务事前预测,业务绩效需要财务评价反馈,财务不仅要监督业务,更要服务业务,为业务提供保障;业务活动的开展需要运用财务管理理念,业务人员掌握财务管理知识提升自身业务管理能力,成为财务部门的业务人,为财务管理提供重要参考。

(三)业财融合理念根植于会计发展

业财融合是一个长期被社会及会计界忽视甚至遗忘的话题,但纵观会计发展史,会计自古以来就是业财融合的。20世纪初的管理会计思想就提出财务应预测企业前端业务,这是业务与财务融合的萌芽。20世纪90年代的公司再造理念中强调,业务流程应与财务流程相融合,企业应摆脱专业分工贯彻业财融合。随着企业内外环境变化,会计职能逐渐由财务会计向管理会计转型。管理会计的核心和根本就是业财融合,强调业务与财务的合作和制衡。近年来,中国财政部发布了一系列指导意见或指引,全面推进管理会计体系建设,强调管理会计应嵌入企业各个业务领域、各层次、各环节,并遵循融合性原则,即在业务流程的基础上,利用管理会计工具整合财务和业务。

(四)业财融合的实现依赖于科技进步

科技进步推动了业财融合的实现,业财定位、业财融通以及数据集成都离不开科技进步。

(1)科技进步决定了业财定位。技术环境变化触发了业财发展。简单电子化阶段,企业逐步将线下事务转移至线上,构建线上平台,一定程度上解决了信息交流的效率问题。基于ERP的财务管理理念的引入,促成业财融合。技术进步凸显岗位角色的转换与对接,拓展财务管理工作的边界,由传统核算主导型向经营管理主导型转型,由事后的财务分析向事前的财务控制转型,构建时间、空间、流程等业财生态圈,实现业务流程化、人员专业化、财务标准化和共享化。财务人员可以通过业务部门提供的数据,进行科学的分析,编制企业业财融合报告,为企业管理者提供真实、完整、有效的财务信息。

(2)科技进步融通了业财隔阂。业财融合的中心思想是把企业的财务、业务和管理有机地融合在一起,但这三方面工作的完美融合需要信息技术、大数据和信息共享中心的支持,避免信息孤岛。在智能时代,生产自动化系统和管理信息化系统将被打通,由业务型财务向战略型财务转型。传统模式下业务部门实行粗放式目标管理,财务部门实行精细化成本管理。通过信息技术打通各个部门之间的信息屏障,形成统一的信息转化、可视和展示体系,实现信息共享与融合、实时流程管理、跟踪和反馈,使业务部门更好地利用财务部门提供的信息进行高效决策。

(3)科技进步推进了数据集成。在智能时代,强大的数据库、数据平台功能为企业业财融合提供了强大的数据支撑。人工智能可以使用云计算、大数据、数据挖掘等技术,将数据信息共享贯穿企业经营的上下游,帮助企业更高效地运营;"云平台"的建设,使财务和业务信息存储在云端,缓解本地存储的压力,保证数据和信息的完整性;大数据技术在"云平台"中的应用,可以挖掘存储在企业云中的海量数据;依托云计算的分布式计算架构,增强了企业数据的有效性和有用性。各类信息技术的使用,数据和信息的实时共享,让企业内部各个部门均能够掌握财务、业务等多方面的信息,连接、融通内部数据和外部数据,实现从静态数据到动态数据的飞跃,提高数据分析的综合性和全面性。

 **思政育人** ....

实施业财融合，助推高质量发展

党的二十大报告擘画了到二十一世纪中叶党和国家事业发展的宏伟蓝图，即全面建成社会主义现代化强国、实现第二个百年奋斗目标，以中国式现代化全面推进中华民族伟大复兴。推动经济高质量发展取得新突破，实现经济实力、科技实力、综合国力的大幅跃升，不断夯实物质技术基础，已经成为中国式现代化进程的本质要求和面临的首要任务。

高质量发展，是方向正确、风险可控、经营高效、体制完善、服务优质的发展，是调整转型、改革创新的发展，是精细管理、创造价值的发展。长期以来，业务经营与财务管理缺乏整体性、系统性、协调性及前瞻性，业财脱节导致财务管理的引领作用未得到充分发挥，管理水平相对薄弱，难以支撑高质量发展。适应新形势、新要求，坚持价值导向，实现业务经营与财务管理深度融合，不断提升管理能力，持续增强风控水平，是保障高质量发展的现实之需。

三、业财融合的作用

业财融合并非只是业务经营与财务管理发展过程中的时代要求，更显示出社会经济单元对商业行为、企业管理的理解，即为业务发展、价值创造、协作共生而管理，也为打破职业、岗位、职能壁垒而管理。业财融合的作用主要表现在以下几个方面。

（一）注重创造共享价值

业财融合与财务共享相辅相成，业财融合是财务共享的关键因素。财务共享是企业财务管理的有效方式，其本质就是基于业务的财务流程再造，使企业价值创造的逻辑由创造单一价值转变为创造共享价值。追求共享价值是新时代企业的基本目标，新时代企业以共享价值为指导，协调价值链上各方的资源及利益，优化业财融合的应用环境。共享价值并不是"分享"企业已有的价值，而是做大整个经济和社会价值蛋糕。共享财务将业务系统与财务系统的数据对接，通过规范化、标准化的操作，由业务人员自动完成财务核算，大大减少了传统会计的工作量，提升了财务甚至非财务信息的及时、精细和精准性，促成了决策的有效性。

（二）促进创新商业模式

业财融合理念逐渐被应用于具体的经营管理实践之中，集中体现在采购、生产、仓储以及销售的监控和处理等业务环节。在经营过程中，商业模式创新引领企业价值创造，是企业战略创新的最高形式。业财融合被视作战略地图中的重要组成部分，通过先进经营管理经验和现代企业财务理念的整合，推进内部财务管理效率和质量的提高以及流程的优化。业财双向融合下，各行各业都已进入"管理驱动型"增长模式，财务角色也将经历从"管账"到"管家"再到"业务伙伴"的变化；业务人员的操作通过智能化系统直接触发财务数据的生成，财务人员从数据中挖掘出有用的业务信息；经营者既懂业务、又懂财务，视角更加外向和开放。企业通过进行战略规划、经营决策、管理控制和绩效评价，寻找满足社会需求的创新性商业模式，重新配置资源，促进企业高质量发展，为企业创造价值，进而有效应对市场竞争。企业梳理业务流程，打破业财壁垒，按照业务逻辑规划系统功能，制定一定标准，促成全流程信息化。

（三）凸显提升精益管理

现代企业规模大、板块多、业务广、供应链长、客户差异化程度高，通过高度自动化的业务和财务处理系统，以及综合性分析系统，可以更好地将企业的财务工作和业务活动对接，有利于实行精细化管理,提高经营效率。由于信息技术的迭代发展,数据成为企业价值创造和社会财富增进的主要源泉,数据就是价值、财富。科学技术可以为企业各项和财务相关的工作(如预算编制、财务决策等)提供充分的数据支撑。在此基础之上,财务工作能够与业务活动真正结合,使工作更具有针对性和指向性。业财融合深度发展,在一定程度上能够对企业内部经营管理的运营提供较大帮助,在融资、税收筹划、成本管理等方面为企业创造更多的价值;利用信息技术动态监控、数据分析,为企业进行精细化管理提供数据支持;通过参与企业战略规划、标准制定、管理革新、资本运作和风险管理,在企业内部形成集成化协同效应,发挥战略决策支持作用,推动业务结构转型升级和合作协同,成为企业价值最大化的引领者。

业财融合是一个具有长期性和复杂性的系统工程,是一个不断优化的动态过程。在未来社会,企业财务与业务的界限将变得日趋模糊、融为一体,新技术、新模式、新业态的出现使得企业的财务管理体系进一步转型和优化。

第二节 业财融合架构及其基本内容

一、业财融合架构界定

(一)业财融合架构的概念

要理解业财融合架构,首先需要理解什么是架构。架构本质是一个相互依赖的复杂系统,其外在表现为分类。架构需要基于组织整体关注系统化的特征内容,即要素间为何及如何相关和互补。从软件工程学角度看,架构是对整体结构与组件的抽象描述,用于指导系统各个方面的设计。从战略管理研究视角看,架构是指影响个体中因素的组合所形成的一致模式或构象。具有全局性和系统性特征的架构方法由 Danny Miller 教授于 20 世纪 70 年代末期引入战略管理。架构有助于帮助战略管理研究学者更好地理解企业间差异,有助于战略实施者更好地理解企业复杂战略的发展和执行,更全面地把控企业的经营。

业财融合本身是一个系统性工程,系统的相关和互补构成了业财融合架构,业财融合架构由组织系统、方法系统、预测决策系统、业务系统、报告系统和评价系统组成。业财融合更加偏重企业部门间的相互协作、有效交流;数字化平台的建设主要体现在组织创新、方法创新、业务创新、管理创新以及评价创新等复杂系统上。企业应及时调整业财融合架构,对业务链环节、功能进行及时、全面的整合,有效推进数字化建设,逐步实现业务与财务信息一体化。

(二)业财融合架构目标定位

企业构建业财融合架构的根本目标是要实现组织目标即企业价值的最大化,通过梳理公司价值链中的主要活动,最终要形成业财融合并贯穿公司运营管理的新型价值链,根据业务的不同进行精细化管理。从财务视角看,业财融合架构的目的在于以下几个方面。

1. 促进职能协同

通过构建业财融合架构,推动企业财务职能整体转型。将财务管理与业务活动从企业职能中抽出,通过搭建专业化、标准化、流程化的业财融合平台,实现企业内各部门的职能转型。通过业务管理和财务管理的融合,实现业财管理制度优化、流程再造,将效益与风险的理念植根于主要价值创造环节(战略规划、采购管理、投资运维、产品管理、市场营销和客户服务、综合报告与绩效评价)。通过事前评审、事中监控、事后评估,开展业财深度协同。

2．强化财务共享

业财融合架构的构建,有利于加强内部风险管控,推进业财共享、融通。企业可以充分利用共享中心的独立性提升企业对制度的贯彻执行力度,在共享中心流程审核、审批过程中,实现业务标准、支出标准等的战略控制、预算控制、执行控制等事中控制。通过在企业内部建立更加标准规范的财务管理流程以及制度,对企业以往的各项重复、复杂的财务管理工作进行集中处理,全面促进财务工作效率的提升。

3．实现降本增效

企业主要产品市场竞争激烈,保持成本优势是企业产业竞争的传统制胜法宝。一方面,业财融合采取按照业务循环进行组织分工的方式,实现规模化运作,从而达到节约人员、降低运营成本的目的;另一方面,分流出来的财务人员应当集中精力加强成本管理,不断降低产品成本,更好地服务于企业制定的成本领先竞争战略。通过对业务系统的建设或优化,以及各系统间的相互整合,完成业务信息、报账信息、会计信息之间的匹配和对应,达到一点输入、信息共享的效果,进而有效降低企业的财务管理成本。

4．保障信息沟通

业财融合实现报账、业务处理流程的统一。通过系统对各类信息和映射规则进行固化,人为差错的风险得到大幅度降低,企业核算业务在统一的规范和流程下进行处理,数据质量将得到大大提升。通过一系列信息化、自动化、数字化技术的运用,企业可对业务信息进行综合采集和分析,深入挖掘信息的潜在价值,可获取更有价值的财务信息来支持决策。

（三）业财融合架构设计原则

围绕构建目标,业财融合架构的设计应当遵循如下原则。

1．业务财务一体原则

构建业财融合架构的过程,同时也是信息系统全面升级与改造的过程,没有强有力的信息系统的支持,业财融合建设无异于纸上谈兵。企业应当充分利用构建业财融合架构的机会,努力实现业务财务信息一体化。首先,选择优秀的信息系统运营商对业务财务信息系统进行总体设计,以确保信息系统平台不断升级优化并在较长的时期内满足企业发展的需要;其次,以多行业背景为基础,加强数据开发和管理体系建设,实现数据的集中化管理和深度利用;最后,加强网络信息建设,实现财务信息的实时共享,为财务信息的真实性与完整性提供保障。

2．财务管控导向原则

如何将集权与分权相统一,建立一个科学合理的财务管控体系,是长期困扰企业的难题。完善财务管控体系,是构建业财融合架构的重要目标,也是从架构设计开始就要坚持的基本原则,且为企业构建业财融合架构指明了方向。该原则强调以完善财务管控体系为导向,从企业财务管控现状出发,从根本上解决企业财务管理存在的问题。

3．投入产出匹配原则

对企业而言,构建业财融合架构是一项人财物的巨大投资,因此,从架构设计到组织实施应当循序渐进、量力而行,以尽可能少的投入获取尽可能多的回报。应当设计科学的组织体系和合理的战略管理、预算管理、成本管理、营运管理以及投融资管理方案,并在生产经营过程中进行全方位的跟踪与评价,对生产、销售的投入和产出进行合理评价和考核。

4．发展战略一致原则

构建业财融合架构是一个庞大的系统工程,不可能一蹴而就,而应当分步骤、分阶段进行。企业发展战略是指导企业管理工作的核心,构建业财融合架构更应该与企业发展战略保持一致。

二、业财融合架构系统及关系

(一)业财融合架构系统概述

本书将业财融合的架构分为六大系统,分别是组织系统、方法系统、预测决策系统、控制系统、评价系统和报告系统。如图 3-1 所示,组织系统包括战略层、经营层和业务层,方法系统包括战略管理方法、预算管理方法、成本管理方法、营运管理方法、投融资管理方法以及绩效管理方法等,决策系统包括经营预测、经营决策和投资决策等,控制系统包括生产控制系统和销售控制系统,报告系统包括战略层报告、经营层报告和业务层报告,评价系统包括公司层面评价、部门层面评价和个人层面评价。

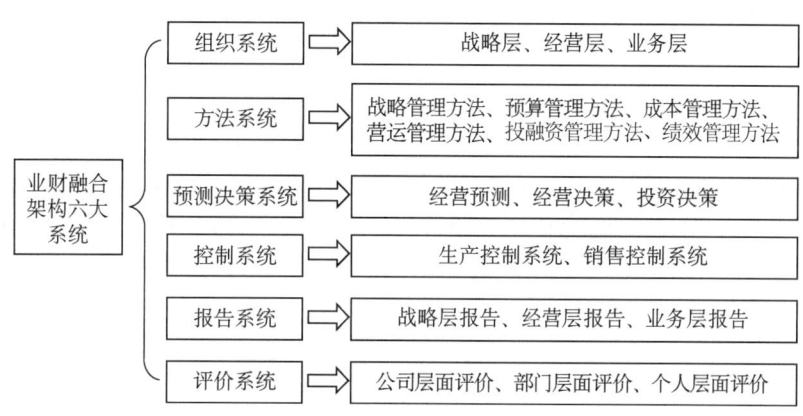

图 3-1　业财融合架构的六大系统要素

(二)业财融合架构系统的关系

随着经济技术环境的变迁,业财融合架构系统会发生一定的变化,这种变化是相互联动的。因此,研究业财融合架构系统之间的关系就显得十分有必要。组织系统决定了方法系统,方法系统影响着预测决策系统和控制系统的效果和效率,报告系统是预测决策系统和控制系统的反映,评价系统是对业财融合整体状况的全面绩效的评价。业财融合架构六大系统之间的关系如图 3-2 所示。

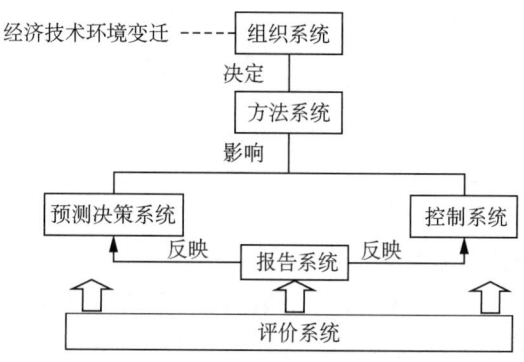

图 3-2　业财融合架构系统的关系

三、业财融合架构基本内容

(一)业财融合组织系统

组织结构界定了对工作任务进行分解、组合和协调的方式,不同的组织具有不同的组织结构,这些结构对于员工的态度和行为都有影响。企业的组织结构,具体地说就是为了有效地配置企业内部的有限资源,为了实现一定的共同目标,按照一定的规则和程序构成的一种责权结构安排和人事安排,其目的在于确保以最高的效率实现组织目标。

业财融合的组织系统将整个组织划分为战略层、经营层和业务层三个层次,并详细介绍了业财融合工作岗位、能力框架和职业视角。业财融合的组织系统构建有利于促进企业内部各部门之间的沟通,从而提高企业的管理效率。

(二)业财融合方法系统

从企业管理发展历程看,业财融合是管理会计中的重要理念,在科技进步的大背景下,业财融合的发展围绕着成本核算、管理控制与价值创造展开,形成了一系列管理工具和方法,为企业提供决策支持、内部闭环管理控制。

业财融合方法系统是为了达到某种目的而将各种科学方法有序整合的结构体系,主要包含战略管理方法、预算管理方法、成本管理方法、运营管理方法、投融资管理方法和绩效管理方法等,形成了业财融合决策、控制和评价三层次方法系统的内容,如图 3-3 所示。业财融合研究已大大突破传统业财分离管控的范畴,开启了价值创造的新篇章。

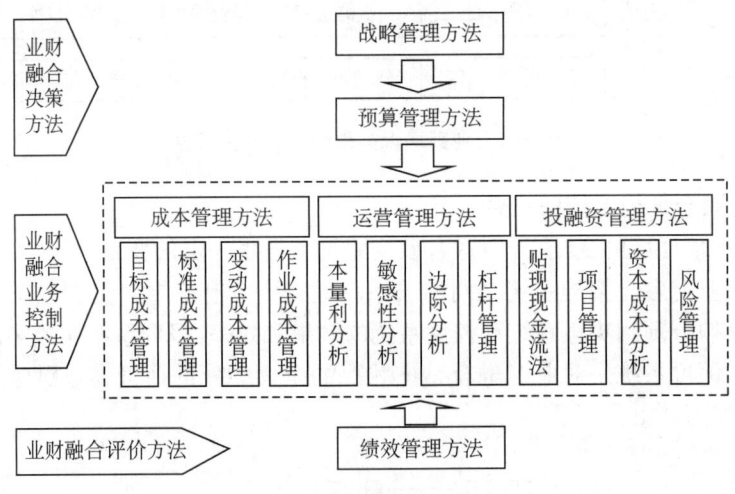

图 3-3　业财融合方法系统

业财融合方法系统作为现代企业管理不可或缺的组成部分,包含诸多方法工具,将会越来越受到实务界重视。通过建立业财融合方法系统,将为业财融合理论研究和实践应用提供新的思路和指导。

(三)业财融合预测决策系统

预测是预计未来事件的一门艺术、一门科学,包含采集历史数据并用某种数学模型来外推将来,也可以是对未来的主观或直觉的预期,还可以是上述的综合,即经由合理判断调整的数学模型。决策作为人类普遍存在的活动,是基于特定的对象系统(决策系统)而言的,决策就是做出决定的意思,即对需要解决的事情做出决定或选择。这里所谓决策系统一般包括决策者、决策对象、决策信息、决策理论和方法、决策结果等基本要素,它是现代科学决策体制的核心。

本书将业财融合预测决策系统分为三个部分,分别是经营预测、经营决策和投资决策。在企业经营管理环境下开展的经营预测是运用预测学的诸多方法或基本理念,结合企业历史、当前信息,推断与企业决策有关事项在未来可能发生的变化,如预测企业未来的收入变化、成本变化以及资金需要量。经营决策是在不改变现有生产能力的条件下,针对经营活动中遇到的问题,寻求备选方案,并从中做出最佳选择的行为。投资决策是指投资主体在调查、分析、论证的基础上,对投资活动所做出的最后决断。

(四)业财融合控制系统

业财融合控制系统主要组成部分是生产控制系统和销售控制系统。生产控制系统是对企业生产业务流程,包括采购业务、仓储业务和制造业务,进行管理控制,使业财融合人员能够随时了解生产情况,有效控制生产成本,发现存在的问题,进而做出快速的市场反应。销售控制系统是指企业采用以风险为导向的、符合成本效益原则的销售管控措施,实现与生产、资产、资金等方面管理的衔接,落实责任制,有效防范和化解经营风险。

(五)业财融合报告系统

业财融合报告系统是运用一系列控制方法,针对业财融合控制系统,以更加清晰、简洁和注重使用者需求的形式,来全方位提供有关企业业绩和运营状况信息的综合报告系统。业财融合报告系统包括为构建综合报告所设定的一系列的要素、内容、目标、方式、方法、分类、程序等内容,具体包括战略层业财融合报告、经营层业财融合报告和业务层业财融合报告。

(六)业财融合评价系统

业财融合评价系统是通过建立评价指标体系,对照评价标准,采用定量与定性相结合的统计与分析方法,对企业一定经营期间的各项业绩成果进行综合评判的过程,具体包括公司层面评价、部门层面评价和个人层面评价。业绩评价是一个组织管理控制系统不可缺少的组成部分,是企业战略计划与控制决策的重要支持工具。

第三节 财务共享与业财融合

随着信息化技术和手段不断进步,越来越多的企业选择构建财务共享中心进而实现业财融合,财务共享理念得到了广泛的认同。本节将重点讲述财务共享、财务共享中心以及财务共享与业财融合的优势与关系。

一、财务共享

(一)财务共享的定义

财务共享广义上指的是大集团大业务公司将下属分支业务单元、代表处、子公司中可以标准化、统一化、具有重复性的业务流程与对应的财务部门,通过一个固定的中心点进行再梳理和重新塑造的一种新的财务管理方法,而这个中心点就被称为财务共享中心。

财务共享具有独立性。它的独立性主要体现在可以单独以一定的规模进行核算,实现规模经济。财务共享中心可以统一进行集团的基本核算,还能够服务其他的分支部门,它的运营支出和外包收益都由集团总部总体控制,它以电子信息系统作为基础,通过业务重组、流程再造,可以形成降低成本、增加效益的管控架构。不过它的下属分支需要撤掉原来相应的财务附属部门和人员,这些分支统一由财务共享中心调控核算。此外,作为公司财务体系的衍生产物,财务共享中心拥有自己的管理体系和价值观,可以全方位管理企业的基础财务核算。

从本质上来看,财务共享中心仍然是大型全球化企业的大事业部集中型财务管理体系进一步衍生而诞生的新模式。这种新模式体现在以下三点:一是财务权责的细化,二是致力于帮助大型企业找到资源配置的最优解,三是获取最优成本效应。

(二) 财务共享的价值

财务部门虽然是信息的提供者,但如果无法及时掌握真实、完整的信息,其提供的信息价值也会降低。建立财务共享中心不仅可以给前端业务提供具有针对性的服务和支持,还能够给后台的财务决策提供更有价值的信息。建立财务共享中心可以全面提升企业的管理水平,推动企业的发展,具体存在以下几方面优势。

1. 有利于信息集成化

信息集成化是形成财务共享价值的基础。随着数据处理技术不断发展,信息集成化的技术手段也越来越丰富,发挥的作用也愈加明显。在信息集成化的基础上,财务共享中心能够简化预算分析、绩效分析、盈利分析等工作,从而给企业的经营决策提供更有价值的信息。与此同时,财务共享服务中心能够获取更多非结构化数据,通过进一步分析这些非结构化数据,可以从中找到数据的关联性,进而挖掘到更多有利于企业发展的有价值信息。

2. 有利于流程标准化

流程标准化是建立财务共享中心的核心和关键。建立财务共享中心最先要做的就是将企业的业务流程和制度标准化。通过业务流程再造,进行统一的流程管理、任务管理以及岗位角色管理,从而简化业务流程,降低成本,提升企业效益。换句话说,财务共享中心设立的目标就是推动业务流程的再造,以稳妥的方式优化业务流程,促进企业提高管理水平。

3. 有利于服务专业化

财务共享中心可以给企业提供成熟的会计服务。通过集中管理、培训会计人员,能够降低其工作差错率,进而提高决策所需的财务信息的质量。统一并且集中的共享服务模式,有利于提高员工的专业技术水平,拓展业务深度。财务共享中心作为一个标准化的服务组织,通过加强对组织内部人员的培训和管理,重视员工队伍建设,从而保证并提升员工的服务水平。

4. 有利于节约成本

财务共享对于成本节约的贡献主要从以下几个方面实现:其一,财务共享中心可以集中处理财务数据,员工能在一个部门集中处理不同地区或者单位的相同业务,可以节约员工时间;其二,财务共享中心优化了业务规则和流程,删减了重复的工作,从而缩短了每一项工作的时间,间接地减少了成本;其三,对业务操作进行了标准化、细化和简化处理,有助于低层次水平的岗位员工承担岗位职责。

5. 有利于企业业务的拓展

财务共享中心可以为整个企业业务规模的扩展(包括并购、重组和剥离等)提供支持,是企业实施发展战略的有力支撑。财务共享中心包含人力资源、信息管理、财务等职能,这样有利于企业更好更快地发展新业务。

二、财务共享服务中心

(一)财务共享服务中心概念

财务共享服务中心采取数据集中处理的管理方式,有专门的业务处理标准。在一定时期内,各类财务业务将集中到财务共享服务中心进行统一处理,从而降低成本,提高效率。财务共享服务中心是一个有效整合多个地区或部门的业务领域、人员和技术的组织,可以在标准化过程中处理财务数据、提供财务信息并反映财务状况,具有如下特点。

1. 流程标准化

通常来说,财务共享服务中心承担的业务具有容易标准化处理、重复使用率高、工作量大等特点,如应收账款、应付账款、费用报销等。它不仅为业务设计独立的标准化处理程序,还会培训财务工作人员根据既定程序处理不同的业务。随着集团公司的不断创建、扩建,其财务操作标准也不尽相同。

2. 成本低

财务共享服务中心在选取筹建地点时一般选择成本较低的区域。此外,财务共享服务中心将会计工作人员整合起来,避免其业务重复,这样能够降低成本。德勤咨询公司和国际数据公司从《财富》500强企业中挑选了50家公司调查,发现这些公司通过财务共享服务得到的平均回报率为27%,而员工数量则下降了26%。

3. 效率高

首先,财务共享服务中心有一个标准的操作手册,这个手册会对财务人员的工作职责进行明确的说明,进而提高人员工作效率。其次,财务共享服务中心为公司或集团提供更标准的财务信息,使企业管理者的决策更加高效和正确。

(二)财务共享服务中心的模式

财务共享服务中心的模式根据不同的分类标准可以分为三类:全球中心、区域中心、专长中心。

全球中心,即全球统一财务共享服务中心,是将一个公司在全球范围的所有核算流程集中在一个财务共享服务中心统一进行处理,为公司所有业务部门提供便捷高效的服务,高度发挥公司的规模效益,加强业务流程标准化。该模式要符合各国各地区对于经济的要求,鉴于全球中心的高要求和对全集成系统的需求,该模式的重点和难点在于创建全球统一和标准化的业务流程。

区域中心,即按区域划分建立财务共享服务中心。将公司的业务按照地理区域划分,每个地区设立一个区域财务共享服务中心,它能够符合对应地区的业务操作流程,也能够遵循当地的税务准则及法律。将标准化水平适当放低对系统和人员的要求也相对放低,管理程度适中,便于企业集团的整体管理。

专长中心,即专长型财务共享服务中心。专业的财务共享服务中心是将一个公司在全球内的同一业务放在一个共享中心内进行梳理。这有助于达到清除重复劳动的目的,进而提供专业服务,培养不同职能的专业人员。公司在建立一个财务共享服务中心时,须根据自身行业发展特点、结合实际生产经营及发展战略等具体情况综合考虑。

3-2 视频:
财务共享服
务中心给企
业带来的效
益及挑战

（三）财务共享服务中心的技术支持

随着市场竞争不断加剧、公司规模不断增大，以及核心竞争力、规模效应和竞争优势理论的提出，财务共享的理念逐渐成形。财务共享的真正实现要依赖信息技术的发展。从基本的业务计算到全面的财务管理和重要的财务决策辅助，信息管理和信息系统是实现财务共享的基础。电子报账、电子影像系统、银企互联以及电子档案作为财务共享服务中心的核心部分，涵盖了整个财务共享服务中心的技术核心领域。财务共享服务中心的财务人员根据工作内容在业务标准流程中进行财务处理。

1. 电子报账系统

电子报账系统是整个共享中心的核心，该系统可以实现的功能有填写报账单、业务审核、财务审核、制作凭证等。系统中填写报账单板块内有模板管理，包括差旅费模板、土地使用及损失补偿模板、运输费模板及其他日常费用模板等。例如，公司员工出差产生的差旅费，在填单过程中选择对应报账科目，填写公司全称、出差员工所属部门，以及出差类型、出差地点、往返时间、过程中换乘的交通工具、费用票据等具体信息。业务审核是在报账单提交之后进入的流程。电子报账系统可以自动识别报账单内容中的关键词语，准确地下发给对应的审批人。审核需要走一定的流程，需要多人并按照一定的顺序审核，前一位审批人审核通过，电子报账系统会自动转给后一位审批人，等待审核。此外，按照费用审批全流程，电子报账系统能够使各部门共同对报账单据进行审批。综上所述，电子报账系统基本能够实现信息资源共享，自动进行业务流程处理。

2. 电子影像系统

电子影像系统是以电子方式记录、传输发票信息，管理云存储的系统平台。它是整个电子报账系统的核心，无纸化处理特征明显。电子文档信息是通过使用电子影像系统、扫描计算等方式提供的。利用条形码技术创建的电子票据可以实时跟踪管理，可以在多个系统平台上进行信息传递，大大提高报账工作的效率，降低审批成本，有效减少员工的工作量。

3. 银企互联系统

银企互联系统是财务共享服务中心实现对银行账户的管理、银企自动对账和资金不落地支付的自动核算的平台，能够将外部银行接口与公司系统平台的接口对接起来，在线完成与多家签约银行的实时交易处理。例如，通过详细明细查询、业务对账等方式，方便公司与银行的工作开展，提高银行和公司之间交易的效率和安全性，实现与签约银行的实时交易，减少支付环节和对账阶段的工作量，降低因操作失误而产生的业务风险。

4. 电子档案系统

电子档案系统是无纸化业务处理下公司集团会计电子档案信息管理平台，能够做到集中统一的会计电子档案和实物档案管理，然后逐步提高档案管理中会计电子档案的比例，减少实物会计档案数量，有效降低会计档案管理成本，提高会计凭证管理效率，以及有效预防不可抗力对会计资料的破坏。

三、财务共享与业财融合的各自优势与关系

（一）财务共享与业财融合的各自优势

1. 财务共享的优势

（1）财务共享可以提高企业管理质量和财务处理效率。利用财务共享服务中心可以集

中高效地处理业务,减少财务管理流程,从而降低业务处理的成本,提高财务工作人员的工作效率,这也有利于财务部门和其他业务部门之间互相沟通,提高企业管理质量。

(2)财务共享可以降低企业财务控制风险。财务核算系统与 ERP、EBS、OA 等系统在系统建设中可以与之前的财务、业务系统较好地集成。通过财务共享平台,企业内部可以实现数据共享,财务人员可以熟悉企业的业务流程,了解业务环节。同时,企业的经营管理活动也会最终通过数据反映出来,从而帮助管理者发现企业在经营活动中的缺陷,降低企业财务控制风险,有利于企业管理者做出更好的决策。

2. 业财融合的优势

(1)业财融合能够增强财务人员能力水平。业财融合的发展对企业财务人员的水平提出了更高的要求,财务人员需要在传统的财务工作模式的基础上,充分结合利用现代信息技术。

(2)业财融合能够提高企业管理效率,实现精准管理。一方面,企业业务和财务部门的融合可以提高财务管理部门的管理水平,财务人员更好地理解业务也有利于细化财务管理的各个环节,从而使企业的财务服务能力得到有效提高。另一方面,通过业财融合,财务人员可以了解到企业生产经营活动的各个环节,对此实施有效的财务管理,降低生产环节的成本,使资源得到合理的配置。

(二) 财务共享与业财融合的关系

1. 财务共享服务中心为企业成功实施业财融合提供保障

(1)财务共享服务中心为业财融合提供技术平台。财务共享服务中心通过建立各个系统接口可以把企业集团的业务和财务系统集合在一起,规范企业的业务流程。企业在建立财务共享服务中心时,一方面,要把业务流程连接到企业的财务共享平台上,使财务共享平台更为完善;另一方面,在进行数据处理的时候,集中力量提高业务数据存储和处理的及时性、准确性和有效性。

(2)财务共享服务中心推动业财融合管理创新。财务共享服务中心可推动企业的管理模式创新,集团下面的子公司、分公司的财务会计岗位取消,财务会计岗位的基本工作如费用报销、出纳支付等逐渐被智能机器人替代。企业创造出新的管理模式,原有的财务流程将会被改变。

2. 业财融合是实现财务共享模式的关键因素

(1)财务共享模式下业财融合是企业内部管理需求。财务共享模式下,各个业务部门和财务部门之间的互相融合可以帮助企业经营管理者对整个生产经营过程实现控制,最终实现企业价值最大化,在宏观上有利于企业进行战略协调。同时,在处理业务时企业也要遵循规范化、流程化的原则。

(2)财务共享模式下业财融合能够引领财务变革。财务共享服务中心的建立,使大量的数据集中在一起,如何处理并利用好这些数据,对财务人员的整体能力和综合素质又提出了更高的要求,财务人员不仅仅是做简单基础的工作,工作重心也转向更有价值的地方。财务共享服务中心的建立有利于企业控制并降低风险,帮助企业更好地进行管理。

3. 财务共享与业财融合相互作用、相辅相成

财务共享与业财融合相辅相成:一方面,财务共享越来越多地成为大多数企业的选择,它可以提高财务工作的透明度,提高工作效率;另一方面,业财融合可以促进企业财务转型

升级,提高企业的核心竞争力,有利于企业更好地进行财务管理。

本 章 小 结

　　业财融合是未来企业发展的核心,不仅是企业经营与财务管理发展的要求,更显示出社会经济组织对商业行为、企业管理的理解:既为业务发展、价值创造、协作共生管理,也为打破职业、岗位、职能壁垒而管理。本章主要阐述了业财融合的概念、基本特点及作用,从不同视角对业财融合的特征进行了描述,系统介绍了业财融合基本架构,同时对智能时代业财融合平台进行了描述。

本章重要概念

　　业财融合　组织系统　方法系统　预测决策系统　控制系统　评价系统　报告系统
财务共享

3-3　第三
章课件

3-4　第三
章练习题

3-5　第三
章练习题
答案

第四章 投资管理

内容简介

本章主要讲解企业投资所引起的财务活动。投资管理包括证券投资管理及项目投资管理两大类。企业在进行证券投资时,如投资于债券、股票或基金,应当掌握其估价方法,了解影响债券和股票价格变动的主要因素、可投资基金的种类,以便正确地进行投资决策。在评价投资项目是否可行时,应以项目的现金流量作为决策基础,根据计算的决策指标进行决策。

重点难点

本章重点为资本资产定价模型的应用、债券估价、股票估价、现金流量计算、投资决策指标计算。本章难点为股票估价、投资决策指标的计算。

学习目标

通过学习本章,学生应了解证券投资的种类;掌握资本资产定价模型的应用方法;掌握债券及股票的估价方法;了解现金流量的构成;掌握现金流量的计算;掌握投资决策指标的计算。

知识框架

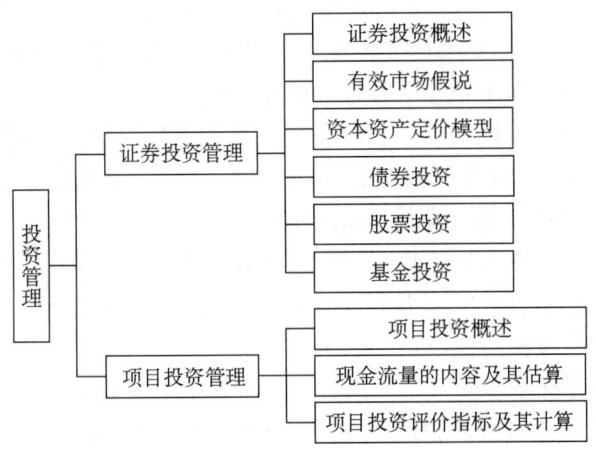

 **引入案例** **华为投资,从保守低调到激进生猛**

随着美国制裁不断加重,半导体"卡脖子"的情况愈发严重,华为在投资方面有了一些变化。2019 年

4月,华为成立深圳哈勃科技创业投资公司(以下简称"哈勃投资"),随后哈勃投资不断在半导体芯片、原材料、设备等行业"落子"。

2019年下半年后,华为对外投资迎来"高峰期",投资标的达到39家。哈勃投资在26个月中布局了37家公司,基本上每个月都要投资一两个项目。特别是2020年下半年后,哈勃投资的投资速度开始加快,部分月份(2020年6月、12月,2021年2月、3月)甚至有三起投资。

目前来看,哈勃投资多着眼于半导体领域,涵盖半导体材料、射频、显示器、模拟芯片、EDA、人工智能等多个细分领域。芯片是哈勃投资最着重发力的领域,哈勃投资已经布局了山东天岳、思特威、杰华特微电子、裕太微电子、鲲游光电、好达电子、庆虹电子、纵慧芯光等近15家企业。这里边涉及的芯片种类比较多,包括安防芯片、射频芯片、光学芯片、模拟芯片、存储芯片等等。其中,思特威是国内重要的CIS图像传感器公司,在安防监控应用领域拥有技术优势,自2017年起连续多年在安防应用领域出货量全球第一。

除此之外,哈勃投资还积极布局上游原材料、半导体制造设备。其中就有备受关注的科益虹源,它是国内唯一、全球第三家具备193nmArF准分子激光技术研究和产品化的公司,也是国内光刻机厂商上海微电子的光源系统供应商。在光刻机光源这个核心技术上,科益虹源是在国内领先的厂商。

总体上来看,最近两年间,为了减小美国制裁造成的影响,华为的投资从保守切换到激进风格,投资策略从过去的以并购为主,逐步转为注重战略投资和VC投资。

思考:评价一个投资方案是否可行的基础数据应如何衡量? 可以用哪些技术分析法来评价一个项目是否可行呢?

资料来源:周永亮.揭秘华为投资版图:从保守低调到激进生猛[EB/OL].(2021-06-22)[2023-04-25].https://baijiahao.baidu.com/s?id=1703238661564389154&wfr=spider&for=pc.

第一节 证券投资管理

一、证券投资概述

(一)证券投资的概念与种类

证券是指票面载有一定金额,代表财产所有权或债权,可以有偿转让的凭证,如债券、股票、短期融资券、银行承兑汇票等。证券投资是指以国家或外单位公开发行的有价证券为购买对象的投资行为,它是企业对外投资的重要组成部分。科学地进行证券投资管理,能够增加收益、减少风险,从而有利于企业财务管理目标的实现。

企业证券投资的种类直接取决于有价证券的种类,最常见的两种有价证券是债券和股票。按照发行主体的不同,债券投资可分为政府债券投资、金融债券投资、企业债券投资。企业股票投资的两种基本类型为普通股和优先股。

政府债券投资是指企业投资于政府债券的行为。政府债券是指中央政府或地方政府为集资而发行的证券,包括公债、国库券等。政府债券与其他债券相比,最大的特点是交易费用小、收益固定、利息免交所得税、信誉高、风险小。

金融债券投资是指企业投资于金融债券的行为。金融债券是指银行或其他金融机构为筹措资金而向投资者发行的借债凭证。发行金融债券的目的在于筹措中长期贷款,利率略高于同期定期存款利率,一般由金融债券的发行机构经中央银行批准后,在金融机构的营业点以公开出售的方式发行。

企业债券投资是指企业投资于其他企业债券的行为。企业债券是指企业为了筹措资金

4-1视频:
证券投资
管理

而向投资者出具的、承诺在约定时间还本付息的债务凭证。企业债券投资属于债权性投资，投资人有权要求发债企业按期偿付本息，否则可通过法律程序要求补偿。

股票投资是指企业通过购买股票或股份的方式对外投资。股票投资属于权益性投资，投资人作为权益所有者，有权参与被投资企业的经营管理和按所占股份分享利润，但当被投资人发生经营亏损或损失，投资人需以出资额为限承担其损失。

从投资风险和收益的角度来看，与股票相比，债券投资风险较小，获得的收益也较少。例如，政府债券有政府财力支持，风险小、收益低，但本金安全性高；金融债券次之；企业债券的风险相对较大，收益也更高，但其具体风险程度主要视企业的规模、财务状况和其他情况而定。股票投资比债券投资风险更大，但获得的收益也更高。

（二）证券投资的目的

企业进行证券投资的主要目的如下。

1. 暂时存放闲置资金

企业一般都持有一定数量的有价证券，以替代较大数量的现金，并在现金流出超过现金流入时，将有价证券售出，以增加现金。短期证券的投资在多数情况下都是出于预防的动机，因为大多数企业都依赖银行信用来满足短期交易对现金的需要，但银行信用有时是不可靠的或不稳定的，适量持有有价证券可以预防银行信用的短缺。

2. 与筹集长期资金相配合

处于成长期或扩张期的公司一般每隔一段时间就会发行长期证券（股票或公司债券）。但发行长期证券所获得的资金一般并不是一次用完，而是逐渐、分次使用。这样，暂时不用的资金可投资于有价证券，以获取一定的收益，而当企业进行投资需要资金时，则可卖出有价证券，以获得现金。

3. 满足未来的财务需求

假如企业在不久的将来有一笔现金需求，如建一座厂房或归还到期债务，则将现有现金投资于有价证券，以便到时售出，满足所需要的现金。

4. 满足季节性经营的企业对现金的需求

从事季节性经营的企业在一年内的某些月份有现金剩余，而在另几个月则会出现现金短缺，这些企业通常在现金有剩余时购入有价证券，而在现金短缺时出售有价证券。

5. 获得对相关企业的控制权

有些企业往往从战略上考虑要控制另外一些企业，可以通过股票投资实现。例如，一家汽车制造企业试图控制一家钢铁企业以便获得稳定的材料供应，这时便可动用一定资金来购买钢铁企业的股票，直到其拥有的股权能控制这家钢铁企业为止。

（三）证券投资的程序

1. 明确投资目的，选择相应的投资对象

如果证券投资的主要目的是为保持其资产的流动性，则投资对象以低风险、低收益且流动性强的有价证券为主；如果是以追求盈利为目的，则应选择与投资者风险承受能力相适应的证券品种进行投资。在经济学中，人的冒险心态分为三大类型：冒险型、避险型和一般型。一般来说，冒险型的人以冒险为乐事，在寻找冒险刺激过程中得到更大的收益，这种类型的投资者追求风险大、潜在收益也高的证券品种进行投资，例如，成长型公司股票，新兴公司的创业股，处于财务困难之中、但再生希望大、正在进行债务重组的公司股票，使用杠杆收购技术的公司发行的收益债券或垃圾债券,等等。对一般冒险型投资者来说,其投资品种必定是高风险与高收益证券、一般风险与一般收益证券、低风险与低收益证券的某种组合。对避险型投资者而言,低风险与低收益证券是其主要的投资对象,如盈利稳定型公司的债券与股票、抵押担保债券、某些公司的优先股、政府公债等。

至于那些以证券投资为手段,以最终达到控制其他公司业务,甚至达到购并其他公司为目的的投资者,其投资对象必定是那些特定公司的股票、债券。

2. 认真进行证券分析,确定证券内在价值、寻找有利的投资时机

证券分析是检查分析若干种或若干组有可能购买的证券。证券分析的方法分成两大类:基础分析方法和技术分析方法。

基础分析方法认为经过严格的分析,可以选择某些证券,如果它们的市场价格高于其内在价值,即是卖出的时机;反之,则是买进的时机。

技术分析方法认为运用特殊的方法,可以得到证券价格(特别是股票价格)的近期走向趋势和运动规律,从而找到证券的买卖时机,并做出投资选择。这些特殊方法包括利用证券价格历史资料画图、填表格、分析曲线等统计方法。

3. 分析投资效果与反馈

投资对象选定、价格估定并实施投资后,还要不断地对已投资的项目进行效果分析,做出相应的调整。因为证券市场变化无常,原来已实施的投资行为符合风险与收益相匹配的原则,但条件变化后,要进行相应的调整,使证券资产始终处于风险与收益的最佳匹配状况,这就要求不断对证券的风险与收益进行跟踪分析。

二、有效市场假说

4-2 视频:
有效市场假说

有效市场假说起源于 20 世纪初,这个假说的奠基人是一位名叫路易斯·巴舍利耶的法国数学家。1900 年,路易斯·巴舍利耶把统计分析方法应用到了对股票报酬率的分析中,发现股票价格波动的数学期望值总是零。坎德奥与罗伯兹分别于 1953 年和 1959 年发现股票价格序列类似于随机漫步,他们对这种现象的解释是:在给足所有已知信息后,这些信息一定已经被反映于股价中了,所以股价只对新信息做出上涨或下跌的反应。由于新信息是不可预测的,那么随新信息变动的股价必然是随机且不可预测的。1964 年,奥斯本提出了随机游走理论,他认为股票价格的变化类似于化学中的分子布朗运动(悬浮在液体或气体的微粒所做的永不休止的、无秩序的运动),具有随机漫步的特点,也就是说,股票价格变动的路径是不可预期的。1970 年,尤金·法玛最终把这些理论形式化为有效市场假说。资本资产定价模型就是建立在有效市场假说的基础上的。

(一)有效市场假说的含义

有效市场假说是由尤金·法玛于 1970 年首先提出的。他认为,如果一个资本市场是有效的,那么这个市场上的证券价格总是能够快速、准确、完整地反映所有可获得的信息。

有效市场假说包含以下两个要点:

(1)市场上的每个人都是理性的投资者,他们能够确定每种证券的真实价值,并据此做出最佳的交易决策。

(2)信息能够在证券价格中快速、完全地得到反映,而这些信息所引起的价格调整也是恰当的,即信息有效。同时也说明,只有出现事关证券真实价值的新信息才会引起该证券价

4-3 视频:
尤金·法玛
教授分享

格的变动。

当然,有效市场假说只是一种理论假说,实际上,并非每个人总是理性的,也并非在每一时点上都是信息有效的。

(二)有效市场假说的形态

根据有效市场假说中的信息集合包括的内容不同,有效市场可实证检验的形态存在以下三种。

1. 弱式效率市场假说

该假说是指证券价格已充分反映出所有过去历史的证券价格信息,包括成交价、成交量、变动率等。证券的当前价格与未来价格不相关,证券价格的任何变动都完全独立于其历史价格。在这种市场中,投资者无法利用过去股价波动所包含的信息获得超额利润,也就是对证券历史数据的研究无助于预测未来趋势。

2. 半强式效率市场假说

该假说是指所有公开的可用信息假定都被反映在证券价格中,不仅包括证券价格序列信息,还包括公司财务报告信息、经济状况的通告资料和其他公开可用的有关公司价值的信息、公布的宏观经济形式和政策方面的信息。也就是说,这种市场中的证券价格能迅速反映全部新产生的公共信息,包括市场信息、宏观经济信息和公司财务数据等。在这种市场中,投资者不仅无法从历史信息中获取超额利润,而且也无法通过分析当前的公开信息获得超额利润。也就是说,公司公布消息或有事件突发后,证券价格一步到位,旁观者没有任何机会。

3. 强式效率市场假说

该假说认为所有相关信息(包括内部信息和公开信息)都在证券价格中反映出来。在这种市场中,证券价格中已包含了所有的信息,投资者即使拥有内幕消息也无法获得超额利润。

有效市场假说反映了经济学家和金融学家梦寐以求的理想状态,现实中的不少例外现象对这一假说提出了挑战,大多是由于现实状态对理想状态的偏离。这些挑战并没有从根本上否定有效市场假说。然而,在运用市场有效假说,作为决策参考或投资策略选择依据时,应抛弃假说的一些前提假设,以更加客观地应对现实市场状态。

三、资本资产定价模型

资本资产定价模型(CAPM)是描述风险与报酬关系的理论模型,它认为证券的风险报酬率等于该证券(或证券组合)的 β 系数与市场风险报酬率的乘积。

(一)资本资产定价模型的假设条件

任何模型的建立都是对复杂的现实情况的一种抽象,找出其中主要的经济关系,用指标加以描述。在构造证券投资组合并计算它们的报酬率之后,资本资产定价模型可以进一步测算投资组合中的每一种证券的报酬率。

资本资产定价模型建立在如下一系列严格的假设基础之上:

(1)完全竞争。该假设类似于微观经济学中的完全竞争假设,是指市场上有大量的投资者,与所有投资者的总财富相比,每个投资者的财富是微不足道的,每个投资者的买与卖都不会在市场上占有显著份额,因此证券价格不会因个别投资者的买或卖而受到影响。换言之,每个投资者都是价格的接受者。

(2) 所有投资者都有相同的预期。样本的均值和标准差被统计学家称为充分统计量的数据,它们能描述一种资产报酬的概率分布。所有的投资者对于期望报酬率、方差和协方差都有完全相同的估计,这就意味着均值和标准差包含着现存的与该种证券相关的所有信息。

(3) 投资者都是通过考察证券的期望报酬率与风险来评估证券价格,并且每一个投资者都是风险厌恶者。在风险相同时,他们将选择期望报酬率大的投资组合;在期望报酬率相同时,他们将选择风险小的投资组合。

(4) 资本市场上没有摩擦。所谓摩擦,是指对市场上的资本与信息自由流动的阻碍。具体来说,就是假设资本市场上不存在与买卖证券有关的交易费用,不存在对红利收入、利息收入以及资本利得征税,信息向市场里的每个人自由、及时地传递,投资者不需要支付任何费用就能获得所有信息。

(5) 存在无风险资产,投资者可按无风险利率无限量地自由借贷。

(6) 单一的投资期限,即所有投资者都在相同的单一时期中计划他们的投资。所谓单一时期,是指资本市场上投资机会成本未发生变化的一段时间。在单一时期期初,投资者计划并实施投资;在期末,获得红利与资本收益。

上述假设条件说明所设定的资本市场是一个完全市场,投资者在相同经济环境下有相同的投资机会、相同的预期。这样就使我们能将注意力从考察个别投资者如何投资转移到考察证券价格的变化,从而进一步研究每一种证券或证券组合风险与报酬的均衡关系。尽管有些假设条件与现实有所偏离,但它们简化了建模的过程。而且后来的研究发现,该模型的基本观点仍然正确。

(二) 资本资产定价模型的一般形式及影响因素

1. 资本资产定价模型的一般形式

资本资产定价模型的一般形式可用下列公式表示:

$$K_i = R_F + \beta_i(R_M - R_F)$$

式中,K_i——第 i 种股票或第 i 种证券组合的必要报酬率;

R_F——无风险报酬率;

β_i——第 i 种股票或第 i 种证券组合的 β 系数;

R_M——所有股票或所有证券的平均报酬率。

【例 4-1】 锐意公司股票的 β 系数为 2.0,无风险利率为 3%,市场上所有股票的平均报酬率为 6%,请计算锐意公司股票的必要报酬率。

解: $K_i = R_F + \beta_i(R_M - R_F) = 3\% + 2.0 \times (6\% - 3\%) = 9\%$

也就是说,锐意公司股票的报酬率达到或超过 9% 时,投资者方可进行投资,如果低于 9%,则投资者不会购买锐意公司的股票。

2. 证券市场线

资本资产定价模型通常可以用图形来表示,该图称为证券市场线(SML)(图 4-1)。它说明必要报酬率 K 与不可分散风险 β 系数之间的关系。

以图 4-1 为例,假设无风险报酬率为 3%,β 系数不同的股票有不同的风险报酬率。当 $\beta = 0.5$ 时,风险报酬率为 1.5%;当 $\beta = 1.0$ 时,风险报酬率为 3%;当 $\beta = 2.0$ 时,风险报酬率为6%。也就是说,β值越高,要求的风险报酬率也就越高,在无风险报酬率不变的情况下,必要报酬率也就越高。

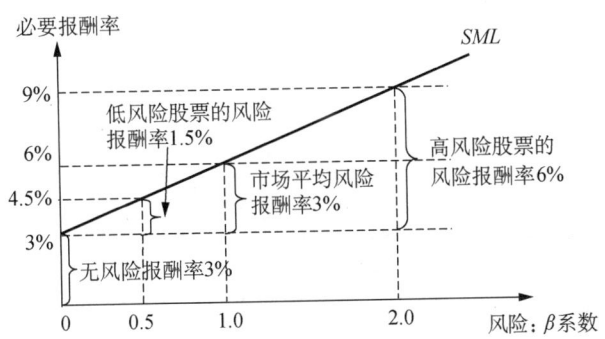

图4-1 证券报酬与β系数之间的关系

3. 资本资产定价模型的影响因素

1) 通货膨胀的影响

从投资者的角度来看,无风险报酬率R_F是其投资的报酬率,但从筹资者的角度来看,R_F是其支出的无风险成本,或称无风险利息率。现在市场上的无风险利率由两方面构成:一方面是无通货膨胀的真实报酬率K_0,这是真正的时间价值部分;另一方面是通货膨胀率IP。这样,无风险报酬率$R_F = K_0 + IP$。在图4-2中,假设真实报酬率为2%,通货膨胀率为1%,则有$R_F = K_0 + IP = 2\% + 1\% = 3\%$。

如果预期通货膨胀率上升2%,增加到3%,这将使R_F上升到5%。将这种变化显示在图4-2中,在其他因素不变的前提下,R_F的增加引起证券市场线从SML_1的位置平移到SML_2的位置,市场上股票的平均报酬率从6%增加到8%。

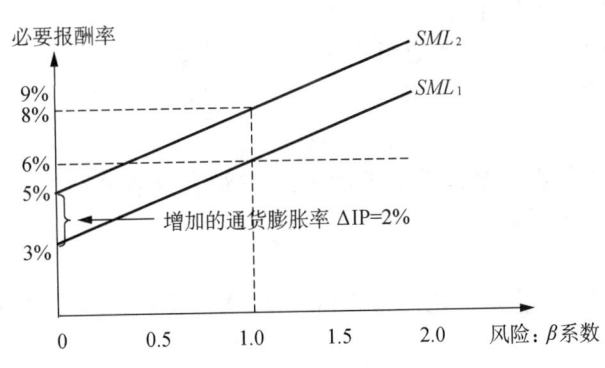

图4-2 通货膨胀对证券报酬的影响

2) 风险回避程度的变化

证券市场线反映了投资者回避风险的程度。直线越陡峭,投资者越回避风险,也就是说,在同样的风险水平上,要求的报酬更高,或者在同样的报酬水平上,要求的风险更小。如果投资者不回避风险,当R_F为3%时,各种证券的报酬率也是3%,这样,证券市场线将是水平的。当风险回避增加时,风险报酬率也增加,证券市场线的斜率也增加。图4-3说明了风险回避增加的情况,市场平均风险报酬率从3%上升到5%,必要报酬率也从6%上升到

8%。风险回避的程度对风险较大的证券影响更为明显。如图 4-3 所示，一个 β 系数为 0.5 的股票的必要报酬率只增加了 1％，即从 4.5％增加到 5.5％；而一个 β 系数为 2.0 的股票的必要报酬率却增加了 4％，即从 9％上升到 13％。

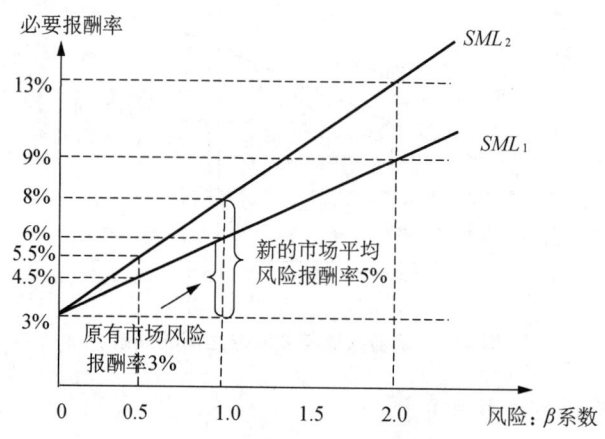

图 4-3 风险回避对证券报酬的影响

3）股票 β 系数的变化

随着时间的推移，不仅证券市场线在变化，β 系数也在不断变化。β 系数可能会因一个公司的资产组合、负债结构等因素的变化而改变，也会因为市场竞争的加剧、专利权的期满等情况而改变。β 系数的变化会使公司股票的报酬率发生变化。

【例 4-2】 承[例 4-1]假设锐意公司股票的 β 系数从 2.0 降为 1.5，请计算其必要报酬率。

解：$K_i = R_F + \beta_i(R_F - R_F) = 3\% + 1.5 \times (6\% - 3\%) = 7.5\%$

（三）资本资产定价模型在证券组合中的运用

上面讨论的资本资产定价模型是针对单个证券而言的。实际上，由多个证券形成的证券组合，其必要报酬率与风险仍然满足资本资产定价模型所揭示的关系，即各种证券组合也将落在证券市场线上。

假设证券组合 P 由某 m 个证券组成，各证券的组合权数分别为 $\omega_1, \omega_2, \cdots, \omega_m$，则在市场均衡状态下，$P$ 的必要报酬率为：

$$K_P = \sum_{i=1}^{m} \omega_i K_i = \sum_{i=1}^{m} \omega_i [R_F + \beta_i(R_M - R_F)] = R_F + \sum_{i=1}^{m} \omega_i \beta_i(R_M - R_F)$$

式中，K_P ——证券组合的必要报酬率；

K_i ——第 i 个证券的必要报酬率。

按照第二章讲的证券组合的 β 系数的计算公式，有：

$$\beta_p = \sum_{i=1}^{m} \omega_i \beta_i$$

将其代入证券组合的必要报酬率公式中，将得到：

$$K_P = R_F + \beta_p(R_M - R_F)$$

【例 4-3】 假设 M 公司投资了两种证券 A 和 B，两种证券的投资比例为 1：1，其中 β_A 为 1.3，β_B 为 0.9，市场组合的平均报酬率为 10%，无风险报酬率为 6%，则 M 公司证券组合的必要报酬率为多少？

解：首先，确定证券组合的 β 系数。

$$\beta_p = \sum_{i=1}^{m} \omega_i \beta_i = 1.3 \times 0.5 + 0.9 \times 0.5 = 1.1$$

然后，计算证券组合的必要报酬率。

$$K_P = R_F + \beta_p (R_M - R_F) = 6\% + 1.1 \times (10\% - 6\%) = 10.4\%$$

 相关思考 4-1

若[例 4-3]中要求 M 公司 A 证券的必要报酬率呢？

解：$K_A = R_F + \beta_A \times (R_M - R_F) = 6\% + 1.3 \times (10\% - 6\%) = 11.2\%$

四、债券投资

债券是债务人向债权人发行的，在约定时间支付一定比例的利息，并在到期时偿还本金的一种有价证券。

（一）债券的种类

按照不同的划分标准，可以把债券分成不同的类别。

1. **按期限的长短分类**

（1）短期债券。短期债券投资是指在一年以内就能到期或准备在一年之内变现的投资。公司进行短期债券投资的主要目的是配合其对短期资金的需求，调节现金余额，使现金余额达到合理水平。当公司现金余额太多时，便投资于债券，使现金余额降低；反之，当现金余额太少时，则出售原来投资的债券，收回现金，使现金余额提高。

（2）长期债券。长期债券投资是指在一年以上才能到期且不准备在一年以内变现的投资。公司进行长期债券投资的主要目的是获得稳定的收益。

2. **按照发行主体分类**

（1）政府债券。政府债券是由中央政府或地方政府发行的债券，分为中央政府债券和地方政府债券。中央政府债券也称国家债券，简称国债，是中央政府为筹集财政资金而发行的债券。地方政府债券也称地方债券，是地方政府为了某一特定目的（如修建地方公共基础设施）而发行的债券。政府债券尤其是国债的信誉很高，风险很低，因此其利率通常低于其他债券。

（2）金融债券。金融债券是由银行或非银行金融机构为筹集资金而发行的债券。发行金融债券必须经中央银行批准。金融债券的风险高于政府债券、低于企业债券，因此其利率一般介于两者之间。

（3）企业债券。企业债券是企业为筹措长期资金而发行的债券。其中，股份有限公司和有限责任公司发行的债券称为公司债券，简称公司债。

（二）债券的基本要素

（1）债券面值。债券面值是债券的票面金额，代表发行人借入并且承诺于未来特定日期偿付债券持有人的金额。

（2）票面利率。债券的票面利率是债券发行者一年内向投资者支付的利息与面值之间的比率。债券的票面利率是债券发行时就已经规定了的,票面利率与面值的乘积是债券发行人应支付给债券持有人的利息。多数债券的票面利率在债券持有期间不会改变。当然,有的债券在发行时不明确规定票面利率,而是规定利率水平按某一标准(如政府债券利率或银行存款利率)的变化而同方向调整,这种债券的利率称为浮动利率。债券的票面利率往往与市场上的实际利率不相等。有的债券每半年或一年支付一次利息,而有的债券则到期一次偿还本金和利息,并且不按复利计算利息。

（3）债券期限。债券期限指从发行日至到期日之间的时间。债券通常要规定一个到期日,以便偿还本金。债券的到期时间短的有 3 个月,长的可达 30 年。往往债券期限越长,其风险也越大,因此债券的票面利率也越高。

（三）债券的估价

4-4 视频:债券估价

债券的估价就是对债券的价格进行估计。投资者进行债券投资,预期在未来一定时期内会收到包括本金和利息在内的现金流入。债券价格应该是投资者为了取得未来的现金流入而愿意投入的资金。

将未来可收取的本金和利息折算为现值,即可得到债券的内在价值。债券的内在价值也称为债券的理论价格,只有债券的内在价值大于其购买价格时,该债券才值得投资。影响债券的内在价值的因素主要有债券的面值、期限、票面利率和所采用的贴现率等因素。

因债券的计息方法不同,现介绍几种最常见的债券估价模型。

1. 每年付息、到期还本债券的估价模型

典型的债券是每年计算并支付利息、到期偿还本金的债券,这种债券的估价模型是最基本的债券估价模型,其计算公式为:

$$P = F \times i \times (P/A, k, n) + F \times (P/F, k, n)$$

式中,P——债券价格;

i——债券票面利率;

F——债券面值;

k——投资者要求的必要报酬率或市场利率;

n——付息总期数。

【例 4-4】 某债券面值为 1 000 元,票面利率为 10%,期限为 5 年,每年支付利息,到期还本,某公司要对这种债券进行投资,要求必须获得 12% 的报酬率,问债券价格为多少时才能进行投资?

解:套用债券估价模型计算公式可得:

$$P = 1\,000 \times 10\% \times (P/A, 12\%, 5) + 1\,000 \times (P/F, 12\%, 5) = 927.5(元)$$

当这种债券的价格低于 927.5 时,该公司才会购买。

【例 4-5】 甲债券面值 2 000 元,票面利率为 8%,期限为 5 年,每年付息,到期还本。某企业拟购买这种债券,当前的市场利率为 10%,债券目前的市价是 1 800 元,企业购买该债券是否合算?

解:计算甲债的内在价值也就是理论价格:

$$P = 2\,000 \times 8\% \times (P/A, 10\%, 5) + 2\,000 \times (P/F, 10\%, 5) = 1\,848.56(元)$$

由于债券的内在价值大于市价,购买此债券是合算的,它可获得大于 10% 的收益。

根据债券的估价模型,我们发现债券价格与必要报酬率有密切的关系。债券定价的基本原则是:如果必要报酬率等于债券票面利率,债券价格就是其面值(债券平价发行);如果必要报酬高于债券票面利率,债券的价格就低于其面值(债券折价发行);如果必要报酬低于债券票面利率,债券的价格就高于其面值(债券溢价发行)。

2. 一次还本付息且不计复利债券的估价模型

这种债券平时不支付利息,到期一次支付本金和利息且不计复利。我国很多债券属于此种,其计算公式为:

$$P = (F + F \times i \times n) \times (P/F, k, n)$$

式中,符号含义同前式。

【例 4-6】 某公司拟购买另一家公司发行的利随本清的公司债券,该债券面值为 1 000 元,期限 5 年,票面利率为 10%,不计复利。如果当前市场利率为 8%,则该债券价格为多少?

解: 根据公式可得:

$$P = (1\,000 + 1\,000 \times 10\% \times 5) \times (P/F, 8\%, 5) = 1\,021.5(元)$$

3. 贴现债券的估价模型

有些债券以贴现方式发行,没有票面利率,到期按面值偿还。这些债券的估价模型用计算公式表示为:

$$P = F \times (P/F, k, n)$$

式中,符号含义同前式。

【例 4-7】 某债券面值为 1 000 元,期限为 5 年,以贴现方式发行,期内不计利息,到期按面值偿还。如果市场利率为 8%,则其价格估计为多少?

解: 根据公式可得:

$$P = 1\,000 \times (P/F, 8\%, 5) = 1\,000 \times 0.681 = 681(元)$$

4. 债券到期收益率的计算

债券到期收益率是指购买债券后,一直持有该债券至到期日所获得的报酬率,它是能使未来现金流入现值等于债券买入价格的贴现率,即:

$$P = F \times i \times (P/A, r, n) + F \times (P/F, r, n)$$

这一公式与前面的公式一样,只不过这里要计算的是公式里的贴现率 r,计算到期收益率的方法是求解含有贴现率的方程。

【例 4-8】 已知华美公司于 2022 年 1 月 1 日以 5 000 元价格购买了 A 公司于 2022 年 1 月 1 日发行的面值为 5 000 元的债券,票面利率为 9%,8 年期。A 公司每年付息一次,到期还本。假定华美公司持有该债券至到期日,计算其到期收益率。

解: $5\,000 = 5\,000 \times 9\% \times (P/A, r, 8) + 5\,000 \times (P/F, r, 8)$

解该方程要用试算法,用 $r = 9\%$ 试算:

$$5\,000 \times 9\% \times (P/A, 9\%, 8) + 5\,000 \times (P/F, 9\%, 8) = 5\,000(元)$$

可见,按面值购买的每年付息一次,到期还本的债券,其到期收益率等于债券的票面利率。

【例 4-9】 承[例 4-8],华美公司以 5 800 元价格购入 A 公司债券,计算其到期收益率。

解: $5\ 800 = 5\ 000 \times 9\% \times (P/A, r, 8) + 5\ 000 \times (P/F, r, 8)$

通过[例 4-8]的计算已知,$r = 9\%$ 时式右边为 5 000 元,小于 5 800 元,就此可判断本题到期收益率必定低于 9%,现降低贴现率试算。

用 $r = 7\%$ 试算:　$5\ 000 \times 9\% \times (P/A, 7\%, 8) + 5\ 000 \times (P/F, 7\%, 8)$

$$= 450 \times 5.971 + 5\ 000 \times 0.582 = 5\ 596.95 (元)$$

由于结果仍小于 5 800 元,还应继续降低贴现率。

用 $r = 5\%$ 试算:　$5\ 000 \times 9\% \times (P/A, 5\%, 8) + 5\ 000 \times (P/F, 5\%, 8)$

$$= 450 \times 6.463 + 5\ 000 \times 0.677 = 6\ 293.35 (元)$$

结果高于 5 800 元,可以判定,到期收益率介于 5% 与 7% 之间,用插值法计算近似值:

5% ——	6 293.35
r ——	5 800
7% ——	5 596.95

列等式,得 $\dfrac{r - 5\%}{7\% - 5\%} = \dfrac{5\ 800 - 6\ 293.35}{5\ 596.95 - 6\ 293.35}$

解得 $r = 6.42\%$。

从[例 4-9]可以看出,如果买价和面值不等,则收益率和票面利率不同。

到期收益率是指导选购债券的标准,它可以反映债券投资按复利计算的真实收益率。如果到期收益率高于投资者要求的必要报酬率,则应买进该债券,否则就放弃。其结论和计算债券的内在价值相同。如[例 4-9],若华美公司要求的必要收益率为 5%,该债券到期收益率高于投资者的要求,因此,可以买入该债券;若华美公司要求的必要报酬率为 8%,则不宜买进。

需要说明的是,在实务中,债券收益率的计算除考虑购买价格外,还要考虑交易费用、通货膨胀和税收等因素,需要对计算公式做相应的调整。

(四) 债券投资的优缺点

1. 债券投资的优点

(1) 本金安全性高。与股票相比,债券投资风险比较小。其中,政府发行的债券,因有政府财力作后盾,其本金的安全性非常高,通常被视为无风险债券;公司债券的持有者拥有优先索偿权,当发行债券的公司破产时,债券投资者优先于股东分得公司资产,因此,其本金损失的可能性相对较小。

(2) 收入稳定性强。债券票面一般都标有固定利息率,债券的发行人有按时支付利息的法定义务。因此,在正常情况下,债券投资者都能获得较稳定的收入。

(3) 市场流动性好。许多债券都具有较好的流动性,政府及大公司发行的债券一般都可在金融市场上迅速出售。

2. 债券投资的缺点

(1) 购买力风险较大。由于债券面值和收入的固定性,在通货膨胀时期,债券本金和利息的购买力会不同程度地受到侵蚀,投资者名义上虽然有收益,但实际上却可能有损失。

（2）没有经营管理权。投资债券主要是为了获得报酬,而无权对债券发行公司施加影响和控制。

 思政育人 ……………………………………………………………………………

项目选择要经济效益,更要社会效益

2022年青岛通过强化政府债券项目储备、加强债券资金绩效管理等措施争取新增专项债券限额448亿元,目前已全部发行完毕,发行总规模创历年新高。448亿元将支持全市262个重大项目建设,切实发挥政府专项债券在完善基础设施配套、提升公共服务水平、扩大有效投资、拉动消费扩大内需、促就业稳增长等方面的重要作用。

据悉,青岛2022年新增的262个政府专项债券支持的重大项目主要有五大类。园区基础设施类,包括山东自贸试验区青岛片区、青岛胶东临空经济示范区、海洋高新区等50个项目,发行债券135.6亿元。交通及市政基础设施类,包括轨道交通、市内三区"煤改气"、大唐热力出线等46个项目,发行债券87.24亿元。社会事业类,包括康复大学、青岛市公共卫生中心、齐鲁医院(青岛)二期、第八人民医院东院区等60个项目,发行债券75.06亿元。保障性安居工程类,包括莱西市隋家屯安置区建设项目、红岛街道殷家社区安置房建设项目、黄岛街道岛外九个社区搬迁改造工程等88个项目,发行债券132.7亿元。其他类公益类项目,包括即墨北部污水处理厂、防汛抗旱水利工程等18个项目,发行债券17.4亿元。

为确保用好用足专项债券资金,政府需充分论证把关项目的"必要性、公益性、收益性"。通过观察以上项目共性,不难发现其项目特点为投资金额大、收益小、周期长、风险大。其项目选择策略与长期投资项目决策策略几乎相悖。那么,政府为何依然坚持通过大量举债完成以上项目的投资建设呢？站在政府的角度,选择项目不仅要看短期时效性,更要看重项目的长期收益及社会价值。政府重点基础设施项目虽然经济利益较低,但是关乎国计民生、惠民惠国,需要政府站在人民群众的角度,合理运用资金,用之于民。

资料来源:傅军.青岛:448亿元政府专项债券保障262个重大项目建设[EB/OL].(2022-07-07)[2023-08-01]. https://baijiahao. baidu. com/s? id=1737652208138679211&wfr=spider&for=pc.

五、股票投资

股票是公司签发的证明股东所持有股份的凭证。

(一)股票概述

1. 股票的相关要素

（1）股票价值。股票价值是指其预期的未来现金流入的现值。投资股票通常是为了在未来能够获得一定的现金流入。这种现金流入包括两部分:每期将要获得的股利和出售股票时得到的收入。为了区别股票价值与价格,有时把股票的价值称作股票的内在价值。

（2）股票价格。股票价格是指股票在市场上的交易价格,它分为开盘价、收盘价、最高价和最低价等。股票的价格会受到各种因素的影响而出现波动。

（3）股利。股利是公司从税后利润中分配给股东的一种报酬,是股息和红利的总称,是股东所有权在分配上的体现。仅当公司有利润并且公司管理层愿意将利润分给股东而不是将其进行再投资时,股东才有可能获得股利。

2. 股票种类

股票主要有普通股和优先股两种。优先股有固定的股息,不随公司业绩好坏而波动,并且可以先于普通股股东领取股息;当公司破产进行财产清算时,优先股股东对公司剩余财产有先于普通股股东的要求权。但优先股一般不参加公司的红利分配,持股人亦无表决权,不能借助表决权参与公司的经营决策。因此,企业投资于优先股,可以获得固定的股利收入,价格波动相对较小,风险较低。企业投资于普通股,股利收入忽高忽低,价格波动较大,风险也较大,但企业有权参与被投资公司的经营决策。

3. 股票投资目的

企业进行股票投资的目的主要有两种:一是获利(分散投资),即作为一般的证券投资,获取股利收入及股票买卖差价;二是控股(集中投资),即通过购买某公司的大量股票以达到控制该公司的目的。

(二) 股票估价

与进行债券投资一样,企业进行股票投资,也必须知道股票价格的估算方法。

1. 短期持有、未来准备出售的股票估价模型

在现实生活中,大部分投资者并不准备永久持有某种股票,而是准备在持有一段时间后再转让出售,他们不仅希望得到股利收入,还希望在未来出售股票时从股票价格的上涨中获得好处。于是,投资者获得的未来现金流量就包括两部分:股利收入和股票出售收入。这时,股票的估价模型为:

$$V = \sum_{t=1}^{n} D_t \times (P/F, k, t) + V_n \times (P/F, k, n)$$

或:

$$V = D \times (P/A, k, n) + V_n \times (P/F, k, n)$$

式中,V ——股票内在价值;

V_n ——未来出售时预计的股票价格;

k ——投资者要求的必要报酬率;

D_t ——第 t 期的预期股利;

D ——预期固定股利;

n ——预期持有股票的期数。

【例 4-10】 某企业准备购入 A 公司股票,目前市场价格每股为 25 元,预计每年可获得股利 3 元/股,准备 2 年后出售,预计出售价格为 30 元/股,企业要求的必要报酬率为 15%,请问该股票是否值得投资?

解:股票内在价值 $V = 3 \times (P/A, 15\%, 2) + 30 \times (P/F, 15\%, 2)$

$\qquad\qquad = 3 \times 1.626 + 30 \times 0.756 = 27.56(元)$

该股票的内在价值大于目前市场价格,因此值得购买。

2. 长期持有、股利稳定不变的股票估价模型

在投资者长期持有、未来每年股利稳定不变的情况下,投资者未来所获得的股利收入就是一种永续年金。因为优先股是在固定的时间获得固定的股利,并且没有到期日,所以优先股就是这种情况的一个典型例子,其估价模型为:

$$V = \frac{D}{k}$$

式中,符号含义同前式。

【例 4-11】 某投资者持有 A 股票,每年分配股利为 2 元/股,要求的必要报酬率为 20%,试计算股票的价值。

解:$V = \dfrac{D}{K} = \dfrac{2}{20\%} = 10(元)$

这就是说,该股票每年可以带来 2 元的收益,在贴现率为 20% 的条件下,它相当于 10 元资本的收益,所以其价值是 10 元。

3. 长期持有股票,股利固定增长的股票估价模型

如果一个公司的股利不断增长,投资人的投资期限又非常长,则股票的估价就更困难了,只能计算近似数。设上年股利为 D_0,第 1 年的股利为 D_1,每年股利比上年增长率为 g,则估价模型为:

$$V = \frac{D_0 \times (1 + g)}{k - g} = \frac{D_1}{k - g}$$

【例 4-12】 G 公司准备购买 A 股票,该股票去年每股股利为 3 元,预计以后每年增长率为 5%,该公司要求的报酬率为 15%,当时的股票价格为 30 元,请做出是否投资该股票的决策。

解:$V = \dfrac{D_0 \times (1 + g)}{K - g} = \dfrac{3 \times (1 + 5\%)}{15\% - 5\%} = 31.5(元)$

股票价格为 30 元,低于其内在价值,所以应投资该股票。

 特别提示 4-1

D_0 是当前的股利,是已经支付的股利;D_1 是固定增长第一期的股利,是将要支付的股利。

(三)股票投资的优缺点

1. 股票投资的优点

(1)投资收益高。普通股票的价格虽然变动频繁,但从长期看,优质股票价格上涨的居多,只要选择得当,能取得优厚的投资收益。

(2)购买力风险低。普通股的股利不稳定,在通货膨胀率比较高时,物价普遍上涨,股份公司盈利增加,股利的支付也随之增加,因此,与固定收益证券相比,普通股能有效地降低购买力风险。

(3)拥有经营控制权。普通股股东是股份公司的所有者,有权监督和控制公司的生产经营情况,因此,如果要控制一家公司,最好是收购这家公司的股票。

2. 股票投资的缺点

(1)求偿权居后。普通股对公司资产和盈利的求偿权均居于最后。公司破产时,股东原来的投资很可能得不到全额补偿。

(2)价格不稳定。普通股的价格受众多因素影响,很不稳定。政治因素、经济因素、投资人心理因素、公司的盈利情况、公司的经营风险,都会影响股票价格,这也使股票投资具有较高的风险。

(3)收入不稳定。普通股股利的多少,视公司经营状况和财务状况而定,其有无、多寡

均无法律上的保证,其收入波动的风险也远远大于固定收益证券。

六、基金投资

基金投资即投资基金,是主要通过向投资者发行受益凭证(基金份额),将社会上的资金集中起来,交由专业的基金管理机构投资于各种资产,实现保值增值。

(一) 投资基金概述

投资基金是由基金投资人共享投资收益、共担投资风险的一种集合投资方式。基金所投资的资产既可以是金融资产,如股票、债券、外汇、股权、期货、期权等,也可以是房地产、大宗能源、艺术品等其他资产。投资基金是一种间接投资方式,基金投资者、基金管理人和托管人是基金运作中的主要当事人。

按投资对象的不同进行区分,人们通常把投资于公开市场交易的权益、债券、货币、期货等金融资产的基金称为传统投资基金,即证券投资基金;将投资于传统对象以外的投资基金称为另类投资基金。

证券投资基金是投资基金中最主要的一种类别,主要投资于传统金融资产。证券投资基金是依照利益共享、风险共担的原则,将分散在投资者手中的资金集中起来委托专业投资机构进行证券投资管理的投资工具。基金所投资的有价证券主要是在证券交易所或银行间市场公开交易的证券,包括股票、债券、货币、金融衍生工具等。

常见的另类投资基金则主要有以下几种类别:私募股权基金、股权投资基金、风险投资基金(又称创业基金)、对冲基金、不动产投资基金,以及其他另类投资基金。例如,一些投资基金投资于大宗商品、黄金、艺术品、红酒、农产品等,种类非常广泛。

(二) 证券投资基金

投资学上有一句谚语:"不要把你的鸡蛋放在同一个篮子里。"然而,中小投资者通常无力做到这一点。如果投资者把所有资金都投资于一家公司的股票,一旦这家公司破产,投资者可能会尽失所有。而证券投资基金通过汇集众多中小投资者的小额资金,形成雄厚的资金实力,同时把投资者的资金分散投资于各种股票,使某些股票跌价造成的损失可以用其他股票涨价的盈利来弥补,分散了投资风险。从本质上来说,证券投资基金是一种通过基金管理人代理投资的间接投资方式,是一种利益共存、风险共担的集合证券投资方式。投资人通过基金管理人的专业资产管理,以期得到比自行管理更高的报酬。

世界各国和地区对证券投资基金的称谓有所不同,证券投资基金在美国被称为共同基金,在英国和我国香港特别行政区被称为单位信托基金,在欧洲一些国家被称为集合投资基金或集合投资计划,在日本和我国台湾地区则被称为证券投资信托基金。

1. 证券投资基金的特征

(1) 集合投资。证券投资基金将零散的资金汇集起来,交给专业机构以投资于各种金融工具,以谋取资产的增值。因此,可以最广泛地吸收社会闲散资金,汇成规模巨大的投资资金。在参与证券投资时,资本越雄厚,优势越明显,而且可能享有大额投资在降低成本上的相对优势,从而获得规模效益。

(2) 组合投资、分散风险。证券投资基金通过汇集众多中小投资者的小额资金,形成雄厚的资金实力,可以同时把投资者的资金分散投资于各种股票、债券及其他金融工具,使某些股票跌价造成的损失可以用其他股票涨价的盈利来弥补,分散了投资风险。

(3)专家运作、管理,并专门投资于证券市场。我国《证券投资基金管理暂行办法》规定,证券投资基金投资于股票、债券的比例,不得低于该基金资产总值的80%。基金资产由专业的基金管理公司负责管理,基金管理公司配备大量的投资专家,他们不仅掌握广博的投资分析和投资组合理论知识,而且在投资领域也积累了相当丰富的经验。

(4)间接的证券投资方式。与直接购买股票相比,投资者是通过购买基金而间接投资于证券市场,是由基金管理人来具体管理和运作基金资产,进行证券的买卖活动。投资者与上市公司没有直接关系,不参与公司决策和管理,只享有公司利润的分配权而不直接承担投资风险。

(5)投资小、费用低。证券投资基金最低投资额一般较低,投资者可以根据自己的财力,多买或少买基金单位,从而解决中小投资者"钱不多、入市难"的问题。基金的费用通常较低,根据国际市场上的一般惯例,基金管理公司就提供基金管理服务而收取的管理费一般为基金资产净值的1%~2.5%,而投资者购买基金需缴纳的费用通常为认购总额的0.25%,低于购买股票的费用。

(6)流动性强。投资者既可以向基金管理公司直接购买或赎回基金,也可以通过证券公司等代理销售机构购买或赎回,或委托投资顾问机构代为买入。基金大多是开放式基金,每个交易日都会进行公开报价,投资者可随时据以购买或赎回。

2. 证券投资基金的分类

为统一基金分类标准,一些国家常常由监管部门或行业协会出面制定基金分类的统一标准。例如,美国投资公司协会依据基金投资目标和投资策略的不同,将美国的基金分为42类。我国基金品种日益丰富,根据中国证监会颁布并于2014年8月8日正式生效的《公开募集证券投资基金运作管理办法》,公募证券投资基金分为股票基金、债券基金、货币市场基金、混合基金、基金中基金以及另类投资基金。

(1)股票基金是指以股票为主要投资对象的基金。股票基金在各类基金中历史最为悠久,也是各国(地区)广泛采用的一种基金类型。根据中国证监会对基金类别的分类标准,基金资产80%以上投资于股票的为股票基金。

(2)债券基金是指以债券为主要投资对象的基金。根据中国证监会对基金类别的分类标准,基金资产80%以上投资于债券的为债券基金。

(3)货币市场基金以货币市场工具为投资对象。根据中国证监会对基金类别的分类标准,仅投资于货币市场工具的为货币市场基金。

(4)混合基金同时以股票、债券等为投资对象,以期通过在不同资产类别上的投资实现收益与风险之间的平衡。根据中国证监会对基金类别的分类标准,投资于股票、债券和货币市场工具,但股票投资和债券投资的比例不符合股票基金、债券基金规定的为混合基金。混合基金的资产配置比例比较灵活,风格差异较大,一般基金评级公司会在混合基金中进行更细致的分类。

(5)基金中基金(FOF)是指以基金为主要投资标的的证券投资基金。80%以上的基金资产投资于其他基金份额的,为基金中基金。交易型开放式证券投资基金联接基金(简称ETF联接基金)是指将绝大部分基金资产投资于跟踪同一标的指数的ETF,紧密跟踪标的指数表现,追求跟踪偏离度和跟踪误差最小化,采用开放式运作方式的基金。ETF联接基金是一种特殊的基金中基金。

（6）另类投资基金是指以股票、债券、货币等传统资产以外的资产作为投资标的基金，范围十分广泛。我国市场上出现的公募另类投资基金主要包括商品基金、非上市股权基金、房地产基金等。依据投资对象对基金进行分类，简单明确，对投资者具有直接的参考价值。

3. 证券投资基金与其他金融工具的比较

证券投资基金与股票、债券相比，存在以下区别：

（1）投资者地位不同。股票持有人是公司的股东，有权参与公司的重大决策；债券的持有人是债券发行人的债权人，享有到期收回本息的权利；基金份额的持有人是基金的受益人，与基金管理人和托管人之间体现的是信托关系。

（2）所反映的法律关系不同。股票反映的是所有权关系，债券反映的是债权、债务关系，而基金反映的则是基金投资者和基金管理人之间的一种委托代理关系。

（3）所筹资金的投向不同。股票和债券是融资工具，筹集的资金主要是投向实业，而基金主要是投向其他有价证券等金融工具。

（4）风险收益程度不同。一般情况下，股票的风险大于基金。股票的直接收益取决于发行公司的经营效益，不确定性强，投资于股票有较大的风险。对中小投资者而言，由于受可支配资产总量的限制，他们只能直接投资于少数几只股票，当其所投资的股票因股市下跌或企业财务状况恶化时，资本金有可能化为乌有。债券的直接收益取决于债券利率，而债券利率一般是事先确定的，本金得到保证，收益相对固定，投资风险较小。证券投资基金的基本原则是组合投资、分散风险，把资金按不同的比例分别投于不同期限、不同种类的有价证券，把风险降至最低程度；其投资选择灵活多样，从而使基金的收益有可能高于债券，投资风险又可能小于股票。

虽然不同投资工具各有特点，但彼此间也存在着联系。基金、股票、债券都是有价证券，对它们的投资均为证券投资。基金份额的划分类似于股票：股票是按"股"划分，计算其总资产；基金资产则划分为若干个"基金份额"或"单位"，投资者按持有基金份额或单位分享基金的增值收益。另外，股票、债券是证券投资基金的主要投资对象。

第二节 │ 项目投资管理

一、项目投资概述

（一）项目投资的含义和特点

投资是指特定经济主体（包括国家、企业和个人）为了未来可预见时期内获得收益或使资金增值，在一定时期向一定领域的标的物投放足够数额的资金或实物等货币等价物的经济行为。从特定企业角度看，投资就是企业为了获取收益而向一定对象投放资金的经济行为。投资是企业生存、发展与获利的基本前提，也是企业风险控制的重要手段。项目投资是指对企业内部生产经营所需要的长期资产的投资。项目投资决策是指企业对长期投资项目进行规划、评价和取舍的过程。

相对于短期投资而言，项目投资一般具有投资数额大、投资周期长、投资风险大、变现能力差和不可逆转等特征，因而项目投资决策的正确与否对企业的经营发展有重大影响。从以上特点可以看出,项目投资对企业非常重要,轻率的投资对企业有害无益。任何项目投资都需要依照科学的程序和方法进行。

(二) 项目投资的种类

(1) 按照投资与生产经营关系,分为直接投资和间接投资。直接投资是指把资金投放于生产经营环节中,以获取利润的投资。在非金融企业中,直接投资所占的比重较大。间接投资又称证券投资,是指把资金投放于证券等金融性资产,以获得股利或利息收入的投资。随着我国证券市场的完善和筹资渠道多样化,企业的间接投资比重会越来越大。

(2) 按照投资的方向和范围不同,分为对内投资和对外投资。从企业的角度来看,对内投资就是项目投资,是指企业将资金投放于为取得供本企业生产经营使用的固定资产、无形资产、其他资产和垫支流动资金而形成的一种投资;对外投资是指企业为购买国家或其他公司发行的有价证券或其他金融产品(包括期货与期权、信托、保险),或以货币资金、实物资产、无形资产向其他企业注入资金而发生的投资。

(3) 按照投资回收时间的长短,分为短期投资和长期投资。短期投资是指可以在一年内收回的投资,主要指对现金、应收账款、应收票据、存货和短期内到期的有价证券等的投资。短期投资具有时间短、变现能力强、周转快、流动性大等特点。长期投资是指一年以上才能收回的投资,主要是指对厂房、机器设备等固定资产的投资,也包括对无形资产和长期有价证券的投资。一般来说,长期投资具有发生次数少、投资所需金额大、回收时间长、变现能力差、风险大、对企业影响时间长的特点。

(4) 按照投资在生产过程中的作用,分为初创项目和后续项目。初创项目是在建立新企业时所进行的各种投资项目。它的特点是投入的资金通过建设形成企业的原始资产,为企业的生产、经营创造必要的条件。后续项目是指为巩固和发展企业再生产所进行的各项投资,主要包括为维持企业简单再生产所进行的更新性投资项目,为实现扩大再生产所进行的追加性投资项目,为调整生产经营方向所进行的转移性投资项目,等等。

(5) 按照投资项目之间的关系,分为独立项目、互斥项目和相关项目。独立项目是指各项目的决策相互独立,一个项目的接受与否不会对其他项目产生影响。例如,企业有 A、B、C 三个投资项目,在资金充足的情况下,三个投资项目只要满足投资决策标准,均可接受,其中某个项目的取舍不会影响其他项目的接受与否。互斥项目是指多个投资项目之间是一种竞争的互相排斥的关系,当其中一个项目被选中时,其他项目就要被淘汰。相关项目是指该项目的实施依赖于其他项目的接受与否。例如,采用新的技术专利权就必须购买新的设备,则新的技术专利权的投资与新设备的投资就是相关项目投资。

(6) 按照投资项目的现金流动模式,分为常规项目和非常规项目。常规项目的现金流量分布呈现出这样一种状态:在项目投资初期,一般净现金流量表现为流出,以后各年一般表现为流入,项目的净现金流量由负值向正值转换,其正负符号只变换一次。非常规项目的现金流量在项目期内,正、负值交错出现,且正、负符号变换在一次以上。

(三) 项目投资程序

投资能为企业带来收益,但投资是一项具体而复杂的系统工程。科学的项目投资决策程序一般可分为事前、事中、事后三个阶段。

1. 事前阶段

事前阶段也称为投资项目决策阶段,是整个投资过程的开始阶段,也是最重要的阶段。

此阶段决定了投资项目的性质、资金的流向和投资项目未来的收益能力。

（1）投资项目的提出。产生新的有价值的创意，进而提出投资方案，对企业而言是非常重要的。新创意可以来自企业的各级部门。企业的各级管理人员可以根据企业发展业务的需要提出意向性投资意见，如购买新的生产设备、扩建厂房等，然后由企业的生产、市场和财务等部门的专业人士讨论，提出初步的投资计划。

（2）投资项目的评价。投资项目的评价主要包括：①由生产、市场以及财务等专家分头预计项目的产量、销量、市场占有率、现金流量等关键指标；②综合运用各项指标，通过一定的方法，对投资项目进行可行性分析，淘汰不可行的投资项目，对可行的投资项目进行下一步的选择。

（3）投资项目的决策。投资可行性分析后，企业的领导者要根据企业的战略目标，做出投资决策。在企业的不同阶段，决策的依据可能不同，有时依据市场销量，有时依据现金流量，有时依据企业价值。但无论采用何种指标，决策一般分为三种结果：接受这个投资项目；拒绝这个投资项目；退还给项目提出部门，重新调查和修改后再做处理。

2. 事中阶段

事中阶段的主要工作是投资项目的实施与监控。一旦选定某个投资项目后，就要积极付诸实施并进行有效的监督和控制。在实施过程中，具体要做好以下工作：①为投资方案筹集资金；②按照拟定的投资方案有计划、分步骤地实施投资项目；③对项目的实施进度、工程质量、施工成本等进行控制和监督，确保如期完成预算任务；④定期进行投资项目的后续分析，将项目实际的现金流和收益与预算进行比较，找出差异并分析原因，提出不同的处理意见，做出延迟投资或放弃投资或扩充（缩减）投资的决策。

3. 事后阶段

事后阶段的主要工作是投资项目的事后审计与评价。投资项目的事后审计主要由企业内部审计机构完成，将投资项目的实际表现与原来的预期进行比较，通过对其差异的分析进一步发现并了解某些关键性问题。

按照审计结果对投资项目进行绩效评价，并据此建立相应的激励制度，以持续提高管理效率。通过对比项目的实际值与预测值，事后审计还可以把责任引进投资预测的过程。需要说明的是，某一项目的实际值和预测值的偏差并不应该作为评价预测者能力的唯一指标，然而，如果持续地产生预测错误，则表明该分析人员的预测技术的确需要改进。

二、现金流量的内容及其估算

在进行投资决策时，需要用特定的指标对备选的投资方案进行可行性分析，而这些指标的计算是以投资项目的现金流量为基础的。因此，评价投资项目是否可行，必须首先确定投资项目的现金流量。

（一）投资决策中使用现金流量的原因

现金流量是指一个投资项目使企业发生现金流入和现金流出的变化数量。现金流量包括现金流入量、现金流出量和净现金流量三个概念。其中，现金流入量是指投资项目所引起的现金收入的增加额；现金流出量是指投资项目所引起现金支出的增加额；净现金流量是指一定时期内现金流入量减去现金流出量之后的差额。

现金流量是以收付实现制为基础进行估算的，之所以要以现金流量而非利润作为评价

项目经济效益的基础,主要基于以下几方面的原因:

(1) 有利于考虑资金的时间价值。由于一个投资项目的现金流量包含了项目各个不同时期的现金流量,企业可以选用一定折现率对各个不同时期的现金流量折现,以真实反映投资项目经济效益。

(2) 现金流量比利润更加客观可靠。利润在各年的分布,受折旧、存货计价、间接费用分配、成本计算方法等会计政策选择的影响,人为操纵可能性大,容易给投资者造成错觉。而现金流量的分布相对客观,不受会计政策选择的影响,对投资者评价投资项目而言更为可靠。

(3) 在投资分析中,现金流动性比盈亏状况更重要。一个项目能否维持下去,不取决于一定期间是否盈利,而取决于有没有现金用于各种支出。有些时候,投资项目有利润,但由于利润质量等问题,企业往往缺乏足够现金支持项目持续运转。

(二) 现金流量的构成

项目投资的现金流量按其发生的时间来区分,一般可分为初始现金流量、营业现金流量和终结现金流量。

1. 初始现金流量

初始现金流量一般包括固定资产投资和流动资金垫支。

(1) 固定资产投资主要包括设备的购置价款或建造成本、运输安装费用等。购置设备的价款可能是一次性支出,也可能分几次支出。

(2) 流动资金垫支主要包括因投资项目而追加的存货、现金、应收账款等流动资金,只有在营业终结时才能收回这些资金。可以理解为,由于项目投资扩大了企业的生产能力,企业对流动资产的需求增加了。

2. 营业现金流量

营业现金流量是指项目投入使用后在经营期内由正常的生产经营所带来的现金流入和现金流出的数量。项目投资扩大了企业的生产能力,使企业销售收入增加。销售收入扣除付现成本和所得税后的差额等于营业现金流量。付现成本是指需要每年支付现金的成本。非付现成本主要是折旧费、无形资产摊销费等。

营业现金流量＝销售收入－付现成本－所得税
　　　　　　＝税后利润＋折旧
　　　　　　＝销售收入×(1－税率)－付现成本×(1－税率)＋折旧×税率

3. 终结现金流量

终结现金流量是指投资项目终结时发生的现金流量,主要包括:①固定资产出售或报废时的残值收入;②收回的原垫支的流动资金。

(三) 所得税和折旧对现金流量的影响

所得税是企业的一种现金流出,它取决于利润大小和税率高低。利润大小受折旧方法的影响,因此,讨论所得税问题必然会涉及折旧问题。折旧对投资决策产生影响,实际是由所得税引起的。

1. 税后成本

如果有人问你,你的房租是多少。你一定会很快将你每月付出的租金说出来。如果问一位企业家,他的工厂厂房租金是多少。他的答案会比实际每个月付出的租金少一些。因为租金是一项可以减免所得税的费用,凡是可以减免税负的项目,实际支付额并不是真实的成本,而应将因此而减少的所得税考虑进去。税后成本是指扣除了所得税影响以后的费用净额。

$$税后成本 = 付现成本 \times (1 - 税率)$$

2. 税后收入

如果有人问你,你每月工资收入是多少。你可能很快回答工资单上的合计数。如果你刚刚出版了一本书,有人问你得到多少稿酬。你的答案可能比出版社计算的稿酬要少一些。因为通常一本书的稿酬会超过征税的起点,而你的工资可能并不征税。由于所得税的作用,企业销售收入的金额有一部分会流出企业,企业实际得到的现金流入是税后收入。

$$税后收入 = 销售收入 \times (1 - 税率)$$

3. 折旧抵税

固定资产折旧对企业来说是一项重要的成本项目,当折旧额增加时,企业的利润会相应减少,从而使企业的所得税减少。折旧抵税是指折旧可以起到减少税负的作用。

$$折旧抵税 = 折旧 \times 税率$$

【例 4-13】 假设 A 公司和 B 公司全年销售收入、付现成本均相同,所得税税率为 25%。两者的区别是 B 公司有一项可以计提折旧的资产,每年计提折旧额都是 1 000 元,两家的现金流量如表 4-1 所示。

表 4-1　　　　　　　　　　折旧对税负的影响　　　　　　　　　　单位:元

项目	A 公司	B 公司
销售收入(1)	10 000	10 000
付现营业成本(2)	4 000	4 000
折旧(3)		1 000
成本合计(4)=(2)+(3)	4 000	5 000
税前利润(5)=(1)-(4)	6 000	5 000
所得税(6)=(5)×25%	1 500	1 250
营业现金流量(7)=(1)-(2)-(6)	4 500	4 750
B 公司比 A 公司多出的现金	250	

A 公司税后利润比 B 公司多了 750 元,但现金流却少了 250 元。其原因在于 B 公司有 1 000 元的折旧计入成本,使应税所得减少了 1 000 元,从而少纳税 250 元(1 000×25%)。这笔现金保留在公司里,不必缴出。从增量分析的观点来看,由于增加了一笔 1 000 元折旧,公司获得了 250 元的现金流入。

(四) 估计现金流量

计算投资项目的现金流量,需要正确估计该投资方案所需的资本支出,合理预计项目每年能产生的净现金流量。这个过程会涉及很多变量,并且需要企业有关部门的参与和配合。例如,销售部门负责预测售价和销量,产品开发和技术部门负责估计投资方案的资本支出,生产和成本部门负责估计制造成本,等等。财务人员的主要任务是为销售、生产等部门的预测建立共同的基本假设条件,协调参与预测工作的各部门人员,防止预测者因个人偏好或部门利益而高估或低估收入和成本。

在确定投资方案相关的现金流量时,应遵循的最基本的原则:只有增量现金流量才是与项目相关的现金流量。所谓增量现金流量,是指接受或拒绝某个投资方案后,企业总现金流量因此发生的变动。只有那些由于采纳某个项目引起的现金支出增加额,才是该项目的现金流出;只有那些由于采纳某个项目引起的现金流入增加额,才是该项目的现金流入。

为了正确计算投资方案的增量现金流量,需要正确判断哪些支出会引起企业总现金流量的变动,哪些支出不会引起企业总现金流量的变动。在进行这种判断时,要注意以下几个问题:

(1) 区分相关成本和非相关成本。相关成本是指与特定决策有关的、在分析评价时必须加以考虑的成本,如差额成本、未来成本、重置成本、机会成本等都属于相关成本。与此相反,与特定决策无关的、在分析评价时不必加以考虑的成本是非相关成本,如沉没成本、过去成本、账面成本等往往是非相关成本。如果将非相关成本纳入投资方案的总成本,则一个有利的方案可能因此变得不利,一个较好的方案可能变为较差的方案,从而造成决策错误。

(2) 不要忽视机会成本。在投资方案的选择中,如果选择了一个投资方案,则必须放弃投资于其他途径的机会。其他投资机会可能取得的收益是实行本方案的一种代价,被称为这项投资方案的机会成本。机会成本不是通常意义上的成本,它不是一种支出或费用,而是失去的收益。这种收益不是实际发生的,而是潜在的。机会成本总是针对具体方案的,离开被放弃的方案就无从计量确定。机会成本在决策中的意义在于它有助于全面考虑可能采取的各种方案,以便为既定资源寻求最为有利的使用途径。

(3) 考虑投资方案对企业其他项目的影响。采纳一个新的项目后,该项目可能对企业的其他项目造成有利或不利的影响。例如,新建车间生产的产品上市后,原有其他产品的销路可能受影响,而且整个企业的销售额可能非但不增加反而减少。因此,企业在进行投资分析时,不应将新车间的销售收入作为增量收入来处理,而应扣除其他项目因此减少的销售收入。当然,也可能发生相反的情况,新产品上市后将促进其他项目的销售增长。这要看新项目和原有项目是竞争关系还是互补关系。

 延伸阅读4-1 ....

推行 ESG 理念正当时,践行企业社会责任实现零碳转型

一、什么是 ESG 投资?

ESG 投资属绿色投资领域,俗称为社会责任投资。社会责任投资是近年来非常受关注的一个投资理念,指的是投资者除了投资回报以外还需同时考虑企业社会责任履行和社会影响。ESG 是社会责任投资的量化指标,在投资过程中将环境(environmental)、社会(social)和公司治理(governance)这三个因素纳入投资决策框架,希望在获取利益的同时能够为社会带来一定的正面影响和价值。

二、加快 ESG 评价体系建设,推动 ESG 由理念转化为行动!

中国国际经济交流中心副理事长、国务院发展研究中心原副主任王一鸣在 2023 年 4 月 23 日的 ESG 与可持续发展国际研讨会上表示,当前 ESG 作为可持续投资的理念,对推动企业绿色低碳转型和可持续发展发挥着越来越重要的作用,已成为环境信息披露的重要载体、金融部门投融资决策的重要参考依据和衡量企业可持续高质量发展的重要参照系。

中国发展研究基金会副理事长兼秘书长晋在致辞中表示,人类社会正面临气候变化、生物多样性丧失和环境污染三重危机,迫切需要各方共同行动。企业作为实现可持续发展的微观基础,在全球可持续发展中发挥着重要作用。随着ESG理念的快速发展,ESG已成为引导市场资源配置和指导长期投资者的重要风向标,推动企业加强ESG信息披露,并与ESG评级和ESG投资有效结合,有助于不断引导企业贯彻新发展理念。

国际能源署(IEA)发布的《全球能源行业2050净零排放路线图》,明确了到2050年实现净零排放、可再生能源成为主导能源的路线图。如今,净零排放正成为全球广泛接受的目标,根据摩根士丹利国际资本公司(MSCI)净零跟踪报告的数据,净零排放目标现已覆盖全球88%的温室气体排放、90%的经济体量和85%的人口。在此背景下,ESG将驱动企业更好实现自身商业发展与社会进步、环境改善的有机统一。

三、在可持续发展日益成为全球性共识的当下,ESG正成为资本市场的新兴投资理念和企业重要行动指南,未来该如何构建ESG的生态体系?

中国发展研究基金会副秘书长俞建拖建议,ESG投资是"双碳"转型进程中的关键变量,有效的ESG投资需要真实的信息披露、科学规范的评级评价等基础设施的搭建。未来要立足市场,完善碳市场建设和ESG的政策框架,促进"双碳"相关的投融资发展,推动ESG投资产品创新,不断完善产品结构,丰富投资主体并扩大市场准入。

上海财经大学商学院讲席教授、副院长刘志阳提出,应建立ESG融资担保机制,由政府或者相关机构对ESG投资进行保障,提升不确定环境下ESG投资者的信心,并预先设立ESG资金储备的蓄水池,专门用于资助规模较小但处于较大金融不确定性环境下的ESG项目。在ESG生态体系建设方面,应构建不同利益相关者参与的多主体治理体系,建立维护多重目标平衡的护栏机制,平衡可持续发展与经济利益之间的关系,并充分利用好数字技术,促进资源整合,赋能ESG企业商业模式创新。

资料来源:

[1] 金龙华.ESG投资是什么意思[EB/OL].(2023-08-02)[2023-08-02].http://www.ruanwen5.cn/shenghuo/262996.html.

[2] 王晶晶.王一鸣:ESG成企业"必答题"要加快ESG评价体系建设[EB/OL].(2023-04-26)[2023-04-26].https://baijiahao.baidu.com/s?id=1764165116470637845&wfr=spider&for=pc.

下面举例说明现金流量的计算。

【例4-14】 某公司准备购入一台设备以扩充生产能力,现有甲、乙两个方案可供选择,假设所得税税率为40%。

甲方案需投资30 000元,使用寿命为5年,采用直线法计提折旧,5年后设备无残值,5年中每年销售收入为15 000元,每年付现成本为5 000元。

乙方案需投资40 000元,使用寿命、折旧方法与甲方案相同,5年后有残值收入5 000元,5年中每年销售收入为18 000元,付现成本第一年为6 000元,以后随着设备陈旧,逐年将增加300元。期初投资时还需垫支流动资金3 000元。

要求:计算两个方案各年的净现金流量。

解:计算甲方案各年的净现金流量,整理现金流量表(表4-2):

$$每年折旧额=\frac{30\,000}{5}=6\,000(元)$$

每年营业现金流量=15 000-5 000-(15 000-5 000-6 000)×40%=8 400(元)

表 4-2				甲方案现金流量表		单位:元
项目	0	1	2	3	4	5
固定资产投资	−30 000					
营业现金流量		8 400	8 400	8 400	8 400	8 400
净现金流量	−30 000	8 400	8 400	8 400	8 400	8 400

计算乙方案各年的净现金流量,整理现金流量表(表4-3):

$$每年折旧额=\frac{40\ 000-5\ 000}{5}=7\ 000(元)$$

第1年营业现金流量=18 000−6 000−(18 000−6 000−7 000)×40%=10 000(元)

第2年营业现金流量=18 000−6 300−(18 000−6 300−7 000)×40%=9 820(元)

第3年营业现金流量=18 000−6 600−(18 000−6 600−7 000)×40%=9 640(元)

第4年营业现金流量=18 000−6 900−(18 000−6 900−7 000)×40%=9 460(元)

第5年营业现金流量=18 000−7 200−(18 000−7 200−7 000)×40%=9 280(元)

表 4-3				乙方案现金流量表		单位:元
项目	0	1	2	3	4	5
固定资产投资	−40 000					
流动资金垫支	−3 000					
营业现金流量		10 000	9 820	9 640	9 460	9 280
固定资产残值						5 000
流动资金收回						3 000
净现金流量	−43 000	10 000	9 820	9 640	9 460	17 280

三、项目投资评价指标及其计算

项目投资决策评价指标,是指用于衡量和比较投资项目可行性,据以进行方案决策的定量化标准与尺度。对投资项目评价时使用的指标分为:①非贴现现金流量指标,也称为静态评价指标,这类指标没有考虑时间价值因素,主要包括投资回收期、平均收益率等;②贴现现金流量指标,也称为动态评价指标,即考虑了时间价值因素的指标,主要包括净现值、内含报酬率、获利指数、动态投资回收期等。

(一)非贴现现金流量指标

1. 投资回收期

投资回收期(PP)是指以投资项目净现金流量抵偿原始总投资所需要的全部时间,它代表收回投资所需要的年限。回收年限越短,方案越有利。

根据项目投资后每年产生的净现金流量是否相等,投资回收期有两种计算方法:

(1)每年净现金流量相等时的投资回收期计算方法。

如果投资后每年的净现金流量相等,则投资回收期按下列公式计算:

$$投资回收期(PP)=\frac{初始投资额}{每年净现金流量}$$

4-5 引例解析

延伸阅读4-2 ....

项目计算期

项目计算期,是指投资项目从投资建设开始到最终清理结束整个过程的全部时间,包括建设期和经营期。其中,建设期是从项目资金正式投入开始到项目建成投产为止所需要的时间。在实践中,通常应参照项目建设的合理工期或项目的建设进度计划合理确定建设期。经营期是从投产日到项目最终报废或清理之间的时间间隔。经营期一般应根据项目主要设备的经济使用寿命期确定。

(2)每年净现金流量不相等时的投资回收期计算方法。

当生产经营期内每年净现金流量不相等时,就不能采用前面介绍的公式进行计算。此种情况下,先计算累计净现金流量,当累计净现金流量为零时,次年即为投资回收期;当累计净现金流量无法直接找到零时,可利用相邻的正值和负值采用插值法计算投资回收期。

如果投资后每年的净现金流量不相等,则投资回收期按下列公式计算:

$$投资回收期(PP) = 尚未收回投资额有余额的最后一年(n) + $$

$$\frac{第n年尚未收回的投资额}{第n+1年的净现金流量}$$

投资回收期是一种盈亏平衡的计算,这意味着如果现金流量按照预期的速度流回,那么到投资回收期的年份,项目就达到盈亏平衡。

【例4-15】 承[例4-14],分别计算甲、乙方案的投资回收期。

解:甲方案的投资回收期 $= \dfrac{30\ 000}{8\ 400} = 3.57$(年)

乙方案的投资回收期计算可采用列表方式,如表4-4所示。

表4-4 乙方案投资回收期计算表 单位:元

年限	0	1	2	3	4	5
尚未收回投资额	43 000	33 000	23 180	13 540	4 080	/

乙方案的投资回收期 $= 4 + \dfrac{4\ 080}{17\ 280} = 4.24$(年)

投资回收期法的决策规则是:对于独立项目,当投资回收期≤基准投资回收期时,项目可行;反之,项目不可行。对于互斥项目,首先将各项目所计算的投资回收期与预先确定的基准投资回收期进行比较,选出各可行项目。然后在各可行项目中,选择投资回收期最短的项目。

投资回收期指标的优点是:方法简单,易于广泛采用,可在一定程度上反映方案的风险程度。一般来说,投资回收期越短,说明投资方案的风险越小;反之,风险越大。

投资回收期指标的缺点是:没有考虑货币时间价值因素;没有考虑回收期满后继续发生的净现金流量的变化情况,忽视了投资方案的获利能力;易促使企业接受短期项目,而放弃有战略意义的长期项目。

2.平均报酬率

平均报酬率(ARR)是项目投产后平均每年的投资报酬率。平均报酬率越高,说明获利能力越强。平均报酬率的计算公式如下:

$$平均报酬率(ARR) = \frac{年平均净现金流量}{初始投资额}$$

【例 4-16】 承[例 4-14],分别计算甲、乙方案的平均报酬率。

解: 甲方案的平均报酬率 $= \dfrac{8\,400}{30\,000} = 28\%$

乙方案的平均报酬率 $= \dfrac{(10\,000 + 9\,820 + 9\,640 + 9\,460 + 17\,280) \div 5}{43\,000} = 26.14\%$

平均报酬率法的决策规则是:对于独立项目,当平均报酬率≥基准投资报酬率时,项目可行;反之,不可行。对于互斥项目,首先将各项目所计算的平均报酬率与预先确定的基准投资报酬率进行比较,选出各可行项目,然后在各可行项目中,选择平均报酬率最高者。

平均报酬率指标的优点是:计算简便,便于操作。

平均报酬率指标的缺点是:没有考虑资金时间价值,没有反映建设期长短及投资时间不同对项目的不同影响;该指标的分子是时期指标,分母是时点指标,因而可比性较差。

(二)贴现现金流量指标

1. 净现值

净现值(NPV)是指在项目计算期内按特定的折现率计算的各年净现金流量的现值总和。净现值指标的基本计算公式为:

$$净现值(NPV) = \sum_{t=0}^{n} NCF_t \times (P/F, k, t)$$
$$= \sum_{t=1}^{n} NCF_t \times (P/F, k, t) - C$$

式中, k ——投资者要求的必要报酬率或企业的资金成本;

NCF_t ——第 t 年的净现金流量;

C ——初始投资额。

【例 4-17】 承[例 4-14],若企业的资金成本为 10%,分别计算甲、乙方案的净现值。

解: $NPV_甲 = 8\,400 \times (P/A, 10\%, 5) - 30\,000 = 8\,400 \times 3.791 - 30\,000 = 1\,844.4(元)$

$NPV_乙 = 10\,000 \times (P/F, 10\%, 1) + 9\,820 \times (P/F, 10\%, 2) + 9\,640 \times (P/F, 10\%, 3) +$
$\qquad 9\,460 \times (P/F, 10\%, 4) + 17\,280 \times (P/F, 10\%, 5) - 43\,000$

$\qquad = 10\,000 \times 0.909 + 9\,820 \times 0.826 + 9\,640 \times 0.751 + 9\,460 \times 0.683 + 17\,280 \times$
$\qquad 0.621 - 43\,000$

$\qquad = -1\,366.98(元)$

净现值法的决策规则是:在只有一个备选方案的采纳与否决策中,净现值为正则采纳,意味着该投资项目能够为投资者带来收益;在多个备选方案的互斥选择决策中,应选用净现值是正值且最大者。

净现值指标的优点是:考虑了资金时间价值;利用了项目计算期内的全部现金流量信息,是投资项目财务可行性分析的主要指标。

净现值指标的缺点是:净现值是一个绝对数指标,不能反映投资项目本身所能达到的收益率;当项目投资额不等时,仅用净现值无法确定投资项目的优劣;净现值的计算比较复杂,现金流量的预测和贴现率的选择比较困难。

2. 内含报酬率

内含报酬率(IRR)又称为内部收益率,是指使得投资方案净现值等于零的折现率。内含报酬率是投资项目本身可达到的收益率。

$$NPV = \sum_{t=1}^{n} NCF_t \times (P/F, r, t) - C = 0$$

得出的折现率 r 即为内含报酬率。

内含报酬率指标的具体计算如下:

(1)如果每年净现金流量相等,可根据计算的年金现值系数,在相同的期数内,找出与上述年金现值系数结果相邻的较大和较小的两个折现率,根据上述两个邻近的折现率和已求得的年金现值系数,采用插值法计算项目的内含报酬率。

(2)如果每年的净现金流量不相等,内含报酬率通常需要采用逐步测试法来计算。首先估计一个折现率,用它来计算方案的净现值。如果净现值为正数,说明方案本身的报酬率超过估计的折现率,应提高折现率后进一步测试;如果净现值为负数,说明方案本身的报酬率低于估计的折现率,应降低折现率后进一步测试。经过多次测试,找到接近于零的正负两个净现值对应的折现率,用插值法求出项目的内含报酬率。

【例 4-18】 承[例 4-14],分别计算甲、乙方案的内含报酬率。

解:由于甲方案每年的净现金流量相等,本题可以采用普通年金现值系数的方法计算甲方案的内含报酬率:

$NPV_{甲} = 8\,400 \times (P/A, IRR, 5) - 30\,000 = 0$

$(P/A, IRR, 5) = \dfrac{30\,000}{8\,400} = 3.571$

查年金现值系数表得,$(P/A, 12\%, 5) = 3.605$,$(P/A, 13\%, 5) = 3.517$,所以甲方案的内含报酬率应在 $12\% \sim 13\%$,用插值法计算如下:

$\dfrac{IRR - 12\%}{13\% - 12\%} = \dfrac{3.571 - 3.605}{3.517 - 3.605}$

$IRR_{甲} = 12.39\%$

乙方案每年的净现金流量都不相同,须逐步进行测试。经过反复测试得出:

当 $i = 8\%$ 时,

$NPV_Z = 10\,000 \times (P/F, 8\%, 1) + 9\,820 \times (P/F, 8\%, 2) + 9\,640 \times (P/F, 8\%, 3) + 9\,460 \times (P/F, 8\%, 4) + 17\,280 \times (P/F, 8\%, 5) - 43\,000$

$= 10\,000 \times 0.926 + 9\,820 \times 0.857 + 9\,640 \times 0.794 + 9\,460 \times 0.735 + 17\,280 \times 0.681 - 43\,000$

$= 1\,050.68(元)$

当 $i = 9\%$ 时,

$NPV_Z = 10\,000 \times (P/F, 9\%, 1) + 9\,820 \times (P/F, 9\%, 2) + 9\,640 \times (P/F, 9\%, 3) + 9\,460 \times (P/F, 9\%, 4) + 17\,280 \times (P/F, 9\%, 5) - 43\,000$

$= 10\,000 \times 0.917 + 9\,820 \times 0.842 + 9\,640 \times 0.772 + 9\,460 \times 0.708 + 17\,280 \times 0.650 - 43\,000$

$= -189.8(元)$

所以乙方案的内含报酬率在 $8\%\sim9\%$,用插值法计算如下:

$$\frac{IRR-8\%}{9\%-8\%}=\frac{0-1\,050.68}{-189.8-1\,050.68}$$

$$IRR_乙=8.85\%$$

内含报酬率法的决策规则是:对于独立项目,内含报酬率≥基准内部收益率,项目可行;反之,不可行。对于互斥项目,首先选择内含报酬率≥基准内部收益率的项目,然后在可行项目中选择内含报酬率最大的项目。

内含报酬率指标的优点是:考虑货币时间价值;能反映投资项目的实际收益率;可用于投资额不同的项目的比较。

内含报酬率指标的缺点是:由于内含报酬率隐含了再投资的假设,以内含报酬率作为再投资报酬率,具有较大的主观性,一般与实际情况不符;此外,对于非常规方案,内含报酬率可能出现多个结果,也可能无解。

3. 获利指数

获利指数(PI)又称为现值指数,是项目未来净现金流量的现值与初始投资额现值之比。获利指数的计算公式:

$$获利指数=\frac{未来净现金流量的现值之和}{初始投资额现值}$$

【例 4-19】 承[例 4-17],分别计算甲、乙方案的获利指数。

解: $PI_甲=\dfrac{8\,400\times(P/A,10\%,5)}{30\,000}=\dfrac{8\,400\times3.791}{30\,000}=1.06$

$PI_乙=[10\,000\times(P/F,10\%,1)+9\,820\times(P/F,10\%,2)+9\,640\times(P/F,10\%,3)+$
$\qquad 9\,460\times(P/F,10\%,4)+17\,280\times(P/F,10\%,5)]\div43\,000$
$\qquad =0.97$

获利指数法的决策规则是:在独立方案决策中,如果该方案的获利指数≥1,则方案可行,否则方案不可行。在多个方案的互斥选择中,采用获利指数超过 1 最多的项目投资。

获利指数指标的优点是:考虑了资金的时间价值;由于获利指数是相对数指标,它能够反映项目的投资效率,有利于在初始投资额不同的投资方案之间进行比较。

获利指数指标的缺点是:无法直接反映投资项目的实际收益率。

(三) 项目投资评价指标的比较

1. 非贴现指标与贴现指标的比较

非贴现指标把不同时点上的现金收入和支出当作毫无差别的资金进行对比,忽略了资金的时间价值因素,这是不科学的。而贴现指标则把不同时点收入或支出的现金按照统一的折现率折算到同一时点上,使不同时期的现金具有可比性,这样才能做出正确的投资决策。

投资回收期、平均报酬率等非贴现指标对寿命不同、资金投入的时间和提供收益的时间不同的投资方案缺乏鉴别能力。而贴现指标则可以通过净现值、内含报酬率和获利指数等指标进行综合分析,从而做出正确的投资决策。

由于没有考虑资金的时间价值,非贴现指标中的平均报酬率、投资回收期指标实际上是夸大了项目的盈利水平。

在运用投资回收期这一指标时,基准回收期是方案取舍的依据。但基准回收期一般都是以经验或主观判断为基础来确定的,缺乏客观依据。而贴现指标中的净现值和内含报酬率等指标实际上都是以企业的资金成本为取舍依据的,任何企业的资金成本都可以通过计算得到,因此,这一取舍标准符合客观实际。

2. 贴现指标间的比较

(1) 净现值与内含报酬率的比较。在多数情况下,运用净现值和内含报酬率这两种方法得出的结论是相同的。但有时会产生差异:初始投资不一致,一个项目的初始投资大于另一个项目的初始投资;现金流入的时间不一致,一个在最初几年流入的较多,另一个在最后几年流入的较多。尽管在这些情况下两者产生了差异,但引起差异的原因是共同的,即假定中期产生的现金流量进行再投资时,会产生不同的报酬率。净现值法假定产生的现金流入量重新投资会产生相当于企业资金成本的利润率,而内含报酬率法却假定现金流入量重新投资产生的利润率与此项目特定的内含报酬率相同。

在无资本限量的情况下,净现值法是一个比较好的方法。

(2) 净现值与获利指数的比较。由于净现值和获利指数使用的是相同的信息,在评价投资项目优劣时,它们常常是一致的,但有时也会产生分歧。

只有当初始投资不同时,净现值和获利指数才会产生差异。由于净现值是用各期净现金流量现值之和减初始投资额,而获利指数是用未来各期净现金流量现值之和比初始投资额,两者评价的结果可能会产生不一致。最高的净现值符合企业的最大利益,也就是说,净现值越高,企业的收益越大。而获利指数只反映投资回收的程度,不反映投资回收的多少。在没有资本限量情况下的互斥选择决策中,应选用净现值较大的投资项目。也就是说,当使用获利指数法与净现值法得出不同结论时,应以净现值法的结论为准。

综上所述,从贴现评价指标之间的比较来看,净现值法是最好的评价方法。

本 章 小 结

投资管理是企业财务管理的重要内容,对于价值创造而言,投资决策是财务管理三项决策中最重要的决策。财务管理中涉及的投资包括证券投资和项目投资。本章主要讲解有效市场假说,资本资产定价模型,债券投资、股票投资的概念、种类及估价模型,证券投资基金的种类;介绍了投资项目现金流量预计的方法;阐述了投资回收期、平均报酬率、净现值、内含报酬率、获利指数等评价指标的计算方法及选择标准。

本章重要概念

有效市场假说 资本资产定价模型 债券 股票 基金 普通股 优先股 现金流量 初始现金流量 营业现金流量 终结现金流量 净现值 内含报酬率 获利指数 投资回收期 平均报酬率

4-6 第四章课件

4-7 第四章练习题

4-8 第四章练习题答案

第五章 筹资管理

内容简介

本章主要介绍公司在进行筹资决策时需要考虑的几个问题,包括对筹资渠道、筹资方式、筹资数量的预测,资本成本的计算,筹资风险的估量,最优资本结构的决策。本章将企业全部资本按照资本性质分为权益资本、债务资本、混合资本,并逐项展开分析。

重点难点

本章重点为销售百分比法的应用、资本成本的计算、杠杆系数的计算、最优资本结构决策。本章难点为加权平均资本成本的计算、每股收益分析法。

学习目标

通过学习本章,学生应了解各种筹资方式的种类及优缺点;掌握销售百分比法的应用;理解资本成本的构成,掌握其计算方法;理解经营杠杆、财务杠杆和联合杠杆的作用原理,掌握其计算方法;理解资本结构的含义,掌握其决策方法。

知识框架

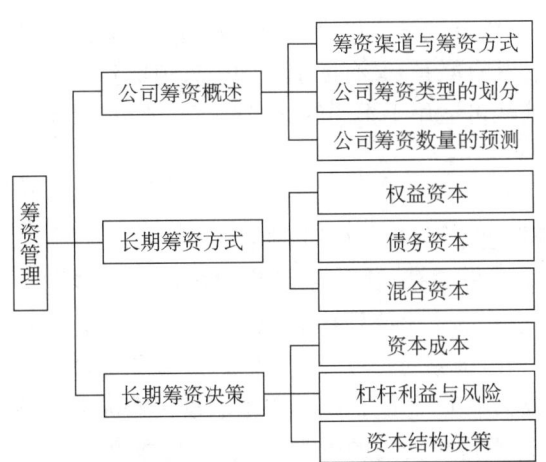

引入案例　　名家汇:质押1.28亿元应收账款用于授信融资增信

2022年11月29日,深圳市名家汇科技股份有限公司(以下简称名家汇)发布关于质押应收账款为公

司向兴业银行授信融资增信的公告。

公告显示,名家汇为满足经营发展资金需求,于 2022 年 11 月 22 日召开第四届董事会第十九次会议及第四届监事会第十七次会议,审议通过《关于控股股东及全资子公司为公司向兴业银行授信提供担保的议案》,同意公司向兴业银行股份有限公司深圳分行(以下简称"兴业银行")申请授信融资,最高额度不超过人民币 15 000 万元,授信额度有效期限为一年,由公司控股股东程宗玉先生及其配偶刘衡女士以及公司全资子公司名匠智汇建设发展有限公司、六安名家汇光电科技有限公司为本次申请授信融资无偿提供连带责任保证担保。

公告显示,名家汇将其在贵州片区的 5 份《建设工程施工合同》项下的全部应收账款质押给兴业银行作为本次授信融资的增信措施,应收账款原值总计 127 655 891.07 元。应收账款质押的具体内容以双方签署的《应收账款最高额质押合同》(以下简称"质押合同")为准。质押合同签订后,公司将协助质权人按照法律法规等有关规定,到有关登记主管部门办妥应收账款质押登记手续。

思考:你还知道哪些新型筹资方式?

资料来源:深圳市名家汇科技股份有限公司董事会. 深圳市名家汇科技股份有限公司关于质押应收账款为公司向兴业银行授信融资增信的公告[EB/OL]. (2022-11-29)[2023-08-02]. https://www.sohu.com/a/611599890_115433.

第一节 公司筹资概述

公司筹资,就是公司作为筹资主体根据其生产经营、对外投资和调整资本结构等需要,通过筹资渠道和金融市场,运用筹资方式,经济有效地筹措和集中资本的活动。本章主要阐述公司制的筹资理论,也适用于其他经济组织。

公司进行筹资活动需要解决几个关键的问题。钱从哪儿来? 以什么方式来? 所需的筹资金额是多少?

一、筹资渠道与筹资方式

公司筹资活动需要通过一定的渠道并采用一定的方式来完成。筹资渠道就是指公司筹措资金的来源与通道。筹资方式是指可供公司在筹措资金时选用的具体筹资形式。资金从哪里来和如何取得资金,既有联系,又有区别。同一渠道的资金往往可以采用不同的方式取得,而同一筹资方式又往往可适用于不同的资金渠道。所以,对于筹资渠道和筹资方式应该分别加以研究。

(一) 筹资渠道

我国公司目前筹资渠道主要包括以下几种:

(1) 国家财政资金。国家对公司的直接投资是国有企业特别是国有独资企业获得资金的主要渠道。现有国有企业的资金来源中,其资本部分大多是由国家财政以直接拨款方式形成的,除此以外,还有些是国家对企业"税前还贷"或减免各种税款而形成的。不管是何种形式的资金来源,从产权关系上看,它们都属于国家投入的资金,产权归国家所有。

(2) 银行信贷资金。银行对公司的各种贷款,是我国目前各类公司最为重要的资金来源,我国银行分为商业性银行和政策性银行两种。商业性银行是以营利为目的、从事信贷资金投放的金融机构,主要为公司提供各种商业贷款。政策性银行是为特定公司提供政策性贷款,主要目的不是为了营利。

（3）其他金融机构资金。其他金融机构主要指信托投资公司、保险公司、租赁公司、证券公司、财务公司等。它们所提供的各种金融服务,既包括信贷资金投放,也包括物资的融通,还包括为公司承销证券等金融服务。

（4）其他公司资金。公司在生产经营过程中,往往形成部分暂时闲置的资金,并为一定的目的而进行相互投资。此外,公司间的购销业务可以通过商业信用方式来完成,从而形成公司间的债权债务关系,形成债务人对债权人的短期信用资金占用。公司间的相互投资和商业信用的存在,使其他公司资金也成为公司资金的重要来源。

（5）居民个人资金。居民个人的结余货币,作为"游离"于银行及非银行金融机构等之外的个人资金,可用于对公司进行投资,形成民间资金来源渠道。

（6）公司自留资金。它是指公司内部形成的资金,也称公司内部留存,主要包括提取公积金和未分配利润等。这些资金的重要特征之一是无须公司通过一定的方式去筹集,而直接由公司内部自动生成或转移。

（二）筹资方式

筹资方式是指公司在筹措资金时所采用的具体形式。如果说筹资渠道是客观存在的,那么筹资方式则属于公司的主观行为。对于客观存在的各种渠道的资金,公司可以采取不同的方式予以筹集。筹资方式不仅与国家经济管理体制、财务管理体制等直接相关,而且还取决于资金市场的发展和完善状况。我国公司目前的筹资方式主要有以下几种:吸收直接投资、发行股票、银行借款、发行债券、融资租赁、商业信用等。

5-1 引例
解析

对于公司理财人员而言,选择筹资方式是一件十分重要的工作,直接关系到公司筹措资金的数量、成本和风险。因此,公司理财人员应该十分清楚每种筹资方式的含义及特征等。本章的第二节将对这些筹资方式加以详细说明。

二、公司筹资类型的划分

公司筹集的资本具有不同的来源、方式、期限、用途,分属不同的筹资类型。不同类型资本的结合,构成公司具体的筹资组合。

（一）按照资本性质的不同,划分为权益资本与债务资本

权益资本和债务资本的关系构成公司的资本结构,成为公司筹资理财的一个核心问题。

1. 权益资本

权益资本又可以称为股权资本、自有资本,是公司依法筹集(公司投资者投入)并长期拥有、可自主调配运用的资本,包括实收资本、资本公积、盈余公积、未分配利润等。

与债务资本相比,权益资本具有以下几个特点:

（1）体现了投资者和公司之间的权益关系。权益资本的所有权归属于公司的所有者。公司所有者依法凭其所有权参与公司的经营管理和利润分配,并对公司的债务承担有限责任。

（2）使用期限不受限制。在公司存续期间,公司有权调配使用权益资本,权益资本的持有者除了依法转让其投资外,不得抽回其投入的资金,因而权益资本可以看作公司的"永久性资本"。

（3）一般没有固定的回报要求。权益资本的投资者得到的回报主要表现为分红或股利。公司当年的分配计划一般由董事会制定,并由股东大会审核批准。如果公司需要将利润留在公司作为进一步发展的资本投入,或者当期没有足够利润,则可以不进行分配。

2. 债务资本

债务资本也称为借入资本,是公司依法筹措并依约使用、按期还本付息的资本来源。债务资本对公司来说属于公司的负债,即公司将在一定条件下以其资产或劳务偿还的负债。

债务资本主要通过银行借款、发行债券、融资租赁等方式来筹集。与权益资本相比,债务资本具有以下几个特点:

(1) 体现了债权人和公司之间的债权债务关系。债权人将资金借贷给公司,形成债权人对公司的债权以及公司对债权人的负债。负债形成时,会通过合同等方式约定债权人和债务人双方的权利、义务,特别是债务人承诺在特定时间还本付息。

(2) 债务资本需到期偿还。在合同有效期内,公司有权调配使用债务资本。公司通过对债务资本进行经营管理,可以获得债务资本产生的收益,同时要承担对债权人还本付息的义务。

(3) 需要定期付息,有固定的回报要求。债务资本的提供者得到的回报主要表现为利息,不管是向银行借款还是发行公司债券,在规定期限内,公司都需要按照合同约定向资金的提供者支付一定利息,到期之后还需要偿付本金。这可能会给公司带来一定财务风险,但同时由于偿付的利息可以在税前扣除,又具有一定的抵税作用。

(二) 按照资本使用期限的长短,划分为长期资本与短期资本

长期资本和短期资本构成公司资本的期限结构。合理安排公司资本的期限结构,有利于实现公司资本的最佳配置和筹资组合。

1. 长期资本

长期资本是指使用期限在一年以上的资本。长期资本具有使用期限长、周转速度慢、筹资成本高等特点。公司的长期资本通常采用吸收直接投资、发行股票、发行债券、长期借款、融资租赁等方式来筹措。

2. 短期资本

短期资本是指使用期限在一年以内的资本。公司生产经营活动中资本流入与流出变动往往并无规律,任何一个公司在任何时候都需要大量的短期资本,以满足公司正常生产经营的需要。公司短期资本一般是通过银行短期借款、发行融资券、商业信用等方式予以筹集,具有使用期限短、周转速度快、筹资成本低等特点。

(三) 按照资本的来源,划分为内部筹资与外部筹资

1. 内部筹资

内部筹资是指公司通过留存收益的形式从公司内部筹措资本的融资活动,它是在公司内部通过利润分配形成的,数额大小取决于公司可供分配的利润的规模以及公司的利润分配政策。内部筹资无须支付筹资费用,可降低资金成本。内部筹资是在公司内部"自然而然"形成的,因此被称为"自动化的资本来源"。

2. 外部筹资

外部筹资是指公司向外部筹措资金的一种融资活动,在公司内部筹资无法满足资金需要的情况下公司应当从外部筹集资金。外部筹资是公司在市场经济条件下筹措资本的一个主要渠道。绝大多数公司在生产经营活动的各个阶段,都必须重视外部筹资工作。

(四) 按照公司是否借助金融中介开展筹资活动,划分为间接筹资与直接筹资

1. 间接筹资

间接筹资是指公司借助于银行或非银行金融机构所进行的筹资活动。间接筹资是传统的筹资方式,在这种方式下,银行或非银行金融机构发挥着中介作用,将其预先聚集起来的闲散资金提供给需要资金的公司。例如,银行借款就是我国公司经常采用的一种筹资方式,是借入资本的主要来源。间接筹资的优点是筹资成本相对较低,筹资数额、使用时间和还本付息等比较灵活。其缺点是筹资数量有限,且容易受到金融政策的影响。

2. 直接筹资

直接筹资是不需要经过银行或非银行金融机构而直接同资金供应者达成协议,从而筹措资本的方式,如发行股票、发行债券等。直接筹资是现代的、不断发展的筹资形式。在直接筹资过程中,资本供需双方借助于现代金融手段直接实现资本的转移而不需要银行或非银行金融机构作为中介。直接筹资可以将社会闲散资金迅速转化为生产资金,筹资数额大,资金使用时间长,但筹资成本高。

5-2 视频:天使轮 A 轮 B 轮 C 轮 D 轮融资概念

三、公司筹资数量的预测

资金需要量预测是指公司根据生产经营的需求,对未来所需资金的估计和推测,它是公司制定筹资计划的基础。公司筹资数量的预测可以使用销售百分比法、趋势预测法、线性回归方程法等,其中销售百分比法是预测资金需要量的一种基本方法。

(一)销售百分比法的原理

销售百分比法是根据销售收入与资产负债表和利润表各项目之间的关系,预计各项目的金额,进而预测外部资金需要量的方法。

销售百分比法的原理建立在一定的假设基础之上:在一定期间内,利润表项目以及大多数资产负债表项目的金额与销售收入的比率保持不变。例如,如果销售收入增加10%,则利润表中大部分项目(如销售成本等)大约也增加10%。我们把这一类项目称为敏感项目,某一敏感项目与销售收入之间的固定比率称为该项目的销售百分比。但有些项目与销售收入之间不存在非常直接的关系,即在短期内不随销售收入的变动而变动的项目,被称为非敏感项目。对于不同的公司而言,敏感项目和非敏感项目不一定相同,具体要根据公司的实际情况进行分析。

基于以上假设,可以根据近期实际利润表、资产负债表中各项目金额与销售收入的百分比确定预计利润表、预计资产负债表中各项目与销售收入的百分比,据此编制预计利润表和预计资产负债表,并确定外部资金需要量。

(二)销售百分比法的基本步骤

销售百分比法的基本步骤可分为四步:第一,预计利润表;第二,计算留存收益增加额;第三,预计资产负债表;第四,计算外部资金需要量。

1. 预计利润表

预计利润表可用来预测留存收益,并为预计资产负债表、预测外部资金需要量提供依据。有关人员在了解基期利润表各项目与销售收入的关系之后,需要取得预测年度销售收入预计数,并编制预测年度的预计利润表。

【例5-1】 东兴公司预计20×7年公司销售收入可达到6 000万元,根据20×6年利润表各项目的销售百分比,可计算并编制20×7年度预计利润表,如表5-1所示。

表 5-1   **东兴公司 20×7 年预计利润表**   单位:万元

项目	20×6 年度金额	销售百分比	20×7 年度预计金额
销售收入	4 000		6 000
减:销售成本	2 500	62.5%	3 750
销售费用	20	0.5%	30
销售税金及附加	240	6%	360
销售利润	1 240	31%	1 860
减:管理费用	600	15%	900
财务费用	40	1%	60
利润总额	600	15%	900
减:所得税	180	4.5%	270
净利润	420	10.5%	630

2. 计算留存收益增加额

留存收益是公司内部的资金来源,它可以满足或部分满足公司的资金需要。只要公司有盈利并且不是全部支付股利,则留存收益会使股东权益自动增长。表 5-1 中显示,20×7 年东兴公司的预计净利润为 630 万元。若预计 20×7 年的股利支付率为 40%,则 20×7 年预计的留存收益增加额为:$630 \times (1 - 40\%) = 378$(万元)。也就是说,公司内部可以解决 378 万元的资金需要。

3. 预计资产负债表

预计资产负债表的步骤有:

第一,收集基期资产负债表资料,计算敏感项目与销售收入的百分比。

第二,根据预测年度销售收入预计数和敏感项目的销售百分比,计算出该项目在预测年度的预计数,而非敏感项目预测金额则按照基期金额填写。

第三,预计资产负债表中的留存收益为基期留存收益余额和预测年度留存收益增加额之和。

【例 5-2】 承[例 5-1],东兴公司 20×7 年预计资产负债表如表 5-2 所示。

表 5-2   **东兴公司 20×7 年预计资产负债表**   单位:万元

项目	20×6 年度金额	销售百分比	20×7 年度预计金额
资产:			
货币资金	60	1.5%	90
应收账款	800	20%	1 200
存货	1 000	25%	1 500
预付账款	20	—	20
长期投资	100	—	100
固定资产净值	200	5%	300
资产总额	2 180	—	3 210

（续表）

项目	20×6年度金额	销售百分比	20×7年度预计金额
负债及所有者权益：			
短期借款	340	—	340
应付账款	440	11%	660
应付费用	100	2.5%	150
长期借款	300	—	300
负债合计	1 180	—	1 450
股本	500		500
留存收益	500	—	878*
所有者权益合计	1 000		1 378
负债及所有者权益总额	2 180	—	2 828

＊根据预计利润表计算出来的20×7的留存收益增加额为378万元，则20×7年预计资产负债表中的留存收益总额应该为：500＋378＝878（万元）。

4. 计算外部资金需要量

以上的计算过程表明，东兴公司20×7年为了达成6 000万元的销售收入，需要增加资金1 030万元（3 210－2 180）。其中，负债的自然增加提供270万元（1 450－1 180），留存收益提供378万元，本年还需外部筹集资金382万元（1 030－270－378）。

 延伸阅读5-1 ·····························

销售百分比法的简易应用方法

（1）区分资产负债表中资产和负债的敏感项目和非敏感项目。

（2）计算敏感项目占销售收入的百分比。其计算公式为：

$$敏感项目的销售百分比 = \frac{敏感资产（负债）金额}{销售收入}$$

（3）计算需追加的外部资金需要量。其计算公式为：

$$外部资金需要量 = 资产增加额 - 负债增加额 - 留存收益增加额$$

其中：资产增加额 ＝ 销售收入增加额 × 敏感资产销售百分比

负债增加额 ＝ 销售收入增加额 × 敏感负债销售百分比

留存收益增加额 ＝ 预计销售收入 × 销售净利率 ×（1 － 股利支付率）

第二节 | 长期筹资方式

一、权益资本

（一）吸收直接投资

吸收直接投资是指公司以协议等形式吸收国家、其他法人、个人和外商直接投入资本，形成公司资本的一种筹资方式。吸收直接投资不以股票为媒介，适用于非股份制公司，是非股份制公司筹措权益资本的一种基本形式。

1. 吸收直接投资的种类

吸收直接投资的种类很多,公司可以根据自身的需要和有关规定来选取,以便顺利地筹措所需要的权益资本。

公司吸收直接投资方式根据不同标准分为以下几类。

1) 按筹资来源的不同划分

(1) 吸收国家直接投资,形成公司的国有资本。

(2) 吸收其他公司、事业单位等法人的直接投资,形成公司的法人资本。

(3) 吸收公司内部职工和城乡居民的直接投资,形成公司的个人资本。

(4) 吸收外国投资者的直接投资,形成公司的外商资本。

2) 按投资者出资形式的不同划分

(1) 吸收现金投资。现金是公司吸收直接投资乐于接受的出资形式,因为公司吸收了一定的现金投资,就可以根据自身的生产经营规划购置资产、支付费用,运用灵活、支配方便。所以公司一般都力争投资者以现金方式出资。各国的法规也大多对现金出资比例做出具体规定,或由筹资各方协商确定适当的比例。

(2) 吸收非现金投资。非现金投资包括两类:一是吸收实物资产投资,即投资者直接以房屋、建筑物、设备等固定资产和原材料、燃料、产品等流动资产投资;另一种是吸收无形资产投资,即投资者直接以专利权、商标权、非专利技术、土地使用权等无形资产投资。

2. 吸收直接投资的条件

公司采用吸收直接投资方式筹措权益资本,必须符合一定的条件或要求。这些条件或要求主要有以下几个方面:

(1) 主体要求。采用吸收直接投资方式筹措权益资本的公司,应当是非股份制公司,包括国有企业、集体企业、合资或合作企业等。股份制公司按规定应以发行股票方式取得权益资本。

(2) 需要要求。公司通过吸收直接投资而取得的实物资产或无形资产,必须符合公司生产经营、科研开发的需要,在技术上能够应用。

(3) 评估要求。公司通过吸收直接投资而取得的非现金资产,必须对其价值进行合理的评估。评估时,一般可采用现行市价法、重置成本法和收益现值法等确定资产的价值。

3. 吸收直接投资的程序

(1) 确定所需投入资本的数量。确定资金需要量是筹资的前提,公司在吸收直接投资之前,必须明确资金的用途,进而合理确定所需资金的数量。

(2) 选择吸收投入资本的来源。公司应根据具体情况选择资金的来源,决定是向国家、法人、个人还是外商吸收直接投资。

(3) 签署合同、协议或决定等文件。公司在与投资者进行磋商之后,应签署投资合同或出资协议等文件。对于国有独资公司,应由国家授权的投资机构签署增资拨款决定。

(4) 取得资金。按照签署的合同、协议或决定,适时适量取得资金。对以实物资产和无形资产形式进行的投资,应进行合理估价,办理合法的产权转移手续。

4. 吸收直接投资的优缺点

吸收直接投资是我国公司筹资中最早采用的一种方式,也曾是我国国有企业、集体企业、合资或联营企业普遍采用的筹资方式。

1) 吸收直接投资的优点

（1）公司采用吸收直接投资方式所筹集的资本属于公司的权益资本，与借入资本相比，它更能提高公司的资信和借款能力，对扩大公司经营规模，壮大公司实力具有重要作用。

（2）公司吸收直接投资不仅可以取得现金，而且能够直接获得其所需要的先进设备与技术，这与仅筹集现金的筹资方式相比较，能尽快形成生产经营能力。

（3）公司采用吸收直接投资的筹资方式，可视公司经营情况来决定是否向投资者分配利润，比较灵活，因而其财务风险较低。

2) 吸收直接投资的缺点

（1）筹资成本较高。一般而言，采用吸收直接投资方式所筹集资本的成本较高，特别当公司经营状况较好和盈利能力较强时，更是如此。因为向投资者支付的报酬是根据其出资的数额和公司实现利润的多寡来计算的。

（2）容易分散公司的控制权。采用吸收直接投资方式筹集资金，投资者一般都要求获得与投资数量相适应的经营管理权，这是接受外来投资的代价之一。如果外部投资者的投资较多，则投资者会有相当大的控制权。

（二）发行股票

股票是公司签发的证明股东所持股份的凭证。股份有限公司的资本划分为股份，每一股的金额相等，这些股份采取股票的形式。股票持有人即为公司的股东。公司股东作为投资人，依法享有资产收益、参与重大决策和选择管理者等权利；同时，股东以其认购的股份为限对公司承担责任。

1. **股票的种类**

股份有限公司可以根据公司需要及投资者的投资意愿，发行不同类型的股票，以满足不同筹资者和投资者的需要。

（1）按照股东享有权利和承担义务的不同，可以将股票分为普通股和优先股。

普通股是股份公司资本结构中最基本的部分。持有普通股的股东，依据法定条件享有参与公司经营管理权以及剩余收益分配权、股票转让权、优先认股权、剩余财产要求权等权利。目前我国股票市场上绝大部分股票为普通股。

优先股是一种混合性质的证券，在某些方面类似于普通股，另外一些方面又类似于债券。一般情况下，优先股股东可以优先于普通股股东享受固定股利，而且当公司解散时，优先股股东将优先于普通股股东分配公司剩余财产。但优先股股东通常不享有公司经营管理的权利，也不具有表决权或表决权的行使受到限制。

（2）按照股票票面有无记名，可以将股票分为记名股票和无记名股票。

记名股票是在股票票面上记载股东的姓名或名称的股票。对记名股票，公司应当置备股东名册，记载股东姓名或名称、股东住所、各股东所持股份数、各股东所持股票编号以及各股东取得股份的日期。记名股票一律用股东本名，其转让、继承要办理过户手续。

无记名股票是在股票票面上不记载股东的姓名或名称的股票。对无记名股票，公司只需记载股票数量、编号和发行日期。无记名股票的转让、继承不需要办理过户手续。

《中华人民共和国公司法》（以下简称《公司法》）规定，公司向发起人、国家授权投资的机构、法人发行的股票，应当为记名股票；向社会公众发行的股票，可以为记名股票，也可以为无记名股票。

（3）按照股票票面上有无金额，可以把股票分为有面值股票和无面值股票。

有面值股票是指在股票的票面上记载每股金额的股票，股票面值的主要功能是确定每股股票在公司中所占有的份额。另外，还表明在股份有限公司中股东对每股股票所负有限责任的最高限额。我国《公司法》规定，股票应当标明票面金额。

无面值股票是指在股票票面上不记载每股金额的股票。无面值股票仅表示每一股在公司全部股票中所占有的比例，也就是说，这种股票只在票面上注明每股金额占公司全部资产的比例，其价值随公司财产价值的增减而增减。

（4）按照投资主体的不同，可以把股票分为国家股、法人股、个人股和外资股。

国家股是有权代表国家投资的部门或机构以国有资产向公司投入而形成的股份。

法人股是公司法人依法以其可支配的资产向公司投入而形成的股份，或具有法人资格的事业单位和社会团体以国家允许用于经营的资产向公司投入而形成的股份。

个人股是公司内部职工或城乡居民以个人合法财产投入公司而形成的股份。

外资股是外国和我国港澳台投资者向公司投资而形成的股份。

（5）按照币种和上市地区的不同，可以分为 A 股、B 股、H 股、N 股和 S 股。

A 股是供境内个人或法人购买的，以人民币标明面值并以人民币认购和交易的股票。

B 股是在境内上市的外资股，以人民币标明面值但以外币认购和交易。

H 股、N 股和 S 股是在境外上市的外资股，以外币标明面值并以外币认购和交易。H 股在香港上市，N 股在纽约上市，S 股在新加坡上市。

在以上的分类当中，普通股是最为基本和常见的形式，也是公司重要的资金来源。除本节"三、混合资本"中的优先股之外，本章其他涉及股票的内容如无特别说明均指普通股。

延伸阅读 5-2

在海外股票市场上，投资者把那些在其所属行业内占有重要支配地位、业绩优良、成交活跃、红利优厚的大公司股票称为蓝筹股。蓝筹一词源于西方赌场。在西方赌场中，有三种颜色的筹码，其中蓝色筹码最值钱，红色筹码次之，白色筹码最差。蓝筹股并非一成不变，随着公司经营状况的改变及经济地位的升降，蓝筹股也会变更。

2. 股票的发行

1）股票发行的基本要求

股份有限公司发行股票分为设立发行和增资发行。设立发行是指设立股份有限公司时，为筹集资金而进行的股票发行，它是股份有限公司首次发行股票。增资发行是指股份有限公司成立后因增加资金的需要而进行的股票发行，它是股份有限公司在首次发行股票以后又发行股票的行为。

根据《中华人民共和国公司法》《中华人民共和国证券法》等规定，不论是设立发行还是增资发行均应满足以下要求：股票发行必须公开、公平、公正，每股面额相等，同股同权，同权同利；同次发行的股票，每股认购条件和价格相同；股票发行的价格可以等于票面金额，也可以超过票面金额，但不得低于票面金额，也就是说，股票可以平价发行或溢价发行，但不得折价发行。

2）股票的发行程序

各国对股票发行程序都有严格的法律规定。根据我国《上市公司证券发行管理办法》的

规定,上市公司申请发行股票应当遵循如下程序:

(1)公司董事会依法做出决议,决议内容包括本次证券发行的方案、筹集资金使用的可行性报告和前次筹集资金使用的报告等事项,并提请股东大会批准。

(2)公司股东大会就发行股票做出决定,明确本次发行证券的种类和数量、发行方式、发行对象及向原股东配售的安排、定价方法或价格区间、筹集资金用途、决议的有效期、对董事会办理本次发行具体事宜的授权等事项。

(3)公司申请公开或者非公开发行新股,应当由保荐人保荐,并向中国证监会申报。保荐人应按中国证监会的有关规定编制和报送发行申请文件。

(4)中国证监会依照下列程序审核发行证券的申请:收到申请文件后5个工作日内决定是否受理;受理后对申请文件进行初审;发行审核委员会审核申请文件;做出核准或不予核准的决定。

(5)自中国证监会核准发行之日起,公司应在6个月内发行证券;超过6个月未发行的,核准文件失效,须重新经中国证监会核准后方可发行。公司发行证券前发生重大事项的,应暂缓发行,并及时报告中国证监会。该事件对本次发行条件构成重大影响的,发行证券的申请应重新经中国证监会核准。

(6)证券发行申请未获核准的公司,自中国证监会做出不予核准的决定之日起6个月后,可再次提出证券发行申请。

3)股票的发行方式

股票发行方式指的是公司发行股票的途径,主要有如下两类:

(1)公募发行。公募发行是指公司公开向社会发行股票。我国股份有限公司采用募集方式设立以及向社会公开募集新股,即属于公募发行。

(2)私募发行。私募发行是指公司不公开向社会发行股票,只向少数特定的对象直接发行。我国股份有限公司采用发起方式设立以及非公开募集新股时,即属于私募发行。

4)股票的销售方式

股票销售方式指的是公司向社会公募发行股票时所采取的销售方法,主要有如下两类:

(1)自销。自销是指发行公司自己直接将股票销售给认购者。这种销售方式可由公司直接控制发行过程,并节省发行费用,但是筹资时间较长,且要由公司承担全部发行风险。

(2)承销。承销是指发行公司将股票的销售业务委托给证券经营机构代理。这种销售方式是发行股票普遍采用的方式。我国《公司法》规定,股份有限公司向社会公开发行股票,必须与依法设立的证券经营机构签订承销协议,由证券经营机构承销。承销又分为包销和代销两种具体方式。包销是根据承销协议商定的价格,由证券经营机构一次性购进发行公司公开募集的全部股票,然后以较高的价格出售给社会上的认购者。对发行公司来说,包销的方式可以及时筹足资本,免于承担发行风险(股份未募足的风险由承销商承担),但是股票以较低的价格出售给承销商会损失部分溢价。代销是证券经营机构仅替发行公司代售股票,不承担股份未募足的风险,并由此获取一定的佣金。对发行公司而言,代销方式下股票销售价格较高,但是筹资速度较慢,并且要自己承担发行风险。

5)股票的发行价格

股票的发行价格是公司将股票出售给投资者的价格,也就是投资者认购股票时所支付的价格。设立发行股票时,发行价格由发起人决定;增资发行新股时,发行价格由股东大会决定。在确定股票价格时要全面考虑股票面额、股市行情和其他相关因素。股票发行价格通常有等价、时价、中间价三种。

（1）等价是以股票票面金额为发行价格。

（2）时价是以公司原发行股票的现行市场价格为基准来确定增发新股的价格。

（3）中间价是以时价和等价的中间值来确定股票的发行价格。

按等价发行的股票又叫平价发行。按时价或中间价发行的股票，发行价格既可能高于面额也可能低于面额。高于面额发行叫溢价发行，低于面额发行叫折价发行。我国只允许溢价或平价发行股票，不允许折价发行。

3. 股票筹资的优缺点

1）股票筹资的优点

（1）筹资没有固定的利息负担。若公司盈利较多，并认为适合分配股利，就可以分派股利；若公司盈利较少，或虽有盈利但资金短缺或有更好的投资机会，也可以少支付或不支付股利。这点与债券或借款不同，无论公司是否盈利及盈利多少，债券和借款都必须按期足额支付利息。

（2）股本没有固定的到期日，无须偿还，在公司经营期内可自行安排使用。普通股股本是公司的永久性资本，是公司最稳定的资本来源，除非公司破产清算才予以偿还。这对于保证公司对资本的最低需求，促进公司长期持续稳定经营具有重要意义。

（3）筹资风险较小。由于不存在还本付息的风险，股票筹资可以避免因销售或盈余波动而给公司正常的生产经营秩序带来冲击。

（4）发行股票能增强公司的信誉。股本以及由此产生的资本公积和留存收益，可以成为公司筹措债务资本的基础。较多的权益资本有利于提高公司的信用价值，同时也为利用更多的债务筹资提供强有力的支持。

（5）由于预期收益较高，股票筹资容易吸收社会资本。尤其是向社会公众发行小面额股票，筹资速度快，取得资本的数额较大，能为公司筹措到更多的权益资本。

2）股票筹资的缺点

（1）筹资成本高。投资人投资于股票的风险大，所要求的报酬率也高；股利是以税后利润支付的，无抵税作用；股票的发行成本较高。这些都决定了股票的筹资成本较高。

（2）增发股票会增加新股东，容易分散公司的控制权。

（3）可能导致股价下跌。新股东对公司已积累的盈余具有分享权，这又会降低每股收益，从而导致普通股市价的下跌。另外，公司过度依赖股票，会被投资者视为消极信号，从而也会导致股价的下跌，进而影响公司使用其他筹资工具。

 思政育人 ....

创业板改革盛大启幕，优胜劣汰机制进一步完善

2020年，中国资本市场最瞩目的大事件无疑是创业板注册制改革。2020年3月1日，新修订的《证券法》正式施行当天，深交所发文表示，推进创业板改革并试点注册制，充分借鉴科创板成功经验。随后，创业板改革如火如荼加速推进，4月，证监会就创业板改革并试点注册制主要制度规则向社会公开征求意见，创业板注册制改革落地；6月12日，深交所正式发布创业板改革并试点注册制相关业务规则及配套安排，即日起施行。这是创业板发展进程中的一大步，也是中国资本市场发展的一大步。

《每日经济新闻》记者总结发现,本次创业板改革,部分业务规则及配套安排发生大改变,涉及发行上市审核类、发行承销类、交易类、持续监管类四大类。首先,在交易上,创业板股票以及相关基金的涨跌幅限制比例由10%变化为20%,同时新股前5个交易日无涨跌幅限制。在发行上市审核上,改革后的创业板将企业市值、收入、净利润作为指标,制定了多套上市标准,适当放宽创业板企业上市标准。但同时,退市制度也更完善、严格。

思考:创业板改革的意义是什么? 拓宽了哪类企业的筹资渠道?

资料来源:陈鹏丽.年轮2020|创业板改革盛大启幕,优胜劣汰机制进一步完善[EB/OL].(2022-12-09)[2022-12-10].https://baijiahao.baidu.com/s?id=1751665444785349972&wfr=spider&for=pc.

二、债务资本

(一) 长期借款

长期借款是指公司向银行等金融机构以及其他单位借入的期限在一年以上的各种借款。

1. 长期借款的分类

长期借款根据不同的标准有以下不同的分类:

(1) 按提供贷款的机构的不同,可将长期借款分为政策性银行贷款、商业银行贷款和其他非银行金融机构贷款。

政策性银行贷款是指执行国家政策性贷款业务的银行提供的贷款,通常为长期贷款,且一般只贷给国有企业。我国的国家开发银行、进出口银行等,就属于政策性银行。

商业银行贷款是指商业银行出于营利目的而提供的贷款,主要满足公司建设竞争性项目的需要。

其他非银行金融机构贷款是指除商业银行外的其他可从事贷款业务的金融机构提供的贷款,如信托投资公司、保险公司、企业集团财务公司等机构提供的贷款。其贷款期限很长,所要求的利率也很高,并且对借款公司的信用和担保品的选择也很严格。

(2) 按担保条件的不同,可将长期借款分为信用贷款、担保贷款和抵押贷款。

信用贷款是借款人不提供任何担保品,仅凭借款公司的信誉或其保证人的信用而发放的贷款。此种贷款通常适用于资信良好的公司,而且银行通常要收取较高的利息,并往往附加一定的条件。目前我国各专业银行向国有企业发放的贷款,大多数是信用贷款。

担保贷款是凭借担保人的担保而发放的贷款,不需要抵押品作担保。这类贷款中的担保人一般资信较高。如果贷款到期时借款公司不能或不愿偿还贷款,则由担保人代为偿还。

抵押贷款是指以特定的抵押品作为担保的贷款。其抵押品可以是不动产或其他资产,但要求能在市场上出售。若贷款到期时借款公司无法或不愿偿还,银行或其他金融机构有权取消企业对抵押品的赎回权,并将其变卖,所得款项用于归还贷款。

(3) 按贷款用途的不同,可将长期借款分为基本建设贷款、更新改造贷款、科研开发贷款和新产品试制贷款。

2. 长期借款的信用条件

长期借款往往附加一些信用条件,常见的有以下两种:

(1) 信用额度。信用额度是借款企业与贷款机构之间正式或非正式协议规定的公司借款的最高限额。非正式协议下,贷款机构并不承担按最高限额保证贷款的法律义务。正式协议下,对规定的信用额度内的贷款,贷款机构必须予以保证。其中,有一种通常为大公司提供的正式信用额度,叫作周转信用协定。贷款机构对周转信用协定负有法律义务,并因此向公司收取一定的承诺费用,承诺费用一般按照公司未使用的信用额度的一定比率(0.2%左右)计算。

(2)补偿性余额。补偿性余额是贷款机构要求借款公司将借款的10%～20%的平均余额留存在贷款机构。这种措施主要是为了降低贷款的风险,提高贷款的实际利率,以补偿贷款机构的损失。

 延伸阅读5-3

补偿性余额对实际利率的影响

在存在补偿性余额的情况下,公司取得的有效借款等于名义借款金额减去补偿性余额,但支付利息时却按名义借款金额计算,因此贷款的实际利率要高于名义利率,具体计算公式如下:

$$实际利率 = \frac{名义借款金额 \times 名义利率}{名义借款金额 \times (1-补偿性余额比例)} = \frac{名义利率}{1-补偿性余额比例}$$

3. 长期借款的程序

(1)选择贷款机构。公司应在考虑自身条件和贷款机构情况的基础上,选择适合的贷款机构。公司在选择贷款机构时,应当关注贷款机构对贷款风险的政策、贷款机构与借款公司的关系、贷款机构的专业化程度以及贷款机构所提供的咨询等服务。

(2)提出借款申请。公司提出的借款申请应陈述借款的原因与金额、用款时间与安排、还款的期限与计划。贷款机构根据有关规定和贷款条件,对公司的借款申请进行审查。贷款机构审查的内容主要包括公司的财务状况、信用状况、盈利稳定性、发展前景以及借款用途等。

(3)签订借款合同。贷款机构审查借款申请后,对符合规定和条件的,与借款公司进一步协商贷款的具体条件,签订借款合同。借款合同是规定借贷双方权利和义务的契约,其内容分为基本条款和限制条款。基本条款是借款合同必须具备的条款;限制条款是为了降低贷款机构的贷款风险而对借款公司提出的限制条件,它不是借款合同的必备条款。限制条款又有一般性限制条款、例行性限制条款和特殊性限制条款之分,一般性限制条款最为常见,例行性限制条款次之,特殊性限制条款比较少见。

借款合同的基本条款包括借款种类、借款用途、借款金额、借款利率、借款期限、还款资金来源及还款方式、保证条款、违约责任等。

借款合同的一般性限制条款通常包括:保持最低的流动资金数量;限制公司支付现金股利;限制公司资本性支出规模;限制公司举借其他长期债务等。

借款合同的例行性限制条款一般包括:公司定期向贷款机构报送财务报表;公司不准在正常情况下出售大量资产;公司要及时偿付到期债务;禁止公司贴现应收票据或转让应收账款;禁止以资产作其他承诺的担保或抵押等。

借款合同的特殊性限制条款可能包括:贷款专款专用;要求公司主要领导购买人身保险;要求公司主要领导在合同有效期内担任领导职务等。

(4)取得借款。借款合同生效后,贷款机构将款项转入公司的存款结算账户。

4. 长期借款筹资的优缺点

1)长期借款筹资的优点

(1)长期借款的资金成本较低。利用长期借款筹资,利息可以在税前支付,可以减少公司实际负担的利息费用,因此,它比股票筹资的成本要低得多。与债券相比,长期借款利率通常低于债券利率。此外,由于长期借款是在公司和银行之间直接商定的,它可以大大减少交易成本。

(2) 长期借款有利于保持股东控制权。贷款机构无权参与公司的管理决策,因此长期借款不会分散股东对公司的控制权。

(3) 长期借款的筹资速度快。与发行股票、债券相比,长期借款筹资不需要证券发行前的准备、印刷等程序,一般所需的时间较短、程序较简单,可以迅速获得资金。

(4) 长期借款的灵活性较大。在借款前,公司根据需要与银行直接商定贷款的时间、数量和条件。在借款期间,若公司财务状况发生某些变化,也可以与银行进行再协商,变更借款条件。

2) 长期借款筹资的缺点

(1) 筹资风险高。长期借款通常有固定的利息负担和固定的偿付期限,在公司经营不佳时,可能存在不能偿付的风险,甚至引起破产。

(2) 限制条款较多。长期借款合同通常会包含一系列限制性条款,这对企业今后的筹资、投资和经营活动都有一定的限制。

(3) 长期借款的筹资数量有限。长期借款一般不能像债券、股票那样一次筹集到大笔资金,无法满足公司在生产经营活动大规模调整时对资金的需求。

(二) 债券

债券是公司为筹集资本而发行的,承诺在一定期限内按约定利率向债权人还本付息的有价证券。发行长期债券是公司筹集长期资金的一种重要方式。

1. 债券的分类

公司债券的种类繁多,在第四章中已经介绍过按期限长短和发行主体进行的分类,这里介绍一些其他的分类方式。

(1) 按有无抵押担保品,可将债券分为信用债券和抵押债券。

信用债券又称为无担保债券,它没有特定资产作担保,完全凭借发行公司的信用,因此,只有信用良好的公司才可以发行此类债券,其利率通常高于担保债券。

抵押债券是指公司以某种资产作为担保发行的债券。根据担保品的不同,又可分为不动产抵押债券、抵押信托债券和设备信托债券。不动产抵押债券的担保财产一般是不动产;抵押信托债券一般是以实际资产以外的证券类资产作为担保品;设备信托债券一般是为购买大型设备而发行的,借款人只有在偿还债务之后才能取得设备的所有权。

(2) 按债券是否记名,可将债券分为记名债券和无记名债券。

记名债券是指在债券上注明债权人姓名,同时在发行公司的债权人名册上登记的债券。转让记名债券时,除要交付债券外,还要在债券上背书和在公司债权人名册上更换债权人姓名。

无记名债券是指债券票面上未注明债权人姓名,也不用在债权人名册上登记债权人姓名的债券。无记名债券的转让可立即生效,无须背书,因而比较方便。

(3) 按是否可赎回,可将债券分为可赎回债券和不可赎回债券。

可赎回债券是指发行公司可以按照发行时规定的条款,依一定的条件和价格在公司认为合适的时间收回的债券。一般来讲,债券的赎回价格要高于债券面值,高出的部分称为赎回溢价。

(4) 按利率是否固定,可将债券分为固定利率债券和浮动利率债券。

固定利率债券是指债券的利息率在债券期限内是固定的。大多数债券属于固定利率债券。

浮动利率债券的利息率在整个债券期限内是随市场利率的变化而变化的。这种债券在发行前,选择某一具有代表性的利率作为标准利率,债券发行者规定债券利率随标准利率浮动的标准,实际支付的利息将随标准利率的变化而变化。

2. 债券的评级

债券的信用等级标志着债券质量的优劣,反映了债券还本付息能力的强弱和债券投资风险的高低。公司公开发行债券通常需要债券评级机构评定等级,债券的信用等级直接影响着公司发行债券的效果和投资者的投资选择。

1) 债券的信用等级

按照债券的还本付息能力,国际上知名的信用评级机构穆迪公司、标准普尔、惠誉国际将公司债券从优到劣分为三等九级。例如,标准普尔公司的债券信用等级分类及含义如表5-3所示。

表5-3　　　　　　　　　　　　债券信用等级分类及含义

级别等级	级别分类	符号表示	含　义
一等	高质量等级	AAA	具有较高的还本付息能力,投资者没有风险
	高级	AA	还本付息能力很高,投资者的风险很小
	中上级	A	具有一定的还本付息能力,投资者风险较低
二等	中级	BBB	具有一定的还本付息能力,但通常需要一定的保护措施,投资者要承受一定的风险
	中下级	BB	被判断为有投机性质的因素,还本付息能力低,投资者风险较大
	下级	B	不具备理想的投资条件,还本付息能力低,投资风险很大
三等	完全投机级	CCC	还本付息能力很低,有可能违约,投资风险极大
	最大投机级	CC	还本付息能力极低,投资风险最大
	最低等级	C	没有还本付息能力,投资者面临绝对风险

2) 债券评级的作用

对投资人而言,债券评级的作用主要体现在以下几个方面:

(1) 减少投资的不确定性,提高市场的有效性。

(2) 拓宽投资者眼界。专业债券评级机构的工作,可以帮助一般投资者对特定债券的性质有更广泛和更深入的了解。

(3) 作为投资者选择投资的标准。

(4) 作为投资者确定风险报酬的依据。

对债券发行公司而言,债券评级有以下作用:

(1) 有利于发行公司更广泛地进入金融市场。通过债券评级可以扩大发行公司的知名度和影响力,能够吸引更多的投资者,大大增加债券投资者的范围。这对发行公司更好地接触资本市场无疑是很有帮助的。

（2）增大了发行者的筹资灵活性。债券评级使债券发行变得相对容易,发行成本也大大降低,这些都使债券发行更经济,也更频繁。

3. 债券的发行

1）债券的发行程序

（1）做出发行债券的决议或决定。股份有限公司和有限责任公司发行公司债券,由董事会制定方案,股东会做出决议。国有独资公司发行公司债券,由国家授权投资的机构或国家授权的部门做出决定。

（2）提出发行债券的申请。公司应向国务院证券管理部门提出发行公司债券的申请,并提交公司登记证明、公司章程、公司债券募集办法以及资产评估报告和验资报告。

国务院证券管理部门对符合《公司法》规定的,予以批准;否则,不予批准。对已做出的批准,如果发现不符合《公司法》规定的,应予撤销。债券尚未发行的,停止发行;已经发行的,由发行公司向认购人退还所缴款项并加算银行同期存款利息。

（3）公告债券募集办法。债券募集办法中应载明如下事项:公司名称、拟发行债券的总额、票面金额、利率、还本付息的期限和方式,债券发行的起止日期,公司净资产额,已发行的尚未到期的公司债券总额,公司债券的承销机构。

（4）发售债券,募集款项,登记债券存根簿。

2）债券的发行方式

与股票相类似,债券的发行方式也有公募发行和私募发行两类。

公募发行是指发行公司通过承销团向社会发售债券,是世界各国普遍采用的债券发行方式,我国《企业债券管理条例》也要求经批准的公司才能公开发行债券。由于公募发行涉及众多投资者,其社会责任和影响都很大,为了保护投资人利益,各国对公募发行的条件都做了严格的规定,公募发行要求较高的信用等级。

私募发行是指由发行公司直接将债券发售给投资者,这种发行方式因受限制,较少被采用。

3）债券的发行价格

债券的发行价格是公司将债券出售给投资者的价格,也就是投资者认购债券时所支付的价格。债券发行价格的估算公式为:

$$债券发行价格 P = F \times i \times (P/A, k, n) + F \times (P/F, k, n)$$

式中,F——债券面值;

$\quad i$——债券票面利率;

$\quad n$——债券到期时间;

$\quad k$——投资者要求的必要报酬率或市场利率。

由上式可见,影响债券发行价格的一个重要因素是票面利率与债券发行时的市场利率的关系。当票面利率与市场利率一致时,债券发行价格等于票面金额,称为平价发行。当票面利率与债券发行时的市场利率不一致时,就需要调高或调低其发行价格,以调节债券购销双方的利益。当票面利率高于债券发行时的市场利率时,债券发行价格高于票面金额,称为溢价发行;当票面利率低于债券发行时的市场利率时,债券发行价格低于票面金额,称为折价发行。

【例 5-3】 东兴公司发行面值为 1 000 元,票面利率为 10%,期限为 10 年的债券,每年年末付息,到期还本。其发行价格的计算可分为如下三种情况:

(1)当市场利率为 10% 时,票面利率＝市场利率→平价发行

债券发行价格 ＝ 1 000(元)

(2)当市场利率为 8% 时,票面利率＞市场利率→溢价发行

债券发行价格 ＝ $1\,000 \times 10\% \times (P/A, 8\%, 10) + 1\,000 \times (P/F, 8\%, 10) = 1\,134$(元)

(3)当市场利率为 12% 时,票面利率＜市场利率→折价发行

债券发行价格 ＝ $1\,000 \times 10\% \times (P/A, 12\%, 10) + 1\,000 \times (P/F, 12\%, 10) = 887$(元)

4. 债券筹资的优缺点

1)债券筹资的优点

(1)发行债券的资金成本较低。与长期借款类似,公司债券的利息可在税前支付,从而可以享受税收屏蔽方面的好处,可降低实际负担的资本成本。不过,发行债券的筹资费用高于长期借款,因此其资金成本通常比长期借款要高。

(2)保持股东控制权。债券持有人无权参与公司的经营管理,因此,发行债券筹资不会分散股东对公司的控制权。

(3)便于调整资本结构。在发行可转换债券或可提前赎回债券的情况下,公司可根据需要主动合理地调整资本结构。

2)债券筹资的缺点

(1)财务风险高。债券有固定的到期日,并且定期支付利息,发行公司必须承担还本付息的义务。在公司经营不景气时,也需要向投资者支付利息,这会给公司带来更大的财务风险,有时甚至会导致公司破产。

(2)限制条件较多。发行债券的限制条件往往比长期借款、租赁融资的限制条件要多,且更严格,从而限制了公司对债券筹资方式的使用,有时还会影响到公司以后的筹资能力。

(3)筹资数量有限。利用债券筹资在数量上有一定的限度,当公司的负债比率超过了一定程度后,债券筹资的成本就要上升,有时甚至会发行失败。

(三)融资租赁

租赁是指资产的所有人以收取租金为条件,在契约或合同规定的期限内,将资产的使用权让渡给使用者的一种经济行为。租赁有多种形式,主要分为经营租赁和融资租赁。经营租赁是由租赁公司向承租公司提供租赁设备,并提供设备维修保养和人员培训等服务。经营租赁通常为短期租赁,在本章不做重点讨论。融资租赁,又称资本租赁,它是由出租人按照承租人的要求购买设备,并在契约或合同规定的较长期限内提供给承租人使用的信用性业务。在融资租赁方式下,出租人支付设备的全部价款,等于向承租人提供了 100% 的长期信贷。承租人采用融资租赁的主要目的是融资,具有借款性质,因此融资租赁是承租公司筹集长期资本的一种特殊形式。

1. 融资租赁的特点

(1)融资合约比较稳定,在合约有效期内,租赁双方均无权单方面终止合约,除非租赁设备损坏或被证明已丧失使用功能。

(2)一般由承租人提出租赁要求,然后由出租人融资购买并出租给承租人使用。

(3)租赁期限较长,大多为租赁资产使用年限的一半以上。

（4）在融资租赁业务中，出租人不负责租赁资产的维修和保养，而由承租人负责。

（5）租赁期满，可以按以下方法处理租赁资产：将租赁资产折价转让给承租人，由出租人收回或延长租期续租，等等。

2. 融资租赁的形式

融资租赁按业务的不同特点，可细分为三种具体形式：

（1）直接租赁。这种形式是融资租赁的典型形式，通常所说的融资租赁就是指直接租赁形式，它的效果类似于以分期付款方式购买资产。

（2）售后租回。公司在出售某项设备的同时，按照特定条款从购买者手中租回该项设备，称为售后租回。售后租回一方面可以使公司取得出售设备的现金收入，另一方面又可以让公司继续使用该项设备，因此它具有融资租赁的基本特征。售后租回的特点表现在：一般融资租赁所租赁的设备是新的，而且出租人要从制造商或供应商那里购买这些设备，而售后租回的设备有时是使用过的，而且是从设备的使用者（承租人）手里购买。也就是说，售后租回的使用者、承租人和设备供应商是同一主体。

（3）杠杆租赁。这种形式涉及承租人、出租人和贷款人三方当事人。从承租人的角度来看，杠杆租赁与其他融资租赁形式并无区别。对出租人来说就有所不同，出租人只支付购买资产所需资金的一部分，其余部分则以该项资产作担保向贷款人借款支付。在这种形式下，租赁公司既是出租人又是借款人，既要收取租金又要支付利息，但租赁收益一般高于借款成本，由此可获得财务杠杆利益，故称为杠杆租赁。

3. 融资租赁的租金计算

在融资租赁方式下，承租公司必须按合同规定支付租金。租金的数额和支付方式会对承租公司未来的财务状况产生直接影响，因此是租赁筹资的重要依据。公司理财人员应熟悉租金的构成、计算方式以及支付方式，以便为公司的筹资决策提供财务支持。

1）决定租金的因素

（1）租赁设备的购置成本，包括设备的买价、运费和途中保险费。

（2）预计租赁设备的残值。

（3）利息费用，是指租赁公司为承租公司购置设备进行融资而发生的利息费用。

（4）租赁手续费，包括租赁公司承办租赁设备发生的营业费用以及一定的利润。

（5）租赁期限，其长短不仅影响租金总额，而且也影响每期租金的数额。

（6）租金的支付方式，主要按以下标准分类：①按支付的间隔时间长短分为年付、半年付、季付和月付；②按在期初或期末支付，分为先付租金和后付租金；③按每次支付的数额是否相等，分为等额支付和不等额支付。在实际工作中租金支付方式大多为后付等额年金。一般而言，租金支付次数越多，每次支付的数额就越小。

2）确定租金的方法

租金的计算方法很多，名称也不统一。目前国际上流行的租金计算方法主要有平均分摊法、等额年金法、附加利率法、浮动利率法。在我国的融资租赁实务中，大多采用平均分摊法和等额年金法。

（1）平均分摊法。平均分摊法是指先以商定的利息率和手续费率计算租赁期间的利息和手续费，然后连同设备成本按支付次数平均分摊的方法。

在这种方法下，每次应该支付的租金按下式计算：

$$R = \frac{(C-S)+I+F}{N}$$

式中，R ——每次应该支付的租金；

　　C ——租赁设备的购置成本；

　　S ——租赁设备的预计残值；

　　I ——租赁期间的利息费用；

　　F ——租赁期间的手续费；

　　N ——租赁期限。

【例 5-4】 东兴公司于 20×3 年 1 月 1 日从租赁公司租入一套设备，价值 100 万元，租期为 5 年，预计租赁期满时的残值为 3 万元，归租赁公司所有。年利率为 9%，租赁手续费为设备价值的 2%，租金每年年末支付一次。计算该公司每年应该支付的租金。

解： $R = \dfrac{(100-3)+[100\times(1+9\%)^5-100]+100\times2\%}{5} = 30.57(万元)$

通过上面的分析可以看出，平均分摊法比较容易理解，而且计算也很简单，但它没有充分考虑资金时间价值因素。

（2）等额年金法。等额年金法是运用年金现值原理来计算每期应付租金的方法，通常将利率和手续费率综合考虑，来确定一个租赁费率，作为计算年金的贴现率。根据后付年金现值的计算公式，可推导出计算后付等额租金方式下每年年末支付租金的公式为：

$$R = \frac{PV}{(P/A, i, n)}$$

式中，R ——每次支付的租金；

　　PV ——设备的购置成本（若租赁期满设备归承租公司所有）或设备的购置成本减去
　　　　　　残值的现值（若租赁期满设备退回给出租人）；

　　i ——租赁费率；

　　n ——支付租金期数。

【例 5-5】 东兴公司从租赁公司租入一台设备，设备价款为 1 000 万元，租赁期限为 10 年，到期后设备归承租公司所有，租赁费率（贴现率）为 12%，租金于每年年末等额支付。计算每年应付的租金。

解： $R = \dfrac{1\,000}{(P/A,12\%,10)} = \dfrac{1\,000}{5.650} = 177(万元)$

4. 融资租赁筹资的优缺点

1）融资租赁筹资的优点

（1）能够迅速地获得所需资产。融资租赁是一项融资与融物相结合的筹资方式，往往比借款购买设备更迅速，并且公司在筹集资本的同时，即可获得长期资产的使用权。

（2）增加了筹资的灵活性。融资租赁可以避免长期借款所附加的多种限制性条件，从而为公司经营活动提供更大的弹性空间。

（3）可以避免设备陈旧过时的风险。随着现代科学技术的不断进步，设备陈旧过时的风险很高，而多数租赁协议规定此种风险由出租人承担，承租公司可避免这种风险。

（4）全部租金通常在整个租赁期内分散支付，不用到期归还大量本金，可适当减低公司不能偿付的风险。

2）融资租赁筹资的缺点

（1）租赁成本高。尽管租赁没有明显的利息成本，但出租人所获得的报酬隐含于租金中。一般而言，融资租赁的租金（包括隐含报酬）要高于债券利息，其租金总额通常要高于设备价值 30% 左右。

（2）难以改良资产。未经出租人同意，承租人不得擅自对租赁资产加以改良。

三、混合资本

混合资本兼具权益资本和债务资本的特点，主要有优先股、认股权证、可转换证券三种筹资形式。

（一）优先股

1. 优先股的特征

优先股是一种混合性证券，在某些方面类似于普通股，在其他方面则类似于债券，有以下主要特征：

（1）优先分配公司股利和剩余财产。在普通股发放股利之前，必须首先发放优先股股利，而且在公司破产时，优先股股东的索取权优先于普通股股东，但次于公司债权。

（2）无表决权。优先股股东一般无表决权，因此不能参与公司决策，也就不能控制公司的经营管理。

（3）股利固定。这一点和债券类似，但其股利支付没有强制性，即使不支付股利，也不会造成违约，不会使公司面临破产。

2. 优先股的种类

优先股按具体权利的不同，可做进一步的分类：

（1）累积优先股和非累积优先股。累积优先股是指公司当年可供分配股利的利润不足以支付约定的优先股股利的，可以累积到以后年度，由以后年度可供分配股利的利润补足。非累积优先股则不能将当年未能支付的优先股股利累积到以后年度支付。

（2）参加优先股和不参加优先股。参加优先股是指当公司按规定向优先股股东和普通股股东分派股利后仍有剩余利润时，优先股可与普通股一道参加剩余利润的分配。参加优先股具体又分为全部参加优先股和部分参加优先股。全部参加优先股是与普通股同等参加剩余利润分配的优先股。部分参加优先股是指在参加剩余利润分配时有股利上限的优先股。不参加优先股是只能按约定的固定股利率获取股利，不能参加剩余利润分配的优先股。

（3）可赎回优先股和不可赎回优先股。可赎回优先股是指公司为了减轻股利负担或出于其他目的，可以按规定赎回的优先股。不可赎回优先股是指公司不能赎回的优先股。

（4）可转换优先股和不可转换优先股。可转换优先股是指可以按照规定的条件和比例转换为普通股的优先股。不可转换优先股是指不可以转换为普通股的优先股。

3. 优先股筹资的优缺点

1）优先股筹资的优点

（1）优先股从法律形式上看属于权益性资金，没有固定的到期日，不用偿付本金，能够提高公司的资信和借款能力。

（2）发行优先股有利于保持普通股股东的控制权。优先股股东一般无表决权，不能参与公司的管理决策,因此发行优先股不会分散普通股股东对公司的控制权。

2) 优先股筹资的缺点

(1) 优先股的筹资成本较高。优先股股利是以税后利润支付的,因而不能获得税收上的好处,所以其成本一般高于债券的筹资成本。

(2) 优先股股利可能会形成一项财务负担。虽然公司可以不支付优先股股利,但公司股东一般希望能支付股利,因此,只要条件允许,公司都会尽量支付股利。当公司经营状况不好时,股利会成为公司一项较重的财务负担,有时会加大公司的财务风险。

(二) 认股权证

认股权证是由公司发行的一种凭证,它规定其持有者有权在规定期限内,以特定价格购买发行公司一定数量的股票。从本质上看,认股权证是以股票或其他某种类型证券为标的物的一种长期买入期权,期权的买方为投资者,期权的卖方为发行公司。

1. 认股权证的特征

(1) 期权性。认股权证实质上是给予持有者的一种期权,持有人既可以在将来实施这种权利,也可以不实施这种权利。

(2) 附赠性。认股权证经常和公司的其他证券(通常是长期债券)一起发行,以增加这些证券对投资者的吸引力。例如,当公司准备发行利率较低的长期债券时,往往伴随着认股权证的发行,目的是刺激投资者购买这些债券。

(3) 可分离性。一般情况下,认股权证同原有的债券或股票是可以分离的,即它发行以后可以与其基础证券脱离,具有独立的价值,可以在证券市场上单独进行交易。

2. 认股权证的作用

(1) 吸引投资者。在公司发行债券或优先股时,给予投资者购买普通股的选择权,可以有效刺激投资者的投资欲望,使公司较容易筹集到所需资金。

(2) 为公司筹集额外资金。认股权证除吸引投资者关注公司的普通股、债券等筹资工具外,由于其本身具有独立的价值,所以还能够为发行公司筹集一笔额外资金,从而增强公司的资本实力和运营能力。

(三) 可转换证券

可转换证券是指由股份有限公司发行的,可以按照一定条件转换为公司普通股的证券。可转换证券主要有可转换债券和可转换优先股。因为可转换债券和可转换优先股之间有许多相似之处,而且可转换债券在现实生活中的应用更为普遍,所以下面主要介绍可转换债券的相关内容。

1. 可转换债券的基本特征

可转换债券是一种以公司债券为载体,允许持有人在规定时间内按规定的价格转换为公司普通股的金融工具。

可转换债券的特性主要包括:

(1) 期权性。可转换债券的期权性主要体现在它给予投资者的选择权上。在规定的期限内,投资者可以选择将债券转换为普通股,也可以放弃转换权利。由于可转换债券持有人具有将来买入股票的权利,它实质上是一种买入期权,期权的卖方为发行公司。

(2) 赎回性。可转换债券一般都有赎回条款,它规定发行公司在可转换债券转换前,可以按照一定条件赎回债券。发行公司行使赎回权的目的,是为了迫使投资者将债券转换为股票。

（3）双重性。可转换债券在转换之前，属于债券性质。若在可转换期间，投资人未将其转换为股票，则发行公司到期必须无条件支付本金及利息。同时，只要投资者愿意，可按约定将可转换债券转换为公司股票，成为公司的股权投资者。

2. 可转换债券的转换

（1）转换比率和转换价格。转换比率是可转换债券合约最重要的内容，它是指每张可转换债券能转换为普通股的数量。与转换比率相关的是转换价格，即可转换债券在转换为普通股时，投资者应支付的每股价格。通常，转换价格一般高出可转换债券发行时股票市价的 10%～30%。在可转换债券出售后，通常都要随着股票的分割和股利分配调整其转换价格。例如，普通股 1 股分割为 2 股时，其转换价格也将下降 50%。

转换比率和转换价格是一个问题的两个方面，知道了其中的一个，就可以计算出另外一个。两者的关系可以表示为：

$$转换价格 = \frac{债券面值}{可转换为普通股的股数} = \frac{债券面值}{转换比率}$$

或：

$$转换比率 = \frac{债券面值}{转换价格}$$

（2）转换期限。可转换债券的转换期限是指按发行公司的规定，持有人可将其转换为普通股的期限。可转换债券转换期限的长短通常与可转换债券的期限有关。我国可转换债券的期限最短为 1 年，最长为 6 年。上市公司发行的可转换债券，在发行结束 6 个月后，持有人可以依据约定的条件随时转换股份。

3. 可转换债券筹资的优缺点

1）可转换债券筹资的优点

（1）发行初期资本成本较低。可转换债券给予其持有者在股票价格有利时进行转换的选择权，因此，其实际利率低于同等条件的不可转换债券利率。

（2）有利于调整资本结构。可转换债券在转换前属于发行公司的负债，转换后属于发行公司的所有者权益，因此发行公司可以通过引导持有人的转换行为来调整公司的资本结构。

2）可转换债券筹资的缺点

可转换债券筹资的缺点主要体现在不确定性上。如果发行人发行可转换债券的本意在于变相进行普通股筹资，但普通股价格并未如期上升，债券持有人不愿转股，则发行人将被迫承受偿债压力。如果可转换债券转股时的估价大大高于转换价格，则发行人将承担溢价损失。

第三节 长期筹资决策

一、资本成本

（一）资本成本的含义

资本具有时间价值，即资本在周转使用过程中能带来增值，资本提供者让渡这种增值机会当然就要求相应的报酬。在有风险的情况下,资本提供者还会要求额外的风险报酬。因此,公司要获得资本的使用权,必须付出相应的代价。这种代价可以理解为资本这种特殊商品的市场价格。另外,公司在筹集资本的过程中可能还需要支付一定的费用。综上所述,资本成本是指公司筹措和使用资本而付出的代价,也称为资金成本,一般包括筹资费用和用资费用两部分。

筹资费用是在资本筹集过程中为获取资本而支付的各项费用,如印刷费用、发行手续费用、宣传广告费用、律师费用、资信评估费、公证费、担保费等。这些费用一般是在公司筹资时一次性支付的,在资本使用过程中不再发生,因而可以视为对筹资数额的一项扣除。

用资费用是公司为了占用资本而付出的代价,如向债权人支付的利息、向股东分派的股利等。用资费用在资本使用期间会反复发生,并随着使用资本数额的大小和期限的长短而变动。

资本成本可以用绝对数表示,也可以用相对数来表示。但在财务管理中,一般用相对数来表示,即表示为用资费用与实际筹资额的比率。其通用的计算公式为:

$$资本成本 = \frac{每年的用资费用}{筹资总额 - 筹资费用} = \frac{每年的用资费用}{筹资总额 \times (1 - 筹资费用率)}$$

(二) 资本成本的类型与作用

资本成本有多种表现形式,根据不同的使用情况,一般有个别资本成本、加权平均资本成本和边际资本成本三种。

1. 个别资本成本

个别资本成本是指公司所筹集的各种长期资本各自的成本。不同的资本形式具有不同的个别资本成本。公司的长期资本由权益资本和债务资本两部分构成,其成本也分别被称为权益资本成本和债务资本成本。

个别资本成本可以用来比较各种筹资方式的优劣。长期资本的筹集有多种方式可以选择,可以把不同筹资方式下的资本成本作为比较的指标之一。

2. 加权平均资本成本

加权平均资本成本即所有资本的成本。它根据各种资本的个别资本成本以个别资本占全部资本的比重为权数进行加权平均计算,也可称为综合资本成本。投资公司通常采用多种渠道、多种方式筹措资本,此时,个别资本成本已经无法反映公司的整体资本成本水平,这就需要计算公司各种不同资本的加权平均资本成本。加权平均资本成本在公司的经营决策当中具有非常重要的作用。

(1) 加权平均资本成本是进行筹资组合决策的依据。企业长期资本通常是采用多种筹资方式组合构成的,通过比较每种筹资组合方案的总体资本成本,可以进行不同筹资组合方案的选择。

(2) 加权平均资本成本是评价投资项目、比较投资方案的标准。一个投资项目,只有投资报酬率高于资本成本,该项投资才是有利可图的。因此,可以将资本成本视为最低报酬率,作为分析投资项目可行性、选择投资项目的取舍标准。

在利用净现值指标进行决策时,常以资本成本作为贴现率。当净现值为正时,投资项目可行;反之,则不可行。因此,采用净现值指标评价投资项目时,离不开资本成本。

在利用内含报酬率指标进行投资决策时,一般以资本成本作为基准率。即只有当投资项目的内含报酬率高于资本成本时,投资项目才可行;反之,则投资项目不可行。因此国际上通常将资本成本作为是否采用投资项目的取舍率,是比较、选择投资方案的主要标准。

(3) 加权平均资本成本是衡量公司经营业绩、制定激励报酬计划的基准。如果公司经营的利润高于资本成本,应当认为经营得好,对相关人员给予适当激励;反之,应当认为经营不善,必须加以改进,并对责任人进行一定惩罚。

3. 边际资本成本

边际资本成本是指资本每增加一个单位而增加的成本。个别资本成本和加权平均资本成本是公司过去筹集的或目前正在使用的资本的成本。然而,随着时间的推移或筹资条件的变化,尤其是随着筹资规模的变化,个别资本成本和加权平均资本成本都要发生变化。因此,公司在未来追加筹资时,还要考虑新筹集资本的成本,这就需要计算边际资本成本。

边际资本成本是公司进行追加筹资决策的依据。公司为扩大经营规模,必然增加筹资数量。当筹资数量增加,资本的边际成本超过了公司的承受能力时,公司就不能再增加筹资数额。

(三) 资本成本的计算

本书只对个别资本成本及加权平均资本成本的计算予以阐述,边际资本成本的计算方法不做涉及。

1. 个别资本成本

1) 长期借款成本

根据资本成本计算的通用公式,长期借款的资本成本可表示为:

$$K_l = \frac{I \times (1-T)}{L \times (1-F_l)} = \frac{L \times R_l \times (1-T)}{L \times (1-F_l)} = \frac{R_l \times (1-T)}{1-F_l}$$

式中,K_l——长期借款成本;

I——长期借款年利息;

T——企业所得税税率;

L——长期借款筹资总额,即借款本金;

F_l——长期借款筹资费用率;

R_l——长期借款年利率。

长期借款的筹资费用主要是借款手续费,数额很低时可以忽略不计,因此,上式可以简化为:

$$K_l = R_l \times (1-T)$$

【例5-6】 星海公司从银行取得 3 年期长期借款 500 万元,手续费率 0.1%,年利率 8%,每年结息一次,到期一次还本。公司所得税税率 40%。计算该笔长期借款的资本成本。

解: $K_l = \frac{500 \times 8\% \times (1-40\%)}{500 \times (1-0.1\%)} = \frac{8\% \times (1-40\%)}{1-0.1\%} = 4.8\%$

2) 债券成本

债券成本与长期借款成本相比较,相同点是利息也在所得税前支付,不同的是债券的筹资费用较高因而不可忽略不计,这些筹资费用主要包括申请发行债券的手续费、债券注册费、印刷费、上市费以及推销费用等。而且债券利率通常高于长期借款利率,因此,债券成本一般高于长期借款成本。另外,由于债券发行可以有平价、溢价、折价发行等不同形式,在计算债券成本时,筹资额要以实际发行的价格为准。债券成本的计算公式为:

$$K_b = \frac{I_b \times (1-T)}{B \times (1-F_b)}$$

式中,K_b——债券成本;

$\quad I_b$——债券年利息,它等于债券面值与票面利率的乘积;

$\quad T$——企业所得税税率;

$\quad B$——债券筹资总额,即债券发行价格;

$\quad F_b$——债券筹资费用率。

【例 5-7】 星海公司发行面值为 1 000 元,期限为 4 年,票面利率为 10% 的债券 5 000 张,筹资费用为发行价格的 4%,公司所得税税率为 40%。

(1)如果发行价格为 1 100 元,计算该债券的资本成本。

解:$K_b = \dfrac{I_b \times (1-T)}{B \times (1-F_b)} = \dfrac{1\,000 \times 10\% \times (1-40\%)}{1\,100 \times (1-4\%)} = 5.68\%$

(2)如果发行价格为 1 000 元,计算该债券的资本成本。

解:$K_b = \dfrac{I_b \times (1-T)}{B \times (1-F_b)} = \dfrac{1\,000 \times 10\% \times (1-40\%)}{1\,000 \times (1-4\%)} = 6.25\%$

(3)如果发行价格为 900 元,则该债券的资本成本为:

解:$K_b = \dfrac{I_b \times (1-T)}{B \times (1-F_b)} = \dfrac{1\,000 \times 10\% \times (1-40\%)}{900 \times (1-4\%)} = 6.94\%$

3)优先股成本

优先股每期的股利通常是固定的,这与债务性资本类似,但是因为优先股股利是以税后利润支付的,没有抵税作用,所以优先股成本的计算不涉及税收调整问题。优先股资本成本的计算公式为:

$$K_p = \frac{D_p}{P_0 \times (1-F_p)}$$

式中,K_p——优先股成本;

$\quad D_p$——优先股每年的股利;

$\quad P_0$——发行优先股的筹资总额,即优先股的发行价格;

$\quad F_p$——优先股的筹资费用率。

【例 5-8】 星海公司发行一批优先股,发行价格为每股 6 元,筹资费用率为 4%,每年股利为 0.6 元/股,计算该优先股的资本成本。

解:$K_p = \dfrac{D_p}{P_0 \times (1-F_p)} = \dfrac{0.6}{6 \times (1-4\%)} = 10.42\%$

4)普通股成本

普通股和优先股一样属于权益性资本,股利均不能抵税。但与优先股不同的是,普通股各年的股利不一定相等,而是随着公司经营状况的变动而变动。确定普通股的资本成本,常见的计算思路有三种。

第一种,通过普通股估价方法确定资本成本。

根据第四章普通股的估价公式,普通股的现值为:

$$V = \sum_{t=1}^{n} D_t \times (P/F, K_s, t) + V_n \times (P/F, K_s, n)$$

该公式是计算普通股价值的基本模型,同样也是确定普通股成本的基本模型。由于普通股无到期日,当 $n \to \infty$ 时,$V_n \times (P/F, K_s, n) \to 0$,则普通股的价值为:

$$V = \sum_{t=1}^{n} D_t \times (P/F, K_s, t)$$

从上式可以看出,普通股的成本和股利有着极为重要的关系。根据普通股股利支付方式的不同,从上式中可以推导出不同的确定普通股成本的公式。

(1) 股利每年固定不变。这时,股利实际上相当于永续年金,计算公式可以简化为:

$$K_s = \frac{D}{V}$$

如果把筹资费用考虑进去,则上述公式调整为:

$$K_s = \frac{D}{V \times (1 - F_s)}$$

式中,F_s ——普通股的筹资费用率。

该公式又称为零增长模型,也即每年的普通股股利保持不变,股利增长率为零。

(2) 股利固定增长。在现实生活中,随着公司的发展,一些公司的股利是不断增加的。根据第四章普通股的估价模型,在这种情况下普通股的价值为:

$$V = \frac{D_0 \times (1 + g)}{K_s - g} = \frac{D_1}{K_s - g}$$

由该式可得普通股的成本为:

$$K_s = \frac{D_0 \times (1 + g)}{V} + g$$

如果将股票发行时的筹资费用 F_s 考虑进去,修正得出普通股资本成本计算公式为:

$$K_s = \frac{D_0 \times (1 + g)}{V \times (1 - F_s)} + g = \frac{D_1}{V \times (1 - F_s)} + g$$

这一模型被称为股利增长模型,又被称为贴现现金流方法,是一种常见的确定普通股成本的方法。

【例 5-9】 星海公司发行一批普通股,发行价格为每股 8 元,筹资费用率 5%,公司有两套股利方案:一是每年分派现金股利 0.8 元/股;二是第一年分派股利 0.4 元/股,以后每年增长 6%。试计算两种股利方案下的普通股资本成本。

解:如果采用第一套方案,则普通股资本成本为:

$$K_s = \frac{D}{V \times (1-F_s)} = \frac{0.8}{8 \times (1-5\%)} = 10.53\%$$

如果采用第二套方案,则普通股资本成本为:

$$K_s = \frac{D_1}{V \times (1-F_s)} + g = \frac{0.4}{8 \times (1-5\%)} + 6\% = 11.26\%$$

第二种,通过资本资产定价模型确定普通股成本。

根据第四章的相关内容,资本资产定价模型可以表示为:

$$K_i = R_F + \beta_i (R_M - F_F)$$

在市场均衡的条件下,投资者要求的必要收益率与筹资者的资本成本相等,即:

$$K_s = K_i = R_F + \beta_i (R_M - R_F)$$

上述公式表明,公司普通股的资本成本等于无风险利率加上适当的风险报酬率。

【例 5-10】 星海公司普通股的 β 系数为 1.2,市场报酬率为 10%,无风险报酬率为 4%,计算该公司普通股的资本成本。

解:$K_s = R_F + \beta_i (R_M - R_F) = 4\% + 1.2 \times (10\% - 4\%) = 11.2\%$

第三种,通过债券收益加风险报酬率法确定普通股成本。

这种方法是在公司长期债券收益率的基础上加一定的风险报酬率作为公司普通股的成本。用公式表示为:

$$普通股成本 = 长期债券收益率 + 风险报酬率$$

长期债券收益率可从公司取得或通过投资银行得知,风险报酬率可通过对投资者的调查确定,一般为 4%～6%。这种方法的依据是,普通股股东比债权人承担更大的风险,因此,他们要求的报酬率相对更高。

【例 5-11】 星海公司已发行债券的收益率为 7.5%。现增发一批普通股,经分析,该股票高于债券的额外风险报酬为 4%。计算该批普通股的资本成本。

解:$K_s = 7.5\% + 4\% = 11.5\%$

5) 留存收益成本

公司的留存收益是由公司的税后净利润形成的,它属于普通股股东的权益。从表面上看,公司使用留存收益似乎不花费什么成本,但实际上,股东之所以愿意将其留存于公司,而不是作为股利分配,必然要求有相应的报酬作为补偿,其报酬率至少应该等于投资于公司普通股可获得的报酬率。换句话说,公司留存收益作为一种资本来源也有其成本,只不过是一种机会成本,因此,留存收益成本的确定方法与普通股成本的确定方法基本相同。因为使用留存收益资本不需要支付发行费用,所以不需要考虑筹资费用。其计算公式为:

$$K_e = \frac{D_0 \times (1+g)}{V} + g = \frac{D_1}{V} + g$$

当公司的股利固定不变时,其计算公式为:

$$K_e = \frac{D}{V}$$

式中，K_e——留存收益成本。

【例 5-12】 星海公司普通股市场价格为 8 元/股，预计第一年分派股利 0.4 元/股，以后每年增长 6%。计算该公司留存收益的资本成本。

解： $K_e = \dfrac{D_1}{V} + g = \dfrac{0.4}{8} + 6\% = 11\%$

2. 加权平均资本成本

掌握公司个别资本所占的比重和成本之后，可据以计算加权平均资本成本，其计算公式可表示为：

$$K_\omega = \sum_{i=1}^{n} \omega_i K_i$$

式中，K_ω——加权平均资本成本；

K_i——第 i 种资本的成本；

ω_i——第 i 种资本占全部资本的比重，即权数，$\displaystyle\sum_{i=1}^{n} \omega_i = 1$；

n——公司长期资本的种类。

需要特别指出的是，计算加权平均资本成本所用的权数，即 ω_i 一般有三种确定方法：

（1）以账面价值作为权数。即以各类资本的账面价值为基础，计算各类资本占总资本的比重。按照账面价值确定权数，易于从资产负债表上直接取得相关资料，且计算结果较为稳定；但当债券和股票的市场价值脱离账面价值太多时，就会使加权平均资本成本产生较大偏差，不利于决策。

（2）以市场价值作为权数。即以各类资本的市场价值为基础，计算各类资本的市场价值占总资本市场价值的比重。按照市场价值确定权数可以反映公司目前实际的资本成本水平，有利于决策；但当证券市场价格波动频繁、剧烈时，市场价值不容易获得。

（3）以目标市场价值为权数。即以各类资本未来预计的目标市场价值为基础，计算各类资本未来目标价值占总资本目标价值的比重。按照债券、股票的目标市场价值确定权数，能够体现期望的资本结构。但实际上，要客观、合理地确定目标价值权数，是一件颇为困难的事情。

【例 5-13】 星海公司共有长期资本 1 000 万元，其中长期借款 100 万元、债券 250 万元、优先股 100 万元、普通股 350 万元、留存收益 200 万元，其个别资本成本分别为 5.39%、7.05%、10.64%、14.53%、12%。试计算该公司加权平均资本成本。

解： $K_\omega = \dfrac{100}{1\,000} \times 5.39\% + \dfrac{250}{1\,000} \times 7.05\% + \dfrac{100}{1\,000} \times 10.64\% + \dfrac{350}{1\,000} \times 14.53\% +$

$\dfrac{200}{1\,000} \times 12\% = 10.85\%$

二、杠杆利益与风险

杠杆本是物理学用语，是指在力的作用下能绕固定支点转动的杆。杠杆作用就是改变

支点和力点间的距离,可以产生大小不同的力矩。

财务管理中的杠杆通常指的是杠杆作用,反映的是不同经济变量的相互关系,即指由于固定费用(包括生产经营方面的固定费用和财务方面的固定费用)的存在,当业务量发生较小变化时,利润等变量会随之发生较大变化的现象。杠杆作用是现代公司资本结构决策的一个重要因素,资本结构决策需要在杠杆作用与其相关风险之间进行合理的权衡。财务管理中的杠杆有经营杠杆、财务杠杆和联合杠杆。

(一) 经营杠杆

1. 经营杠杆原理

经营杠杆反映的是业务量和息税前利润这两个变量之间的相互关系。公司的经营成本可以分为固定成本和变动成本两大类。在其他条件既定的情况下,产销业务量的增加会降低单位固定成本,提高单位利润,从而使息税前利润变动率大于产销量变动率的现象,称为经营杠杆。

2. 经营杠杆系数的计算

一般来说,只要公司存在固定生产性成本或费用,就存在经营杠杆。为了反映经营杠杆的作用程度,估计杠杆效应大小,通常需要估算经营杠杆系数。

经营杠杆系数(DOL),也称为经营杠杆程度,是指息税前利润变动率相当于产销量变动率的倍数。其计算公式如下：

$$DOL = \frac{息税前利润变动率}{产销量变动率} = \frac{\Delta EBIT / EBIT}{\Delta Q / Q}$$

式中,$EBIT$——息税前利润；

Q——产销量。

【例 5-14】 已知某公司在 20×2 年和 20×3 年的销售量分别为 10 000 件和 20 000 件,每年固定成本均为 300 000 元,单位边际贡献均为 40 元。计算该公司 20×3 年的经营杠杆系数。

解： 息税前利润变动率 $= \frac{(20\,000 \times 40 - 300\,000) - (10\,000 \times 40 - 300\,000)}{10\,000 \times 40 - 300\,000} \times 100\%$

$$= 400\%$$

销售量变动率 $= \frac{20\,000 - 10\,000}{10\,000} \times 100\% = 100\%$

$$DOL = \frac{400\%}{100\%} = 4$$

(二) 财务杠杆

1. 财务杠杆的原理

财务杠杆反映的是息税前利润和每股收益这两个变量之间的相互关系。在公司资本结构一定的情况下,负债利息和优先股股息是相对固定的。当企业息税前利润增长时,每一元利润所负担的固定资本成本就会减少,这种由于在融资中存在固定资本成本而引起的每股收益变动率大于息税前利润变动率的现象,称为财务杠杆。

2. 财务杠杆系数的计算

一般来说,只要在公司的融资结构中存在负债和优先股,就存在财务杠杆效应。为了反映财务杠杆的作用程度,估计杠杆效应大小,通常需要估算财务杠杆系数。

财务杠杆系数(DFL),也称为财务杠杆程度,它是指每股收益变动率相当于息税前利润变动率的倍数。其计算公式如下:

$$DFL = \frac{每股收益变动率}{息税前利润变动率} = \frac{\Delta EPS/EPS}{\Delta EBIT/EBIT} = \frac{EBIT}{EBIT - I - \frac{PD}{1-T}}$$

式中,EPS——每股收益;

I——固定利息费用;

PD——固定优先股股利;

T——所得税税率。

【例 5-15】 昌盛公司全部长期资本为 5 000 万元,债务资本占 40%,债务年利率为 10%,企业所得税税率为 25%,息税前利润为 500 万元,计算财务杠杆系数。

解:$DFL = \dfrac{500}{500 - 5\,000 \times 40\% \times 10\%} = 1.67$

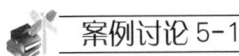

案例讨论 5-1 ....

创业筹资的难题

面对就业难的现象,小赵和小张大学毕业后想合伙创业,他们在筹集资金时遇到了难题。小赵在大学里记住了财务管理课上老师说过的一句话"借鸡下蛋",于是,他主张尽可能多地借钱,用借来的钱去赚钱。小张认为无论是借钱还是找投资者进行投资,公司最终都要付出代价,而且"借鸡下蛋"是有一定条件的,弄不好可能会鸡飞蛋打。但是到底该选择什么样的方式筹集资金? 付出的代价应该如何计算? 各种资金所占的比例,也就是资本结构应该如何确定? 是多借一些钱好,还是少借一些钱好? 负债经营为什么会给公司带来好处?

(三) 联合杠杆

1. 联合杠杆原理

联合杠杆亦称总杠杆,描述了经营杠杆和财务杠杆对公司的综合影响。在公司的生产成本结构中,由于固定生产成本的存在,经营杠杆发生效应,即通过扩大销售量,可使公司息税前利润得到更大幅度的增加。同样,在公司的资本结构中,由于固定资本成本的存在,财务杠杆发生效应,即通过增加息税前利润,可使公司每股收益得到更大幅度的增加。如果公司同时利用经营杠杆和财务杠杆,销售量的扩大将引起每股收益发生更大幅度的变动。

2. 联合杠杆系数的计算

对经营杠杆和财务杠杆的综合利用程度通常用联合杠杆系数(DCL)来衡量。联合杠杆的程度表明每股收益的变动率相对于业务量变动率的倍数。其计算公式为:

$$DCL = \frac{每股收益变动率}{业务量变动率} = \frac{\Delta EPS/EPS}{\Delta Q/Q}$$

$$DCL = DOL \times DFL$$

显然,联合杠杆的效应大于经营杠杆和财务杠杆的单独效应。公司可以通过调整经营杠杆和财务杠杆组合,来得到一个理想的联合杠杆系数和较适宜的风险水平。

三、资本结构决策

资本结构是指公司各种资本构成及其比例关系。在财务管理实践中,资本结构有广义和狭义之分。广义的资本结构是指公司全部资本(包括长期资本和短期资本)的构成及其比例关系。狭义的资本结构是指各种长期资本(长期负债与股东权益)的构成及其比例关系。一般情况下,公司财务管理中的资本结构多指狭义的资本结构,即研究长期负债与股东权益之间的比例关系。

(一)影响资本结构的主要因素

1. 销售收入的稳定性

同销售收入不稳定的公司相比,销售收入相对稳定的公司,其债务资本比重可以适当增大,公司可以负担较多的固定财务费用。

2. 公司的资产结构

具有可以用来作为抵押物的资产的公司,倾向于高负债。一般来讲,一般用途的资产能被许多公司用来作为抵押物,而特定用途的资产则不行。因此,不动产公司的负债率通常都非常高,而技术开发公司的负债率都较低。

3. 公司的风险状况

增加负债将增大公司的财务风险,进而增大公司的总风险。在决定资本结构时,必须考虑公司的风险承受能力。一般来讲,当其他条件都相同时,经营风险较低的公司能更多地利用财务杠杆,可以承担较高的财务风险,可能有较高的负债率;而经营风险较高的公司的负债率较低。

4. 公司的成长率

公司的发展速度越快,成长率越高,对外部资本的依赖性就越强。由于信息不对称,股票价值容易被低估,这类公司可能更多地利用债务筹资。但同时,由于这类公司面临的不确定性较大,它们对待债务筹资也十分谨慎。

5. 公司的盈利能力

在实践中,一些回报率很高的公司一般都很少负债。它们的高回报率使其内部积累在很大程度上能满足公司的资本需求。

6. 政府的税收政策

企业所得税税率高的公司可能具有较高的负债权益比,可以充分利用债务产生的税收屏蔽效应。

7. 管理人员的态度

管理人员对待风险的态度是影响资本结构的重要因素。比较稳健的管理人员,可能会采用比同行业企业更低的负债率;而一些喜欢冒险的管理人员可能使用比较高的负债率。

8. 贷款人和信用评级机构的影响

公司能否以借债的方式筹集资本以及筹集资本的数量,一定程度上取决于公司的信用等级和贷款人的态度。如果公司的信用等级不高,贷款人将不愿意借债给公司,使公司无法达到它所希望的负债水平。

9. 公司的财务灵活性

公司的财务灵活性是指在公司需要资本时,从不同筹资渠道获取资本的能力。因为公司从每一渠道筹集资本的数量是有限的,而且是相互影响的,所以公司当前的筹资决策和资本结构必然会对未来的筹资方式和筹资数量产生影响。例如,公司当前的负债率很高,可能会使公司在今后一段时间内不能利用债务筹资,或者只能以较高的成本筹资。因此,公司在筹集资本时,不仅需要考虑筹资方式,而且需要考虑筹集时机。

10. 市场状况

股票市场和债券市场的波动会影响公司的目标资本结构。例如,在"垃圾债券"市场不景气时期,信用等级在 BBB 之下的公司发行长期债券就十分困难,除非其利率相当高。这迫使需要资本的低信用等级公司转向股票市场或短期债券市场筹集资本,而暂且不考虑其最优资本结构。等市场条件好转,这些公司再发行长期债券,进而将其资本结构调整为目标资本结构。

(二)资本结构的决策方法

最优资本结构是指在一定条件下使公司加权平均资本成本最低、公司价值最高的资本结构。从理论上讲,最优资本结构是存在的,但由于公司内部条件和外部环境经常发生变化,最优资本结构十分难以确定。一般来说,在确定最优资本结构时可以有三种不同的考虑:第一种情况是只考虑资本成本,即以加权平均资本成本最低作为资本结构决策的依据,这就是比较资本成本法;第二种情况是只考虑公司价值,即以公司价值最大作为资本结构决策的依据,这就是每股收益分析法;第三种情况是同时考虑资本成本和公司价值,即以资本成本最低和公司价值最大作为资本结构的决策依据,这就是公司价值分析法。

1. 比较资本成本法

比较资本成本法是指在一定财务风险条件下,测算可供选择的不同长期筹资组合方案的加权平均资本成本,并以此为依据确定最优资本结构。比较资本成本法的应用有初始资本结构决策和追加资本结构决策两种情况。

(1)初始资本结构决策。这种情况是针对公司拟定的初始筹资总额,先设计出若干个资本结构不同的筹资方案,分别计算各方案的加权平均资本成本,并根据加权平均资本成本的高低来选择筹资方案。

【例 5-16】 星海公司初创时,设计了 3 个筹资方案如表 5-4 所示,试用比较资本成本法来确定该公司的筹资方案。

表 5-4　　　　　　　　　　**不同筹资方案的具体情况**　　　　　　　　单位:万元

筹资方式	筹资方案 I		筹资方案 II		筹资方案 III	
	筹资额	资本成本	筹资额	资本成本	筹资额	资本成本
长期借款	200	7%	50	6%	300	8%
债券	100	7.5%	150	8%	250	9%
优先股	100	10%	300	11%	50	10%
普通股	600	13%	500	13%	400	13%
合计	1 000	—	1 000	—	1 000	—

解:对三个筹资方案,分别计算加权平均资本成本,选择成本最低者作为最佳筹资方案。

$$方案 I: K_\omega = \frac{200}{1\ 000} \times 7\% + \frac{100}{1\ 000} \times 7.5\% + \frac{100}{1\ 000} \times 10\% + \frac{600}{1\ 000} \times 13\% = 10.95\%$$

方案Ⅱ：$K_{\omega}=\dfrac{50}{1\,000}\times6\%+\dfrac{150}{1\,000}\times8\%+\dfrac{300}{1\,000}\times11\%+\dfrac{500}{1\,000}\times13\%=11.3\%$

方案Ⅲ：$K_{\omega}=\dfrac{300}{1\,000}\times8\%+\dfrac{250}{1\,000}\times9\%+\dfrac{50}{1\,000}\times10\%+\dfrac{400}{1\,000}\times13\%=10.35\%$

由以上计算可以看出,方案Ⅲ的加权平均资本成本最低,所以应选用方案Ⅲ。

(2) 追加资本结构决策。公司在生产经营中,会不断产生新的资金需求,这就要求公司追加筹资,其结果就是原有的资本结构可能发生变化。按照最佳资本结构的要求,选择追加筹资方案可用两种方法:一种方法是计算追加筹资方案的边际资本成本,并进行比较;另一种方法是将备选追加筹资方案与原有资本结构汇总,计算比较各追加筹资方案下汇总资本结构的加权平均资本成本。

【例 5-17】 星海公司原有资本结构和两个追加筹资方案的有关资料如表 5-5 所示,试用比较资本成本法来确定该公司追加资本的筹资方案。

表 5-5　　　　　　　　　原有资本结构与追加筹资方案资料　　　　　　　单位:万元

筹资方式	原有资本结构		追加筹资方案Ⅰ		追加筹资方案Ⅱ	
	金额	资本成本	金额	资本成本	金额	资本成本
长期借款	300	8%	50	6%	200	8%
债券	250	9%	0	0	0	0
优先股	50	10%	30	11%	0	0
普通股	400	13%	420	13%	300	13%
合计	1 000	—	500	—	500	—

解:第一种方法:计算两个追加筹资方案的边际资本成本。

方案Ⅰ：$K_{\omega}=\dfrac{50}{500}\times6\%+\dfrac{30}{500}\times11\%+\dfrac{420}{500}\times13\%=12.18\%$

方案Ⅱ：$K_{\omega}=\dfrac{200}{500}\times8\%+\dfrac{300}{500}\times13\%=11\%$

相比之下,方案Ⅱ的边际资本成本较低,应按方案Ⅱ追加筹资。

第二种方法:按照汇总资本的加权平均资本成本进行决策。汇总计算结果为:

方案Ⅰ：$K_{\omega}=\dfrac{300+50}{1\,500}\times\left(\dfrac{300}{300+50}\times8\%+\dfrac{50}{300+50}\times6\%\right)+\dfrac{250}{1\,500}\times9\%+$

$\qquad\dfrac{50+30}{1\,500}\times\left(\dfrac{50}{50+30}\times10\%+\dfrac{30}{50+30}\times11\%\right)+\dfrac{400+420}{1\,500}\times13\%$

$\qquad=\dfrac{350}{1\,500}\times7.71\%+\dfrac{250}{1\,500}\times9\%+\dfrac{80}{1\,500}\times10.38\%+\dfrac{820}{1\,500}\times13\%$

$\qquad=10.96\%$

方案Ⅱ：$K_{\omega}=\dfrac{300+200}{1\,500}\times8\%+\dfrac{250}{1\,500}\times9\%+\dfrac{50}{1\,500}\times10\%+\dfrac{400+300}{1\,500}\times13\%$

$\qquad=10.57\%$

比较起来,方案Ⅱ汇总资本的加权平均资本成本较低,应按方案Ⅱ追加筹资。可以看到,两种方法得出的结论相同。

比较资本成本法通俗易懂,计算过程也不是十分复杂,是确定资本结构的一种常用方法。但由于可供比较的筹资方案有限,所确定的最佳筹资方案只是备选方案中的最佳,真正的最佳方案可能并未列入备选方案。

2. 每股收益分析法

一方面,负债的偿还能力建立在未来盈利能力的基础之上,研究资本结构不能脱离公司的盈利能力。公司的盈利能力一般用息税前利润表示。另一方面,负债筹资通过杠杆作用来增加股东财富,在确定资本结构时不能不考虑它对股东财富的影响。股东财富用每股收益来表示,分析资本结构与每股收益之间的关系,找到每股收益无差别点,进而确定合理的资本结构的方法,就是每股收益分析法,或者称为息税前利润—每股收益分析法。

每股收益分析法是利用每股收益无差别点进行资本结构决策的方法。所谓每股收益无差别点,是指两种或两种以上筹资方案下普通股每股收益相等时的息税前利润点。在每股收益无差别点上,两种筹资方案的每股收益是相等的,计算公式如下:

$$\frac{(\overline{EBIT} - I_1)(1 - T) - PD_1}{N_1} = \frac{(\overline{EBIT} - I_2)(1 - T) - PD_2}{N_2}$$

式中,$\overline{EBIT}$——每股收益无差别点;

I_1,I_2——两种筹资方案下的债务利息;

PD_1,PD_2——两种筹资方案下的优先股股利;

N_1,N_2——两种筹资方案下的普通股股数;

T——所得税税率。

【例 5-18】 星海公司目前资本结构为:总资本 500 万元,其中长期借款 200 万元,年利率 8%;普通股本 300 万元(300 万股,面值 1 元)。公司所得税税率为 33%。现公司准备扩大生产规模,需要追加筹资 500 万元,有三种备选筹资方案:

方案一,增加长期借款 500 万元,年利息 54 万元;

方案二,增发优先股 500 万元,年股利额 50 万元;

方案三,增发普通股 100 万股,每股发行价格 5 元。

根据财务人员分析,追加筹资后公司的预计息税前利润为 500 万元。根据上述数据,用每股收益分析法确定筹资方案。

解:(1) 发行普通股与增加长期借款两种方案的每股收益无差别点为:

$$\frac{(\overline{EBIT} - 200 \times 8\%) \times (1 - 33\%)}{300 + 100} = \frac{(\overline{EBIT} - 200 \times 8\% - 54) \times (1 - 33\%)}{300}$$

解得 $\overline{EBIT} = 232$(万元)

所以,在息税前利润为 232 万元时,发行普通股和增加长期借款对公司来说没有区别,两种方案的每股收益相等。

(2) 发行普通股与发行优先股两种方案的每股收益无差别点为:

$$\frac{(\overline{EBIT} - 200 \times 8\%) \times (1 - 33\%)}{300 + 100} = \frac{(\overline{EBIT} - 200 \times 8\%) \times (1 - 33\%) - 50}{300}$$

解得 $\overline{EBIT} = 314.51$(万元)

所以,在息税前利润为 314.51 万元时,发行普通股和发行优先股对公司来说没有区别,两种方案的每股收益相等。

每股收益受到经营利润水平、债务资本成本水平等因素的影响。能够提高普通股每股收益的资本结构,就是合理的资本结构。在每股收益无差别点上,无论是采用债务性还是权益性筹资方案,每股收益都是相等的。当预计息税前利润大于每股收益无差别点时,应当选择债务性筹资方案,反之应选择权益性筹资方案。

[例 5-18]中两组筹资方案的对比情况可以用图 5-1 表示。从图 5-1 中可以看出,当比较增发普通股与增加长期借款时,如果息税前利润大于 232 万元,应该使用增加长期借款筹资方式,如果息税前利润小于 232 万元,应该采用增发普通股的筹资方式;当比较增发普通股与发行优先股时,如果息税前利润大于 314.51 万元,应该采用发行优先股的筹资方式,如果息税前利润小于 314.51 万元,应该采用发行普通股的筹资方式。判断的依据就是选择能够带来更多的普通股每股收益的筹资方式。公司预计息税前利润为 500 万元,既大于 232 万元又大于 314.51 万元,增加长期借款带来的每股收益大于发行优先股带来的每股收益,两者的每股收益又都大于增发普通股带来的每股收益,所以在三种备选方案中,增加长期借款应是最佳方案。

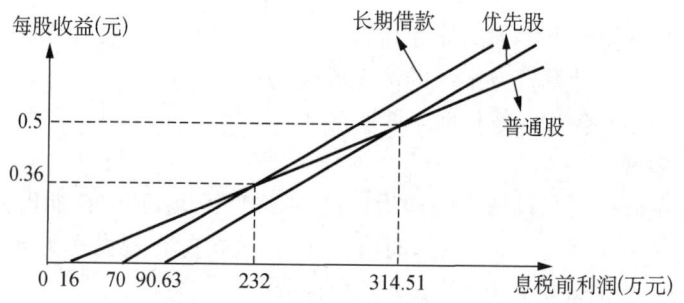

图 5-1　每股收益无差别点分析图

每股收益分析法是以每股收益的增加幅度作为标准来判断何种筹资方式有利于资本结构优化的方法。这种方法的不足之处在于没有考虑风险因素。

3. 公司价值分析法

公司价值分析法是在考虑财务风险的基础上,根据资本结构、资本成本和公司价值之间的关系,确定最佳资本结构的一种方法。公司价值分析法与比较资本成本法和每股收益分析法相比,充分考虑了公司的财务风险和资本成本等因素的影响,更符合公司价值最大化的财务目标的要求。不过这种方法的测算原理和测算过程比较复杂,通常用于资本规模较大的上市公司。

这种方法的基本步骤如下:

(1) 测算公司价值。公司价值等于长期债务(包括长期借款和长期债券)价值与股票价值之和,即:

$$V = B + S$$

式中,V——公司价值;

　　　B——长期债务价值;

　　　S——公司股票价值。

为简便起见,设长期债务价值等于其面值或本金,而股票价值等于未来股利收益的现值之和,假设未来公司每年净利润相等,且全部用于发放股利,公司将持续经营下去,借用永续年金的概念,得到:

$$S = \frac{(EBIT - I)(1 - T)}{K_s}$$

式中,K_s——普通股资本成本。

(2)测算公司资本成本。公司的综合资本成本等于长期债务和股票的加权平均资本成本,即:

$$K_\omega = K_b \times \frac{B}{V} + K_s \times \frac{S}{V}$$

式中,K_b——长期债务资本成本;

K_ω——综合资本成本。

(3)测算最佳资本结构。使得公司价值最大、综合资本成本最低的资本结构就是公司的最佳资本结构。

【例5-19】 星海公司息税前利润为500万元,目前公司的全部资本由普通股构成,股票账面价值为2 000万元,公司的所得税税率为40%,公司认为目前的资本结构不太合理,希望通过举借债务的方式予以调整。经咨询测算,目前的长期债务年利率和普通股资本成本率情况如表5-6所示。采用公司价值分析法,确定最佳资本结构。

表5-6　　　　　**不同债务水平对公司债务资本成本和股票资本成本的影响**

B（万元）	K_d	β	R_F	R_M	K_s
0	—	1.20	10%	14%	14.80%
200	8%	1.25	10%	14%	15.00%
400	10%	1.30	10%	14%	15.20%
600	12%	1.50	10%	14%	16.00%
800	14%	1.80	10%	14%	17.20%
1 000	16%	2.10	10%	14%	18.40%

解:根据表5-6的资料,运用公司价值分析法的有关公式,即可计算出筹集不同金额的债务资本时,公司总价值和资本成本的数据。计算结果如表5-7所示。

表5-7　　　　　　　　**公司市场价值和资本成本**

B（万元）	S（万元）	V（万元）	K_d	K_s	K_ω
0	2 027.03	2 027.03	0	14.80%	14.80%
200	1936	2 136	8%	15.00%	14.04%
400	1 815.79	2 215.79	10%	15.20%	13.54%
600	1 605	2 205	12%	16.00%	13.61%
800	1 353.49	2 153.49	14%	17.20%	13.93%
1 000	1 108.70	2 108.70	16%	18.40%	14.23%

在表 5-7 中,以债务资本 200 万元为例,此时税前债务资本成本为 8%,股权资本成本为 15%,则普通股市场价值为:

$$S = \frac{(500 - 200 \times 8\%)(1 - 40\%)}{15\%} = 1\ 936(万元)$$

$$V = 200 + 1\ 936 = 2\ 136(万元)$$

$$K_\omega = 8\% \times (1 - 40\%) \times \frac{200}{2\ 136} + 15\% \times \frac{1\ 936}{2\ 136} = 14.04\%$$

从表 5-7 中可以看到,在没有长期债务时,星海公司的总价值就是普通股的市场价值,为 2 027.03 万元。当长期债务开始增加时,公司的价值也开始上升,当长期债务为 400 万元时,公司价值达到最大,为 2 215.79 万元,同时公司的加权平均资本成本最低,为 13.54%。当长期债务超过 400 万元时,公司价值开始下降,加权平均资本成本开始上升。所以当公司长期债务为 400 万元时,资本结构达到了最佳,此时长期债务占公司总价值的 18.05%(400/2 215.79),普通股资本占公司总价值的 81.95%(1 815.79/2 215.79)。

本 章 小 结

本章主要介绍了筹资的概念、筹资渠道和筹资方式,预测筹资数量的销售百分比法,吸收直接投资与发行股票两种权益资本筹资方式,长期借款、发行债券、融资租赁三种债务资本筹资方式,优先股、认股权证、可转换证券三种混合资本筹资方式,资本成本的计算,经营杠杆、财务杠杆、联合杠杆的概念和计算,影响资本结构的因素和最优资本结构的决策方法。

本 章 重 要 概 念

筹资渠道　筹资方式　销售百分比法　吸收直接投资　发行股票　长期借款　发行债券
融资租赁　优先股　认股权证　可转换证券　资本成本　经营杠杆　财务杠杆　联合杠杆
最优资本结构　每股收益无差别点

5-4　第五章课件

5-5　第五章练习题

5-6　第五章练习题答案

第六章　营运资金管理

内容简介

本章介绍营运资金的定义、特点及营运资金的管理原则,并重点介绍现金、应收账款及存货的管理方法。

重点难点

本章重点为最佳现金持有量的计算、信用政策的制定、存货经济订货批量的计算、商业信用折扣的计算。本章难点为最佳现金持有量的计算、存货经济订货批量的计算。

学习目标

通过学习本章,学生应了解营运资本的概念与特征,理解营运资本投资决策的内容;理解现金管理的概念,掌握现金的持有动机,掌握最佳现金持有量确定的方法;理解应收账款的功能、成本及管理目标,掌握信用政策的内容;掌握存货的功能、成本及管理目标,掌握经济订货批量的计算;了解短期借款筹资的优缺点,理解商业信用筹资的优缺点。

知识框架

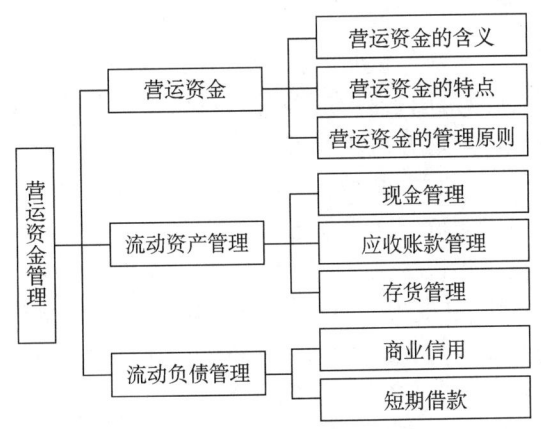

　引入案例　　　　**新冠核酸检测生意的"纸面"繁荣**

新冠病毒持续传播给核酸检测企业带来了大量的检测需求。2022 年前三季度,新冠核酸检测企业净利润仍保持高速增长。

其中,主营业务收入前三名的分别是迪安诊断、金域医学、达安基因。这三家公司主营业务收入分别为

156.30亿元、122.08亿元、93.36亿元。其中赚钱最多的是达安基因，其前三季度净利润为49.24亿元；明德生物前三季度净利润为39.86亿元；迪安诊断为28.68亿元；金域医学为25.35亿元。

而从净利润增长率来看，增长最为迅猛的是明德生物，其净利润增长率高达281.76％；迪安诊断净利润增长率为96.94％；达安基因为94.52％；金域医学为46.41％。金域医学在经历了2020年高增长后，2022年上半年增速放缓。

而从应收账款来看，新冠核酸检测企业其实存在不小的隐患。

2022年前三季度，兰卫医学、凯普生物、达安基因、迪安诊断、金域医学、谱尼测试这些企业的应收账款分别同比增长196.77％、146.32％、84.18％、76.65％、65.67％、27.16％。其中多数企业的应收账款超过归母公司净利润，不少企业的应收账款与营业总收入相当。

兰卫医学前三季度应收账款为23.57亿元，同比增长196.77％。兰卫医学表示，公司应收账款增加，主要系报告期业务快速增长、大筛查核酸检测业务回款期较长所致。迪安诊断的应收账款为107.54亿元，同比增长71.02％；金域医学为74.33亿元，同比增长59％；达安基因为41.99亿元，同比增长85.85％。

思考：应收账款超过净利润意味着什么？

资料来源：王瑜,于娜.最高增长近两倍！新冠核酸检测企业应收账款高企,一些企业现金流为负[EB/OL].(2022-11-04)[2022-11-10].https://www.163.com/dy/article/HLBHGFG50512D03F.html.

第一节 营运资金

一、营运资金的含义

6-1 视频：营运资金概念

营运资金也叫营运资本，是指一个企业投放在流动资产上的资金，具体包括现金、有价证券、应收账款、存货等占用的资金，是企业从购买原材料进行生产直至销售产品收回货款这一过程中所必需的资产。

营运资金，从会计的角度看，是指流动资产与流动负债的净额。如果流动资产等于流动负债，则占用在流动资产上的资金是由流动负债融资；如果流动资产大于流动负债，则与此相对应的"净流动资产"要以一部分长期负债或所有者权益为资金来源。会计上不强调流动资产与流动负债的关系，而只是用它们的差额来反映一个企业的偿债能力，不利于财务人员对营运资金的管理和认识。从财务角度看，营运资金应该是流动资产与流动负债关系的总和，这里的"总和"不是数额的加总，而是关系的反映，这有利于财务人员意识到对营运资金的管理要注意流动资产与流动负债这两方面的问题。

流动资产是指可以在一年以内或者超过一年的一个营业周期内实现变现或运用的资产，具有占用时间短、周转快、易变现等特点。企业拥有较多的流动资产，可在一定程度上降低财务风险。流动资产主要包括货币资金、短期投资、应收票据、应收账款和存货。

流动负债是指需要在一年或者超过一年的一个营业周期内偿还的债务，又称短期融资，具有成本低、偿还期短的特点。企业必须认真地对流动负债进行管理，否则，将承受较大的风险。流动负债主要包括短期借款、应付票据、应付账款、应付职工薪酬、应付税金及未交利润等。

二、营运资金的特点

为了有效地管理企业的营运资金，必须研究营运资金的特点。营运资金一般具有以下特点：

（1）营运资金的周转时间短,通常会在一年以内或者一个营运周期内收回。因此,可以通过商业信用、银行短期借款等短期筹资方式来筹集营运资金。

（2）营运资金的变现能力强。因此,当企业出现现金周转不灵或者现金短缺时,可以将存资、应收账款、短期有价证券等资产迅速变现。

（3）营运资金的数量具有波动性。流动资产或流动负债容易受内外条件的影响,数量的波动往往很大。

（4）营运资金的来源具有多样性。营运资金的需求问题既可通过长期筹资方式解决,也可通过短期筹资方式解决。仅短期筹资就有银行短期借款、短期融资、商业信用、应付应缴款项、票据贴现等多种方式。

三、营运资金的管理原则

加强营运资金管理就是加强对流动资产和流动负债的管理;就是加快现金、存货和应收账款的周转速度,尽量减少资金的过分占用,降低资金占用成本;就是利用商业信用,解决资金短期周转困难,同时在适当的时候向银行借款,利用财务杠杆,提高权益资本报酬率。

6-2 视频:
营运资金管理概念

（一）规避风险

许多企业为了实现利润、销售更多产品,经常采用赊销形式。片面追求销售业绩,可能会忽视对应收账款的管理,造成管理效率低下。例如,对赊销的现金流动情况及信用状况缺乏控制,未能及时催收货款,容易出现货款被拖欠,进而造成账面利润虚高的现象。对此,财务部门应加强对赊销和预购业务的控制,制定相应的应收账款、预付货款控制制度,加强对应收账款的管理,及时收回应收账款,减少风险,从而提高企业资金使用效率。

（二）保证合理的资金需求

企业应该认真分析生产经营状况,合理确定营运资金的需要数量。营运资金的管理必须把满足正常合理的资金需求作为首要任务。

（三）提高资金使用效率

加速资金周转是提高资金使用效率的主要手段,提高营运资金使用效率的关键就是采取得力措施,缩短营业周期,加速变现过程,加快营运资金周转。

（四）节约资金使用成本

要在保证生产经营需要的前提下,遵守勤俭节约的原则,尽力降低资金使用成本。一方面,要挖掘资金潜力,盘活全部资金,精打细算地使用资金;另一方面,积极拓展融资渠道,合理配置资源,筹措低成本资金,服务于生产经营。

（五）保持足够的短期偿债能力

合理安排流动资产与流动负债的比例关系,保持流动资产结构与流动负债结构的适配性,保证企业有足够的短期偿债能力是营运资金管理的重要原则之一。

第二节 | 流动资产管理

一、现金管理

现金有广义和狭义之分。广义现金是指在生产过程中暂时停留在货币形态的资金,包括库存现金、银行存款、银行本票、银行汇票等。狭义现金仅指库存现金。在财务管理中,现金主要是指广义现金。现金是变现能力最强、盈利性最弱的资产,现金管理的过程就是在现金的流动性与收益性之间进行权衡选择的过程,其目的是在保证企业经营活动现金需要的同时,降低企业闲置的现金数量,提高资金收益率。

(一) 持有现金的动机

企业持有现金的原因,主要是满足交易性动机、预防性动机和投机性动机。

1. 交易性动机

交易性动机是指企业为了应对日常支付而持有现金的动机,如用于购买原材料、支付工资、交纳税款、支付股利等。企业每天的现金收入和现金支出很少等额发生,保留一定的现金余额可使企业在现金支出大于现金收入时不至于中断交易。企业满足交易动机所持有的现金余额主要取决于企业的销售水平,企业销售扩大,所需现金余额也随之增加。

2. 预防性动机

预防性动机是指企业为了应付紧急情况支付而持有现金的动机,如用于政策变化、自然灾害、生产事故等突发事件的应急。由于市场行情的瞬息万变和其他各种不确定因素的存在,企业通常难以对未来现金流入量和流出量做出准确的估计和预期。因此,在正常业务活动现金需要量的基础上,追加一定数量的现金余额以预防未来现金流入和流出的随机波动,是企业在确定必要现金持有量时应当考虑的因素。出于预防性动机而持有的现金数量主要由三个方面决定:一是企业愿意承担风险的程度;二是企业临时举债能力的强弱;三是企业对现金流量预测的可靠程度。

3. 投机性动机

投机性动机是指企业为了抓住各种瞬息即逝的市场机会,获取较大的利益而持有现金的动机。例如,当原材料价格大幅度下跌时,企业为抓住采购时机而持有现金。投机动机只是企业确定现金余额时所需考虑的次要因素之一,其持有量的大小往往与企业面临的投资机会及企业对待风险的态度有关。

(二) 现金管理的目标和内容

1. 现金管理的目标

现金管理的目标是确定最佳现金持有量,即在保证企业生产经营所需现金的基础上,尽量减少现金的持有量,加快现金的周转速度。也可以说,现金的管理就是要在资产的流动性和收益性之间协调,以获取最大的长期利润。另外,货币资金具有普遍可接受性的特点,使得货币资金极容易被盗窃、挪用,发生短缺或其他舞弊行为。因此现金管理的另一目的是要保持货币资金的安全、完整。

2. 现金管理的内容

现金管理的内容主要包括以下几个方面:

(1) 编制现金收支计划,以便合理地估计未来的现金需求。

(2) 对日常的现金收支进行控制,力求加速收款,延缓付款。

(3) 用特定的方法确定最佳现金余额。

(三) 现金最佳持有量决策

1. 现金最佳持有量决策中的相关成本概念

(1) 持有成本,是指企业因保留一定现金余额而增加的管理费以及丧失再投资收益所产生的机会成本。其中,管理费用具有固定成本的性质,放弃的再投资收益所产生的机会成本属于变动成本,它与现金持有量呈正比例关系。

(2) 转换成本,是企业用现金购入有价证券以及转让有价证券换取现金时付出的交易费用,即现金同有价证券之间相互转换的成本,如委托买卖佣金、委托手续费、证券过户费、实物交割手续费等。

(3) 短缺成本,是指因现金持有量不足而又无法及时通过有价证券变现加以补充而给企业造成的损失,包括直接损失与间接损失。现金的短缺成本与现金持有量呈反方向变动关系。

2. 确定最佳现金持有量的模式

确定最佳现金持有量的模式主要有成本分析模式、存货模式以及随机模式:

(1) 成本分析模式,是根据现金有关成本分析预测其总成本最低时现金持有量的一种方法。运用成本分析模式确定现金最佳持有量,只考虑因持有一定量的现金而产生的机会成本及短缺成本,而不考虑管理费用和转换成本。机会成本可用下列公式计算:

$$机会成本 = 现金持有量 \times 有价证券利率(机会成本率)$$

运用成本分析模式确定最佳现金持有量的步骤是:

第一,根据不同现金持有量测算并确定有关成本数值。

第二,按照不同现金持有量及其有关成本资料编制最佳现金持有量测算表。

第三,在测算表中找出总成本最低时的现金持有量,即最佳现金持有量。

在这种模式下,最佳现金持有量,就是持有现金而产生的机会成本与短缺成本之和最小时的现金持有量。

【例 6-1】 某公司现有甲乙丙三种现金持有方案(表 6-1),试运用成本分析模式选择具有最佳现金持有量的方案。

表 6-1   **现金持有量备选方案**   单位:元

项目	甲方案	乙方案	丙方案
现金持有量	50 000	60 000	70 000
机会成本率(%)	9	9	9
管理费用	2 200	2 200	2 200
短缺成本	3 400	2 400	900

解:根据表 6-1 编制公司最佳现金持有量测算表(表 6-2)。

表 6-2   **公司最佳现金持有量测算表**   单位:元

方案	现金持有量	机会成本	短缺成本	总成本
甲	50 000	4 500	3 400	7 900
乙	60 000	5 400	2 400	7 800
丙	70 000	6 300	900	7 200

通过比较可知,丙方案的总成本最低,因此,70 000 元即为最佳现金持有量。

相关思考6-1

问：为什么成本分析模式只需考虑机会成本及短缺成本，而不予考虑管理费用和转换成本？

答：因为管理费用和转换成本具有固定性成本的性质，对每个方案的影响都是相同的。

（2）存货模式，是将存货经济订货批量模型的原理用于确定目标现金持有量，其着眼点也是现金相关成本之和最低。

运用存货模式确定最佳现金持有量时，是以下列假设为前提的：企业所需要的现金可通过证券变现取得，且证券变现的不确定性很小；企业预算期内现金需要总量可以预测；现金的支出过程比较稳定、波动较小，而且每当现金余额降至零时，均通过部分证券变现得以补足；证券的利率或报酬率以及每次固定性交易费用可以获悉。

利用存货模式计算现金最佳持有量时，对短缺成本不予考虑，只对机会成本和固定性转换成本予以考虑。机会成本和固定性转换成本随着现金持有量的变动而呈现出相反的变动趋势，因而能够使现金管理的机会成本与固定性转换成本之和达到最低的现金持有量，即为最佳现金持有量。

6-3 视频：存货模式下现金成本公式解释

现金管理相关总成本 ＝ 机会成本 ＋ 固定性转换成本

即：

$$TC = \frac{Q}{2} \times K + \frac{T}{Q} \times F$$

式中，TC ——现金管理相关总成本；

T ——一个周期内现金总需求量；

F ——有价证券的单位转换成本；

Q ——现金持有量，即每次转换证券的金额；

K ——有价证券利率（机会成本率）。

现金管理相关总成本与机会成本、固定性转换成本的关系如图6-1所示。

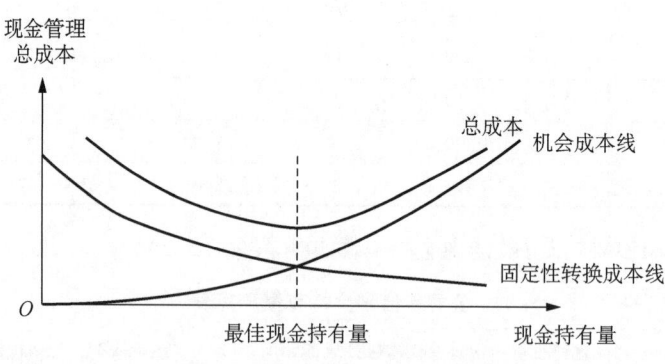

图6-1　存货模式下各成本关系图

从图6-1可以看出，现金管理的相关总成本与现金持有量呈凹形曲线关系。持有现金的机会成本与证券变现的转换成本相等时，现金管理的相关总成本最低，此时的现金持有量为最佳现金持有量，即：

$$最佳现金持有量 Q^* = \sqrt{\frac{2TF}{K}}$$

$$最低现金管理相关总成本 TC = \sqrt{2TFK}$$

$$最佳现金转换次数 = \frac{T}{Q^*}$$

【例 6-2】 某企业现金收支状况比较稳定,预计全年(按 360 天计算)需要现金 400 万元,现金与有价证券的转换成本为每次 400 元,有价证券的年利率为 8%,计算最佳现金持有量、最低现金管理相关总成本、最佳现金转换次数。

解: 最佳现金持有量 $Q^* = \sqrt{\dfrac{2 \times 4\,000\,000 \times 400}{8\%}} = 200\,000$(元)

最低现金管理相关总成本 $TC = \sqrt{2 \times 4\,000\,000 \times 400 \times 8\%} = 800$(元)

最佳现金转换次数 $= \dfrac{4\,000\,000}{200\,000} = 20$(次)

(3) 随机模式,是在现金需求量难以预知的情况下进行现金持有量控制的方法。对企业来说,现金需求量往往波动大且难以预知,但企业可以根据历史经验和现实需要,测算出一个现金持有量的控制范围,即制定出现金持有量的上限和下限,将现金量控制在上下限之内。随机模式的前提假设是企业的未来现金需求总量和现金收支不可预测,因此,计算出来的现金持有量比较保守。随机模式下现金持有量示意图如图 6-2 所示。

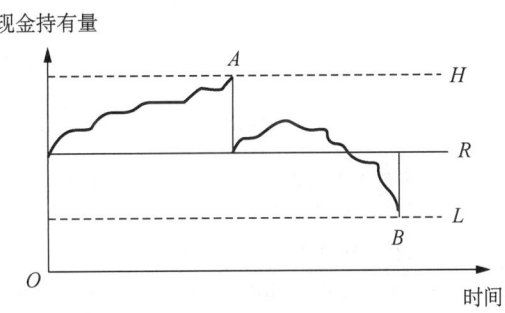

图 6-2 随机模式下现金持有量示意图

图 6-2 中,虚线 H 为现金持有量的上限,虚线 L 为现金持有量的下限,实线 R 为最优现金回归线。从图中可以看出,企业的现金持有量(表现为现金每日余额)是随机波动的,当其达到 A 点时,即达到了现金控制量的上限,企业应当用现金购买有价证券,使现金持有量回落到现金回归线水平;当现金持有量降低至 B 点时,即达到了现金控制的下限,企业则应转让有价证券换回现金,使现金持有量回升至现金回归线水平。现金持有量在上下限之间的波动属于控制范围内的变化,是合理的,不予理会。随机模式中上限 H、目标控制线 R 可按下列公式计算:

$$R = \sqrt[3]{3b\delta^2/4i} + L$$

$$H = 3R - 2L$$

式中,b ——每次有价证券的转换成本;

  i ——有价证券的日利息率;

  δ ——预期每日现金余额变化的标准差(可根据历史资料测算)。

下限 L 的确定,要受到企业每日的最低现金需要、管理人员的风险承受倾向等因素的影响。

【例 6-3】 假定百安公司有价证券的年利率为 10%,每次有价证券的转换成本为 40 元,公司的现金最低持有量为 3 000 元,根据历史资料分析出每日现金余额波动的标准差为 600 元。计算该公司现金目标控制线 R、现金控制上限 H。

解: $R = \sqrt[3]{(3 \times 40 \times 600^2)/4 \times \left(\dfrac{10\%}{360}\right)} + 3\,000 = 6\,388(元)$

$H = 3R - 2L = 3 \times 6\,388 - 2 \times 3\,000 = 13\,164(元)$

当公司的现金余额达到 13 164 元时,应以 6 776 元(13 164－6 388)投资于有价证券,使现金持有量回落到 6 388 元;当公司的现金余额降至 3 000 元时,则应转让 3 388 元(6 388－3 000)的有价证券,使现金持有量回升至 6 388 元。

二、应收账款管理

6-4 引例解析

应收账款是企业因对外销售商品、提供劳务而应向客户单位收取的款项。应收账款的存在,一方面可增加销售收入,另一方面又因应收账款可能无法收回而增加经营风险。应收账款管理的基本目标是:在发挥应收账款增强竞争力、扩大销售等作用的同时,尽可能降低应收账款投资的机会成本、坏账损失与管理成本,最大限度地提高应收账款投资的效益。

延伸阅读6-1

道 德 风 险

2001 年度诺贝尔经济学奖得主斯蒂格利茨在研究保险市场时,发现了一个经典的案例:美国一所大学学生自行车被盗比率约为 10%。几个有经营头脑的学生发起了一项对自行车的保险业务,保费为保险标的的 15%。该保险运作一段时间后,这几个学生发现自行车被盗比率迅速提高到 15% 以上。何以如此?这是因为自行车投保后学生们对自行车安全防范措施明显减少。在这个案例中,由于投保的学生不完全承担自行车被盗的风险后果,采取了对自行车安全防范的不作为行为。这种不作为行为,就是道德风险。

资料来源:Dorian 君.盗亦有道|道德风险 ClassicMoralHazard[EB/OL].(2019-07-25)[2022-11-06]. https://zhuanlan.zhihu.com/p/75138589.

(一)应收账款的功能和成本

1. 应收账款的功能

应收账款的功能是指应收账款在企业的生产经营活动中的作用,主要表现在以下几个方面:

(1)促进销售。在激烈竞争的市场经济中,采用赊销方式,为客户提供商业信用,可以扩大销售,提高产品的市场占有率。通常为客户提供商业信用是不收取利息的,所以,对于接受商业信用的企业来说,实际上等于得到一笔无息贷款,具有很大的吸引力。客户更愿意从采用赊销方式的企业处购买产品。

(2)减少存货。赊销促销的同时,企业库存的商品数量自然会有所减少,加快了企业存货的周转速度。正常情况下,应收账款所发生的相关费用与存货的仓储、保管费用相比相对较少。因此,企业通过赊销的方式,将产品销售出去,资产由存货形态转化为应收账款形态,可以降低费用。

2. 应收账款的成本

(1) 机会成本,是指企业由于将资金投放在应收账款上而不能用于其他投资时所丧失的收益。其结果可按下列步骤计算:

6-5 视频:
应收账款机
会成本解释

第一步,计算应收账款平均余额。

$$应收账款平均余额=\frac{年赊销额}{360}×平均收账天数$$
$$=日赊销额×平均收账天数$$

第二步,计算维持赊销业务所需要的资金。

$$维持赊销业务所需要的资金=应收账款平均余额×变动成本率$$

第三步,计算应收账款的机会成本。

$$应收账款机会成本=维持赊销业务所需要的资金×机会成本率$$

【例 6-4】 宏达公司预测年度赊销额为 9 000 000 元,应收账款平均收账天数为 40 天,变动成本率为 70%,机会成本率为 10%,计算应收账款的机会成本。

解:应收账款平均余额$=\frac{9\ 000\ 000}{360}×40=1\ 000\ 000$(元)

维持赊销业务所需要的资金$=1\ 000\ 000×70\%=700\ 000$(元)

应收账款机会成本$=700\ 000×10\%=70\ 000$(元)

(2) 管理成本,是指企业对应收账款进行管理而耗费的开支,是应收账款成本的重要组成部分,主要包括对客户的资信调查费用、应收账款账簿记录费用、收账费用以及其他费用。

(3) 坏账成本,是指应收账款因某些原因无法收回而给应收账款持有企业带来的损失。

(二) 应收账款的信用政策

应收账款赊销的效果好坏,依赖于企业制定的应收账款管理的信用政策。信用政策的内容主要包括信用标准、信用条件和收账政策三个方面。

1. 信用标准

信用标准是指顾客获得企业的商业信用所应具备的最低条件,通常以预期的坏账损失率来表示。它表明企业可接受的信用风险水平。企业在确定信用标准之前,必须对客户进行全面的资信调查与分析。对客户的资信调查,目前比较常见的方法是利用"5C"系统来评估和分析。

(1) 信用品质(character),是指客户的信誉,即履行偿债义务的可能性。企业必须设法获取客户过去的付款记录,看其是否有按期如数付款的一贯性作风,以及与其供货企业的关系是否良好。这一点经常被视为评价客户信用的首要因素。

(2) 能力(capacity),是指客户的偿债能力,即其流动资产的数量和质量以及与流动负债的比例。客户的流动资产越多,其转换为现金的能力越强。同时,还应该注意客户流动资产的质量,看是否有过多、过少的存货或存货质量下降的现象,影响其变现能力和支付能力。

（3）资本（capital），是指客户的财务实力和财务状况，表明客户可能还债的背景。

（4）抵押（collateral），是指客户拒绝付款或无力支付款项时被用作抵押的资产。这对于不知底细或信用状况存有争议的客户尤其重要。一旦收不到这些客户的款项，企业可以申请拍卖变卖抵押物，优先受偿。如果这些顾客提供足够的抵押物，就可以考虑向他们提供相应的信用。

（5）经济状况（conditions），是指可能影响顾客付款能力的经济环境。例如，万一出现经济不景气，会对顾客的付款产生什么影响，顾客会如何做，等等。这需要了解顾客在过去困难时期的付款历史。

当然，除了对客户的资信调查以外，企业在确定信用标准时，也受企业自身条件的限制。一般而言，如果企业信用标准过高，将使许多客户因信用品质达不到设定的标准被拒之门外，尽管有利于降低违约风险及收账费用，但是会给企业市场竞争能力的提高和销售收入的扩大造成不利影响。相反，如果企业采用较低的信用标准，虽然有利于企业扩大销售，提高市场竞争能力和市场占有率，但同时也会导致坏账损失风险加大和收账费用增加。为此，企业应在成本与收益比较原则的基础上，确定适宜的信用标准。

2. 信用条件

所谓信用条件是指公司接受客户订单时所提出的付款要求，主要包括信用期限、折扣期限及现金折扣等。信用标准是公司评价客户等级，决定给予或拒绝客户信用的依据，一旦公司决定给予客户信用优惠，就需要考虑具体的信用条件。信用条件的基本表现方式如"2/10,1/20,n/30"等。一般来说，公司的信用条件是遵循本行业的管理给出的，它是基于一定的外部经济环境，在充分考虑公司自身资金实力的情况下，在提高最终效益和增强竞争力前提下确定的。给客户的信用条件如何，直接决定着公司应收账款的持有水平和规模。

（1）信用期限，是指企业允许客户从购货到支付货款的时间间隔。企业产品销售量与信用期限之间存在着一定的依存关系。通常，延长信用期限，可以在一定程度上扩大销售量，从而增加毛利。但不适当地延长信用期限，会给企业带来不良后果：一是使平均收账期延长，引起机会成本增加；二是引起坏账损失和收账费用的增加。因此，企业是否给客户延长信用期限，应视延长信用期限增加的边际收入是否大于增加的边际成本而定。

（2）折扣期限和现金折扣。延长信用期限会增加应收账款占用的时间和金额。许多企业为了加速资金周转，及时收回货款，减少坏账损失，往往在延长信用期限的同时，采用一定的优惠措施。即在规定的时间内提前偿付货款的客户可按销售收入的一定比例享受折扣。

企业究竟应该核定多长的现金折扣期限，以及给予客户多大程度的现金折扣优惠，必须将信用期限及加速收款所得到的收益与付出的现金折扣成本结合起来考察。另外，企业还可以根据需要，搭配采用阶段性的现金折扣期与不同的现金折扣率。

3. 收账政策

收账政策是指企业针对客户违反信用条件，拖欠甚至拒付账款所采取的收账策略与措施。

在企业向客户提供商业信用时，必须考虑三个问题：一是客户是否会拖欠或拒付账款，程度如何；二是怎样最大限度地防止客户拖欠账款；三是一旦账款遭到拖欠甚至拒付，企业应采取怎样的对策。前两个问题主要靠信用调查和严格信用审批制度，第三个问题则必须通过制定完善的收账方针，采取有效的收账措施予以解决。

当账款被客户拖欠或拒付时,企业应当首先分析现有的信用标准及信用审批制度是否存在纰漏,然后重新对违约客户的资信等级进行调查、评价。将信用品质恶劣的客户从信用名单中删除,对其所拖欠的款项可以先通过信函、电信或者派员前往等方式进行催收,态度可以逐渐强硬,并提出警告。当这些措施无效时,可考虑通过法院裁决。为了加强诉讼效果,可以与其他经常被该客户拖欠或拒付账款的企业联合向法院起诉,增强该客户信用品质不佳的证据力度。对于信用记录一向正常的客户,在去电、去函的基础上,不妨派人与客户直接进行协商和沟通,既可密切相互间的关系,又有助于解决账款拖欠的问题,并且一旦将来彼此关系置换时,也有一个缓冲的余地。当然,如果双方无法取得谅解,也只能诉诸法律。

一般而言,企业加强收账管理,及早收回货款,可以减少坏账损失,减少应收账款上的资金占用,但会增加收账费用。因此,收账政策需要在增加收账费用与减少坏账损失、减少应收账款机会成本之间进行权衡。

【例 6-5】 假设某企业的应收账款原有的收账政策和拟改变的收账政策如表 6-3 所示,假设资金成本率为 20%,试做出决策。

表 6-3 　　　　　　　　　　　**收账政策备选方案资料** 　　　　　　　　单位:万元

项目	现行收账政策	拟改变的收账政策
年收账费用	6	10
平均收账天数(天)	60	30
坏账损失占赊销额的百分比	3%	2%
赊销额	480	480
变动成本率	60%	60%

解: 如表 6-4 所示,在拟改变的收账政策下,收账总成本得到了降低,可见该方案是可以接受的。

表 6-4 　　　　　　　　　　　**收账政策分析评价表** 　　　　　　　　单位:万元

项目	现行收账政策	拟改变的收账政策
赊销额	480	480
应收账款平均收账天数(天)	60	30
应收账款平均余额	$\frac{480}{360}\times60=80$	$\frac{480}{360}\times30=40$
应收账款占用的资金	$80\times60\%=48$	$40\times60\%=24$
收账成本:		
机会成本	$48\times20\%=9.6$	$24\times20\%=4.8$
坏账损失	$480\times3\%=14.4$	$480\times2\%=9.6$
年收账费用	6	10
收账总成本	30	24.4

三、存货管理

存货是企业生产经营过程中为销售或者耗用而储备的物资,包括商品、材料、燃料、低值易耗品、在产品、半成品、产成品等,是企业资产的重要组成部分,对企业生产经营活动的正常进行有着举足轻重的作用。存货在企业流动资产中占据很大比重。我国企业中存货一般占企业流动资产的50%,国外企业中存货比重较低,一般只占30%～40%,甚至更低,存货资金占用越低,存货资金的周转就越快。存货管理是联系采购、生产与销售的重要环节,是促进企业生产工序和生产阶段相衔接,保证生产经营连续不断进行的必要条件。

(一)存货管理的目标

一般来说,企业做存货投资可以避免生产脱节和产品脱销的损失,不仅有利于生产过程的顺利进行,节约采购费用和生产时间,而且能够迅速满足客户各种订货需要,为企业的生产与销售提供较大的机动性。但是,存货投资不仅增加了资金的占用,而且引起了一系列管理费用的发生。因此,需要从价值的角度管理存货,既保证适量的存货储备,满足生产经营活动的需要,又要避免存货过多而积压资金。由此可见,存货管理是指企业利用价值形式对存货资产的计划和控制,以保证企业生产经营活动的正常进行,同时又减少存货资金占用,加速资金周转。怎样在存货的成本与收益之间进行利弊权衡,实现两者的最佳结合,就成了存货管理的基本目标。

(二)存货的成本

企业储备存货必须为之付出一定的代价,这一代价限制了企业的存货量,它就是存货的成本。存货的成本一般包括以下几个方面。

1. 采购成本

采购成本是指存货的买价、运输费以及其他为把存货送交企业而花费的成本开支。采购成本的高低主要取决于采购数量与采购的单价。从企业生产需求的角度来讲,在一定时期内采购数量是一个固定数,是必须要满足的,否则就会影响生产与销售。因此,实际上采购成本主要受采购单价的影响。而影响采购单价的因素除了有供应商之间的价格竞争之外,还有采购批量的大小。一般来说,采购量大,就可能享受到价格折扣,从而使单价降低。但采购批量由于受储存成本的影响,也必定有一个限额。所以企业要全面均衡考虑,力争采购质量好、价格低的存货。

2. 订货成本

订货成本是指为订购存货而发生的成本。当存货是从外部购入时,订货成本是指订购费用,如采购材料时的出差费等;如果存货购自企业内部,则是指安排生产各种存货的费用。订货成本有一部分与订货次数有关,如差旅费、邮寄费等,这类变动性订货成本属于决策的相关成本;另一部分与订货次数无关,如常设采购机构的基本开支等,这类固定性订货成本则属于决策的无关成本。

3. 储存成本

储存成本是指存货在储备过程中发生的仓库保管费、保险费、存货资金占用所支付的利息等。储存成本可以按照与储存数额的关系分为变动性储存成本和固定性储存成本两类。其中,固定性储存成本与存货储存数额的多少没有直接联系,如仓库折旧费、仓库职工的固定工资等,这类成本属于决策的无关成本;而变动性储存成本则与存货储存数量成正比例变动关系,如存货资金的应计利息、存货的破损和变质损失、存货的保险费等,这类成本属于决策的相关成本。

4. 短缺成本

短缺成本是指由于存货短缺的原因,生产经营中断而给企业带来的损失。从企业内部来看,如果由于某种原材料短缺而停工,企业将面临生产损失与延误工期的风险;从企业外部来看,如果订单不能如期交付,企业不仅需要承担延期交货的违约责任,自身商誉也可能会受损,未来的经营将受到不利影响。因此,尽管短缺成本通常很难准确地估量,但对于存货管理决策的影响却是很大的。

从对存货成本的分析研究可以看出,各项成本之间既相互联系,又相互制约,某项成本的降低,往往又造成另一项成本的增大。因此,企业不可能使所有的成本都达到最低。对存货成本研究的目的在于保证企业正常生产经营所需存货量的前提下,使各项成本总和达到最低。

(三) 存货管理方法

企业的存货管理主要是对存货数量的控制,根据生产经营计划,对各种存货的使用和周转状况进行组织、调节,将存货数量保持在一个合理水平上。

1. 经济订货批量

经济订货批量是指能够使一定时期存货的相关总成本达到最低时的进货数量。

1) 经济订货批量基本模型

经济订货批量基本模型以如下假设为前提:

(1) 企业一定时期的存货总需求量可以较为准确地予以预测。

(2) 存货的耗用或者销售比较均衡。

(3) 存货的价格稳定,且不存在数量折扣,进货日期完全由企业自行决定,并且每当存货量降为零时,下批存货均能马上一次到位。

(4) 不允许出现缺货情形。

(5) 所需存货市场供应充足,不会因买不到所需存货而影响其他方面。

因为企业不允许缺货,即每当存货数量降至零时,下一批订货随即便会全部购入,所以不存在短缺成本。此时与存货订购数量直接相关的成本就只有变动性订货成本和变动性储存成本两项。则有:

$$存货相关总成本 = 变动性订货成本 + 变动性储存成本$$

$$TC = F \times \frac{A}{Q} + C \times \frac{Q}{2}$$

式中,TC ——存货相关总成本;

A ——存货全年总需求量;

F ——单位订货成本;

Q ——每次订货数量;

C ——单位储存成本。

当变动性订货成本等于变动性储存成本时,存货相关总成本最低,则有下列公式:

$$经济订货批量\ Q^* = \sqrt{\frac{2AF}{C}}$$

$$存货最低相关总成本\ TC = \sqrt{2AFC}$$

$$最佳订货次数\ N^* = \frac{A}{Q^*}$$

【例 6-6】 某企业每年需耗用甲材料 3 000 千克,单位储存成本 2 元,平均每次进货费用 120 元,计算该企业经济订货批量、存货最低相关总成本及最佳订货次数。

解:经济订货批量 $Q^* = \sqrt{\dfrac{2AF}{C}} = \sqrt{\dfrac{2 \times 3\,000 \times 120}{2}} = 600$(千克)

存货最低相关总成本 $TC = \sqrt{2AFC} = \sqrt{2 \times 3\,000 \times 120 \times 2} = 1\,200$(元)

最佳订货次数 $N^* = \dfrac{A}{Q^*} = \dfrac{3\,000}{600} = 5$(次)

2) 有数量折扣的经济订货批量

许多供应商为了鼓励更多的订货而提供数量折扣。此时,企业必须在提高订货数量得到的折扣收益与增加的储存成本之间进行权衡。如果增加订货得到的折扣大于增加的储存成本,则应该增加订货量;反之,则应该放弃折扣。此时,需要分别计算取得数量折扣和放弃数量折扣两种情况下的订货总成本,总成本低者为最优订货批量。

【例 6-7】 安达家具公司每年需要某种木材 1 000 立方米,每次订货成本为 2 000 元,每立方米木材年储存成本为 100 元。要求:①计算安达公司的经济订货批量;②安达公司所购木材每立方米价格为 1 500 元,如果一次订购 400 立方米可以取得 2% 的数量折扣,则公司应以多大批量订货?

解:① 经济订货批量 $Q = \sqrt{\dfrac{2AF}{C}} = \sqrt{\dfrac{2 \times 1\,000 \times 2\,000}{100}} = 200$(立方米)

② 按照经济订货批量采购,放弃数量折扣,则总成本为:

总成本=采购成本+订货成本+储存成本

$$= 1\,000 \times 1\,500 + \frac{1\,000}{200} \times 2\,000 + \frac{200}{2} \times 100$$

$$= 1\,520\,000(元)$$

不按经济订货批量采购,每批订购 400 立方米,取得数量折扣,则总成本为:

总成本=采购成本+订货成本+储存成本

$$= 1\,000 \times 1\,500 \times (1 - 2\%) + \frac{1\,000}{400} \times 2\,000 + \frac{400}{2} \times 100$$

$$= 1\,495\,000(元)$$

比较两种情况下的订货总成本,每批订购 400 立方米更经济。

2. 再订货点和保险储备

1) 再订货点

一般情况下,企业的存货不能做到随时补充,因此不能等存货用光再去订货,而需要在没有用完时提前订货。再订货点是指发出订货指令时尚存的存货数量。再订货点的数量 (R) 是交货时间 (L) 和每日平均需要量 (d) 的乘积。

$$R = L \times d$$

【例 6-8】　假设企业订货日至到货日的时间差为 10 天,每日存货的耗用量为 75 千克,计算再订货点的数量。

解: $R = L \times d = 10 \times 75 = 750$(千克)

即企业在尚有存货 750 千克时,就应该发出订单订货,等到下批订货送到企业时,原有存货刚好用完。此时有关存货的每次订货批量、订货次数、订货时间间隔等并无变化,与瞬时补充相同。

2) 保险储备

保险储备是指为防止耗用量突然增加或交货延期等意外情况而进行的储备。保险储备的存在不会影响经济订货批量的计算,但会影响再订货点的确定。

考虑保险储备的再订货点 = 存货在途时间 × 日消耗量 + 保险储备

保险储备量加大会使储存成本升高。

【例 6-9】　假设某企业的原材料的保险储备量为 100 件,交货期为 10 天,每天原材料的耗用量为 5 件,则企业的再订货点是多少?

解: 再订货点 = $5 \times 10 + 100 = 150$(件)

3. 存货的日常控制

6-6　视频:
ABC 库存分
类管理法

存货的日常控制是指在日常生产经营过程中,按照存货计划的要求,对存货的使用和周转情况进行的组织、调节和监督。存货控制的方法主要有以下几种。

1) ABC 分类管理法

ABC 分类管理就是按照一定的标准,将企业的存货划分成 A、B、C 三类,分别实行品种重点管理、分类别一般控制和按总额灵活掌握的存货管理方法。

企业存货品种繁多,尤其是大中型企业的存货往往多达上万种甚至数十万种。实际上,不同的存货对企业财务目标的实现具有不同的作用。有的存货品种尽管数量很少,但金额巨大,如果管理不善,将给企业造成极大的损失;相反,有的存货品种虽然数量繁多,但金额微小,即使管理中出现一些问题,也不至于对企业产生较大的影响。因此,无论是从能力还是经济角度,企业均不可能也没有必要对所有存货不分巨细地严加管理。ABC 分类管理法正是基于这一考虑而提出的,其目的在于使企业分清主次,突出重点,以提高存货管理的整体效果。

存货 ABC 分类的标准主要有两个:一是金额标准,二是品种数量标准。其中,金额标准是最基本的标准,品种数量标准仅作为参考。A 类存货的特点是金额巨大,但品种数量较少;B 类存货金额一般,品种数量相对较多;C 类存货品种数量繁多,但价值金额却很小。

存货的划分可以分三个步骤:

第一步,列示企业全部存货的明细表,并计算出每种存货的价值总额及占全部存货金额的百分比。

第二步,按照金额标准由大到小进行排序并累加金额百分比。

第三步,当金额百分比累加到 70% 左右时,以上存货视为 A 类存货,百分比介于 70%～90% 的存货视为 B 类存货,其余则为 C 类存货。

把存货划分成 A、B、C 三大类,目的是对存货占用资金进行有效的管理。A 类存货种类虽少,但占用的资金多,应集中主要力量管理,对其经济批量要进行认真规划,对存货的收入、发出要进行严格控制;C类存货虽然种类繁多,但占用的资金不多,不必耗费大量人力、物力、财力去管,这类存货的经济批量可凭经验确定,不必花费大量时间和精力去进行规划和控制;B类存货介于A类和C类之间,也应给予相当的重视,但不必像A类那样进行非常严格的控制。

2)及时生产系统

及时生产系统(JIT),是指通过合理规划企业的产供销过程,使从原材料采购到产成品销售每个环节都能紧密衔接,减少制造过程中不增加价值的作业,减少库存,消除浪费,从而降低成本,提高产品质量,最终实现企业效益最大化。

及时生产的存货系统的基本原理是:只有在使用之前才从供应商处进货,从而将原材料或配件的库存数量减少到最小;只有在出现需求或接到订单时才开始生产,从而避免产成品的库存。及时生产的存货系统要求企业在生产经营的需要与材料物资的供应之间实现同步,使物资传送与作业加工速度处于同一节拍,最终将存货数量降到最低,甚至零库存。

及时生产的存货系统的优点是:降低库存成本;减少从订货到交货的加工等待时间,提高生产效率;降低废品率、再加工和担保成本。但及时生产的存货系统要求企业内外部全面协调与配合,一旦供应链被破坏,或企业不能在很短的时间内根据客户要求调整生产,企业生产经营的稳定性将会受到影响,经营风险加大。此外,为了保证能够按合同约定频繁少量配送,供应商可能要求额外加价,企业因此丧失了从其他供应商那里获得更低价格的机会收益。

第三节 ｜ 流动负债管理

公司在生产经营过程中,有许多因素都会使企业出现临时资本短缺的问题。运用流动负债筹资是企业处理这类问题最适宜的方法,主要包括商业信用和短期借款两种形式。

一、商业信用

商业信用是自发性流动负债的主要组成部分,是指在商品交易中延期付款或延期交货所形成的借贷关系,是由于商品交易中货与钱在时间上的分离而产生的自发性流动负债。

(一)商业信用的形式

利用商业信用筹资,主要有以下两种形式:

(1)赊购商品。这是一种最典型、最常见的商业信用形式。买卖双方发生商品交易,买方收到商品后不立即支付现金,可以延期付款,从而形成应付账款。

(2)预收账款。这也是一种典型的商业信用形式。卖方要先向买方收取货款,但要延迟一段时间再交货,这实际上等于卖方向买方先借了一笔钱。

(二)商业信用条件

商业信用条件是指销货企业要求赊购客户支付货款的条件,包括信用期限、折扣期限和现金折扣。信用期限是指企业为顾客规定的最长付款时间;折扣期限是企业为顾客规定的可享受现金折扣的付款时间;现金折扣是在顾客提前付款时企业给予的优惠。商业信用条件主要有以下几种形式。

1. 延期付款,但不提供现金折扣

按照这种商业信用条件,卖方允许买方在交易发生后一定时期内按发票面额支付货款。例如"n/45",是指在 45 天内按发票金额付款。在这种情况下,买方可能因延期付款而获得资本来源。

2. 延期付款,但提前付款能享受现金折扣

按照这种商业信用条件,买方若提前付款,能享受一定的现金折扣;买方若不享受现金折扣,则必须在信用期限内付清账款。例如"2/10,n/30",是指在 10 天之内付款,可享受 2%的现金折扣;若不享受现金折扣,货款应在 30 天内付清。在这种情况下,买方如果在折扣期内付款,可在获得短期资本来源的同时,还能得到现金折扣优惠;若放弃现金折扣,则可以在稍长的时间内占用卖方的资本。

6-7 放弃现金折扣的机会成本公式解释

若买方放弃折扣,产生的机会成本按如下公式计算:

$$放弃现金折扣的机会成本 = \frac{现金折扣率}{1 - 现金折扣率} \times \frac{360}{信用期 - 折扣期}$$

【例 6-10】 R 公司购进材料一批,货款总计 100 000 元,信用条件为"3/10,n/30",该公司预备在第 30 天付款,计算该公司放弃现金折扣的机会成本。

解: $放弃现金折扣的机会成本 = \frac{3\%}{1 - 3\%} \times \frac{360}{30 - 10} = 55.67\%$

可见,买方放弃现金折扣的机会成本是较高的,如果不能在放弃现金折扣的信用期间内获得高于这一成本的收益率,那么放弃折扣是不理性的选择。

如果买方面对两家或两家以上提供不同信用条件的卖方,则应当比较放弃现金折扣的机会成本,选择机会成本最小的卖方。

【例 6-11】 承[例 6-10],R 公司除了收到上述"3/10,n/30"的信用条件外,还有另一家供应商提供"2/20,n/50"的信用条件。试确定应当选择的供应商。

解: $放弃现金折扣的机会成本 = \frac{2\%}{1 - 2\%} \times \frac{360}{50 - 20} = 24.49\%$

这一成本低于信用条件为"3/10,n/30"的机会成本,因此应当选择信用条件为"2/20,n/50"的供应商。

(三) 商业信用筹资的优缺点

1. 商业信用筹资的优点

(1) 使用方便。商业信用筹资是一种自发性筹资,伴随商品交易而自然产生,不须为此特别办理手续。

(2) 成本低。如果没有现金折扣或企业不放弃现金折扣,则使用商业信用筹资没有筹资成本。

(3) 限制少。与借款相比,商业信用筹资限制条件较少,选择余地较大。

2. 商业信用筹资的缺点

商业信用筹资的缺点主要表现在:商业信用筹资的期限较短,特别是应付账款,不利于企业对资本的统筹运用,如果拖欠则有可能导致企业信用地位和信用等级下降。另外,如果企业享受现金折扣,则付款时间会更短;如果放弃现金折扣,会负担较高的机会成本。

二、短期借款

短期借款是企业为解决短期资本需求而向银行申请借入、期限在一年以内的款项。企业举借短期借款,首先应向银行提出申请,经审查同意后借贷双方签订借款合同,办理借款手续,然后取得借款。

(一) 短期借款的种类

1. 按照目的和用途分类

短期借款按照目的和用途不同,分为生产周转借款和商品周转借款、临时借款、结算借款等。

(1) 生产周转借款和商品周转借款。生产周转借款是指制造业企业生产经营过程中因所需经常占用的资本不足而向银行申请的借款。商品周转借款是指商业企业因经营商品购销业务所需的经常占用的资本不足而向银行申请的借款。这两种周转借款都属于调节企业资本平均需要量以内的资本需求的借款,期限最长为一年。

(2) 临时借款。临时借款是指企业由于季节性储备或集中到货、节假日供应等临时原因需要向银行申请的借款。临时借款企业要在借款前3~5天向银行提出申请,银行逐笔核贷,贷款期限根据实际需要确定,最长不超过半年。

(3) 结算借款。结算借款是指企业向外地销售商品采用托收承付结算方式时,为抵补在途资本占用而向银行申请的贷款。结算借款的借款额度以商品销售成本和代垫运杂费为限,贷款期限为预定托收货款收回的期限。

2. 按银行发放贷款的具体形式分类

短期借款按银行发放贷款的具体形式,可以分为信用借款、经济担保借款、抵押借款等。

(1) 信用借款。信用借款是指完全凭借款人信用,不需借款人提供经济担保或财产抵押的借款方式。规定借款限额或周转额度的银行借款均属信用借款。信用借款主要适用于经营时间长、经济实力强、借贷往来时间长、信誉好的公司。

(2) 经济担保借款。经济担保借款是要求借款人以第三方经济信誉或财产作为还款保证的借款方式。经济担保借款要求借款企业、担保人、银行三方签订合法、完整的借贷合同和担保合同,明确三方的权利和责任。

(3) 抵押借款。抵押借款是指企业以某种资产作为担保,抵押给银行,以此获得一定数额短期资本的借款方式。有价证券、应收账款和存货是常用的抵押品。

3. 按利息支付方法分类

短期借款按借款利息支付方法的不同,分为收款法借款、贴现法借款和加息法借款。

(1) 收款法借款,是指企业在借款到期时向银行支付利息的借款方式。银行向企业发放的贷款大多采用此法收取利息。

(2) 贴现法借款,是指银行向企业发放贷款时,先从本金中扣除利息部分,到期时借款企业要偿还贷款本金的借款方式。采用这种方法,企业可利用的贷款额只有本金减去利息后的差额,因此贷款的实际利率高于名义利率。

(3) 加息法借款,是指企业需要分期等额偿还贷款本金及其利息的借款方式。在分期等额偿还贷款的情况下,企业所负担的资本的实际利率远远高于名义利率。

思政育人

普惠金融"有温度" 助力小微企业"爬坡过坎"

国家高度重视中小微企业的发展情况,每年的《政府工作报告》一再提及缓解中小微企业融资贵、融资难等问题,强调要用好普惠小微贷款支持工具。

由中国经济信息社与中国建设银行联合推出的普惠金融—小微指数显示,随着普惠金融政策支持力度的逐渐加码,普惠型小微企业贷款增速逐步上升。普惠金融—小微指数中的融资供给子指数整体呈现上升趋势,尤其在2020年疫情以后,融资供给指数快速上升。截至2022年二季度,融资供给指数升至201.19点,较一季度上升8.63点,较2015年基期(100点)增长了超一倍,全面反映了近年来我国对普惠金融信贷支持的力度增强,也刻画了普惠金融贷款规模的迅速增长趋势。北京大学数字金融研究中心高级研究员、北京大学中国社会科学调查中心副研究员孔涛表示,融资供给的提升反映了国家为企业纾难解困提供较为宽松的信用环境。

同时,普惠金融—小微指数中的融资价格子指数显示,小微企业融资成本维持低位走势。截至2022年二季度末,融资价格子指数已下降至78.08点,较一季度上升0.03点,较统计以来历史最高点下降了31.06点。贷款市场报价利率(LPR)经历多次下调,2021年全年企业贷款加权平均利率4.61%,是改革开放四十多年来最低水平。新发放普惠小微贷款利率明显下降,根据银保监会最新数据显示,截至2022年9月末,全国小微企业贷款余额58.04万亿元,普惠型小微企业贷款余额22.93万亿元,其中2022年前9个月,国有大型银行新发放普惠型小微企业贷款利率4.04%。北京师范大学统计学院教授、博士生导师、副院长赵楠表示,普惠金融的发展成绩,有赖于国家鼓励银行加大对普惠小微贷款的政策支持力度、货币政策工具的有效实施以及企业综合融资成本的稳中有降。

小微活,就业稳,经济兴。小微企业、个体工商户在增加就业岗位、提高居民收入、保持社会和谐稳定等方面发挥着举足轻重的作用,成为稳住经济基本盘和保就业的中坚力量,在我国国民经济和社会发展中不可或缺。随着国家一系列"有温度"的举措不断推出,普惠金融的"温度"也一路上升,帮助小微企业"爬坡过坎",度过艰难时期。

资料来源:胡蓉.普惠金融"有温度"助力小微企业"爬坡过坎"[EB/OL].(2022-12-02)[2022-12-06].http://ex.chinadaily.com.cn/exchange/partners/82/rss/channel/cn/columns/sz8srm/stories/WS638f1a20a3102ada8b225705.html.

(二)短期借款筹资的优缺点

短期借款筹资的优点主要表现在以下几点:

(1)与长期借款相比,筹资效率较高。

(2)筹资弹性较大,企业可以根据需要随时借款,而当企业资本充足时可提早偿还。

短期借款的缺点主要表现在:筹资风险和筹资成本较高,特别是存在补偿性余额时。

6-8 第六章课件

本章小结

本章主要介绍了营运资金的含义、特点、管理原则。营运资金管理主要表现为对流动资产和流动负债的管理,流动资产管理主要包括对现金、应收账款及存货的管理,流动负债管理主要包括对商业信用及短期借款的管理。

6-9 第六章练习题

本章重要概念

营运资金 流动资产 流动负债 现金 应收账款 存货 商业信用 短期借款

6-10 第六章练习题答案

第七章　利润分配与价值分享管理

内容简介

利润分配是企业的一项重要工作,它关系到企业、投资者等有关各方的利益,涉及企业的生存与发展。本章主要以股份有限公司作为分析主体,讲解利润分配的基础理论知识、利润分配的基本原则、利润分配政策以及价值分享管理的有关内容,重点介绍股票分割与回购,并通过案例重点讲授利润分配政策的优缺点以及主要的股利支付形式对股东和公司的意义。

重点难点

本章重点为利润分配政策,本章难点为股利支付。

学习目标

通过学习本章,学生应掌握利润分配的顺序、利润分配政策、股利支付形式、股票股利的含义、股票分割的含义以及股票回购的含义;明确利润分配的基本原则、制定股利政策时应考虑的因素以及股票股利、股票分割和股票回购对股东和公司的意义;了解股利的发放日期;了解价值分享的含义、作用及内容。

知识框架

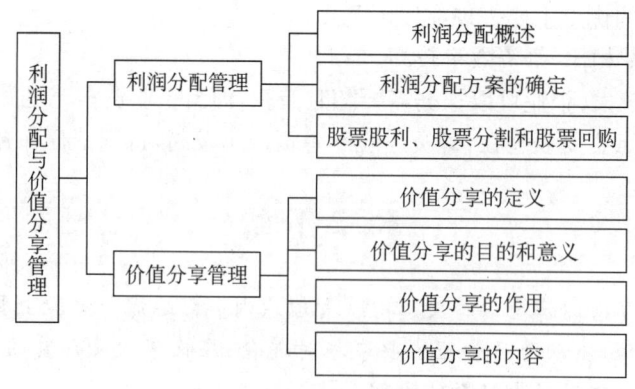

 引入案例　　　　　　　分红还是不分红?

剔除 2013 年以后上市的公司,沪深两市共有 139 家公司在最近十年(2013—2022 年)中从未进行过现金分红。这些公司主要分布在机械设备、电子、化工、医药等行业,其中医药生物公司数量最多。近些年,在A 股公司现金分红已蔚然成风的背景下,一些公司却多年一毛不拔甘当“铁公鸡”。

多家公司直言,公司可供分配利润连年为负数,不具备利润分配的条件,因此始终未进行利润分配。不过,有些公司即便手握大把的现金,滚存的未分配利润颇多,也并未"慷慨解囊"。更有部分公司多年没有派发"红包",却通过定增等方式进行再融资。

保变电气公告称,母公司2022年可供股东分配的利润为298.77万元,加上年初未分配利润−50.79亿元,2022年末可供股东分配的利润为−50.76亿元。公司表示,鉴于可供分配利润为负值,不满足实施现金分红的条件,为保证公司正常经营和稳健发展的资金需求,公司2022年度拟不进行利润分配,亦不进行资本公积转增股本或派发红股。

保变电气近十年的未分配利润均为负值,因此一直未实施利润分配。当然,这也揭示了公司长年不分红的现实困境——公司盈利水平较差。年报显示,保变电气2022年实现营业收入34.46亿元,同比减少16.76%;归属于上市公司股东的净利润为2 948.99万元,同比减少32.07%。2023年第一季度,保变电气实现营业收入5.83亿元,同比下降12.92%;归母净利润为564.74万元,同比下滑55.29%。

超过80家公司与保变电气一样,近十年的未分配利润为负值,如深华发A、彩虹股份等电子企业,*ST目药、四环生物等医药生物公司。除此以外,虽然不少上市公司的未分配利润年年为正值,但是公司的经营业绩连年下滑,或者业务发展对资金需求大,也多年没有进行利润分配。

以亚通股份为例,公司2022年归属于全体股东的净利润为458.04万元,减去母公司报表净利润提取盈余公积44.11万元,加期初未分配利润4.2亿元,累计可供股东分配的利润为4.24亿元。然而,公司称,鉴于公司经营活动产生的现金流量净额为负,2023年长兴岛安置房项目、堡镇25号地块安置房项目、奉贤区14单元和15单元经济适用房项目对资金需求量较大,基于维持正常业务经营和可持续发展的需要考虑,2022年不进行现金分红、送股、资本公积转增股本。

若是未分配利润不足,不分红或无可厚非,但有些上市公司账上现金充裕,未分配利润连年有"余粮",却仍常年一毛不拔,甘为"铁公鸡",不免令人唏嘘。数据显示,43家公司2022年期末持有的现金及现金等价物余额均超过5亿元。其中,5家公司近两年的未分配利润均为正值,甚至个别公司的业绩表现十分出色。一家主营贵金属的企业2022年度合并报表实现归母净利润4.51亿元,母公司实现净利润5.07亿元,未分配利润近12亿元。面对如此优异的数据,公司仍然决定不进行现金分红、资本公积转增股本。对于这个决定,该公司给出了详细的解释:近年来我国黄金行业取得了跨越式发展,当前已经进入重要战略机遇期;公司正处于快速、高质量发展阶段,在国内继续实施"建大矿、上规模";2023年公司将投入资金启动一金矿露天资源的开发,该矿为去年收购的核心资产之一。该公司自2005年至今从未派发过现金红利,近年不分红的理由也是大同小异。

再看科力远,不仅账上现金充裕,母公司未分配利润较高,公司2022年业绩也是大幅增长。2022年,科力远实现营业收入37.86亿元,同比增长23.78%;实现归属于上市公司股东的净利润1.79亿元,同比增长323.51%;实现扣除非经常性损益后的归母净利润1.14亿元,同比增长6倍。年报显示,公司在镍氢电池领域稳步扎根,在锂电赛道加速发展,在储能领域深耕发力,形成了未来发展的新"三驾马车"。如此优异的业绩,该公司仍未派发"红包"。

在近十年未现金分红公司里,两面针母公司每年的未分配利润均超过5亿元,且2022年末持有现金高达12亿元。查阅两面针近三年公告,2020年未分红的理由为"公司2020年度净利润虽然扭亏为盈,但扣除非经常性损益后的净利润微薄,且以前年度主营业务亏损";2021年是"公司2021年度合并报表净利润盈利,但母公司经营亏损";2022年为"公司经营亏损,不具备现金分红条件"。

思考:不分红会对上市公司经营造成哪些影响?

资料来源:高志刚.盘点"铁公鸡":139家公司十年不分红理由是什么[EB/OL].(2023-04-28)[2023-04-29].https://baijiahao.baidu.com/s?id=1764406268389758507&wfr=spider&for=pc.

第一节 | 利润分配管理

一、利润分配概述

7-1 引例
解析

（一）利润分配的基本原则

利润分配有广义和狭义之分,广义的利润分配是指对公司收入和利润进行分配的过程,狭义的利润分配是指对公司净利润的分配。本章针对狭义的利润分配展开讲解。

公司在进行利润分配时,应遵循以下基本原则。

1. 依法分配原则

为规范公司的利润分配行为,国家制定和颁布了若干法规,这些法规规定了公司利润分配的基本要求、一般程序和重大比例。公司的利润分配必须依法进行,这是正确处理公司各项财务关系的关键。

2. 资本保全原则

公司的利润分配必须以资本的保全为前提。公司的利润分配是对投资者投入资本的增值部分所进行的分配,不是投资者资本金的返还。以公司的资本金进行的分配,属于一种清算行为,而不是收益分配。

3. 兼顾各方面利益原则

在保障投资者应分配利润的前提下,确保经营者和职工的利益。公司应通过利润分配时确定的激励政策,提高职工的主人翁意识,调动职工的积极性。

4. 分配与积累并重原则

公司的利润分配,要正确处理长期利益和短期利益这两者之间的关系,坚持分配与积累并重。公司除按规定提取法定盈余公积金以外,可适当留存一部分利润作为积累,这部分未分配利润仍归公司所有者所有。这样做不仅可以为公司扩大生产筹措资金,增强公司发展能力和抵抗风险的能力,同时,还可以供未来年度进行分配,起到以丰补歉、平抑利润分配数额波动、稳定投资报酬率的作用。

5. 投资与收益对等原则

公司在利润分配中应遵守公平、公正、公开的原则,公司的投资者在公司中只能以其股权比例享有合法权益,不得在公司中谋取私利,公司的获利情况应当向所有的投资者及时公开,利润的分配方案应交股东会讨论,并充分考虑小股东的意见,利润分配的方式应当在所有股东中一视同仁。

 **思政育人**

可持续发展——"绿水青山就是金山银山"

公司在制定和执行利润分配方案时,要遵守《公司法》《经济法》等相关法律法规,既要考虑公司下一步筹资成本、体现对投资者的回报,也要强调其他利益相关者利益的实现和公司的可持续发展。因为公司利润分配不仅影响公司筹资和投资决策,而且涉及国家、投资者、职工等多方利益关系,有关公司长远利益与近期利益、整体利益与局部利益的协调。利润分配政策必须兼顾各方面的利益,坚持投资与收益对等、公开、公平、公正等原则。如果公司利润分配不公,会影响公司的健康发展。

另外,我们必须超越把利润作为唯一目标的传统理念,充分考虑公司行为可能带来的社会影响和公司肩负的社会责任,必须切实践行习近平总书记提出的"绿水青山就是金山银山"的发展理念。公司决策层和财务管理人员不应局限于眼前利益,要对公司进行长期战略规划,做长远可持续发展的打算。

资料来源:

[1] 苏庆. 简述企业利润分配的原则[EB/OL]. (2022-04-26)[2023-04-27]. http://lvlin. baidu. com/question/464391886298875525. html.

[2] 王琼,夏雪花.《财务管理学》课程思政的实践路径探索[J]. 国际商务财会,2021(18):90-94.

（二）利润分配顺序

利润分配的顺序应遵守《公司法》等有关法规的规定。公司当年实现的净利润,一般应按照下列内容、顺序和金额进行分配。

1. 弥补亏损

公司的法定公积金不足以弥补以前年度公司亏损的,在提取法定公积金之前,应当先用当年利润弥补亏损。

2. 提取法定公积金

公司分配当年税后利润时,应当提取利润的 10% 列入公司法定公积金。公司法定公积金累计额为公司注册资本的 50% 以上的,可不再提取。

3. 提取任意公积金

公司从税后利润中提取法定公积金后,经股东会决议或者股东大会决议,还可以从税后利润中提取任意公积金。

4. 对股东进行利润分配

公司弥补亏损和提取公积金后所余税后利润,有限公司依照《公司法》的规定分配;股份有限公司按照股东持有的股份比例分配,但股份有限公司章程规定不按持股比例分配的除外。

股东会、股东大会或者董事会违反规定,在公司弥补亏损和提取法定公积金之前向股东分配利润的,股东必须将违反规定分配的利润退还公司。

（三）制定利润分配政策时应考虑的因素

在现实生活中,公司的股利分配是在种种制约因素下进行的,采取何种股利政策虽然是由管理层决定的,但是在其决策过程中会受到诸多主观与客观因素的影响。

1. 法律因素

为了保护债权人和股东的利益,有关法规对公司的股利分配经常做以下限制:

（1）资本保全的限制。规定公司不能用资本(包括股本和资本公积)发放股利。股利的支付不能减少法定资本,如果一个公司的资本已经减少或因支付股利而引起资本减少,则不能支付股利。

（2）公司积累的限制。为了制约公司支付股利的任意性,按照法律规定,公司税后利润必须先提取法定盈余公积金。此外还鼓励公司提取任意盈余公积金,只有当提取的法定盈余公积金达到注册资本的 50% 以上,才可以不再提取。提取法定公积金后的利润净额才可以用于支付股利。

（3）净利润的限制。规定公司年度累计净利润必须为正数时才可发放股利,以前年度亏损必须足额弥补。

（4）超额累积利润的限制。由于股东接受股利缴纳的所得税高于其进行股票交易的资本利得税，于是许多国家规定公司不得超额累积利润，一旦公司的保留盈余超过法律认可的水平，将被加征额外税额。

（5）无力偿付的限制。基于对债权人的利益保护，如果一个公司已经无力偿付负债，或股利支付会导致公司失去偿债能力，则不能支付股利。

2. 股东因素

公司的股利政策最终由股东大会决定，因此，股东的要求不可忽视。股东从自身经济利益需要出发，对公司的股利分配往往产生以下影响：

（1）稳定的收入和避税。一些股东的主要收入来源是股利，他们往往要求公司支付稳定的股利。他们认为通过保留盈余引起股价上涨而获得资本利得是有风险的。若公司留存较多的利润，将受到这部分股东的反对。另外，一些股利收入较多的股东出于避税的考虑，往往反对公司发放较多的股利。

（2）控制权的稀释。公司支付较高的股利，就会导致留存收益减少，这又意味着将来发行新股的可能性加大，而发行新股可能稀释公司的控制权，这是拥有控制权的股东们所不愿看到的局面。因此，若他们拿不出更多的资金购买新股，宁肯不分配股利。

3. 公司因素

公司的经营情况和经营能力影响其股利政策。

（1）收益的稳定性。公司是否能获得长期稳定的收益，是其股利决策的重要基础。收益相对稳定的公司相对于收益不稳定的公司而言具有较高的股利支付能力，因为收益稳定的公司对保持较高股利支付率更有信心。收益稳定的公司面临的经营风险和财务风险较小，筹资能力较强，这些都是其股利支付能力的保证。

（2）公司的流动性。较多地支付现金股利会减少公司的现金持有量，使公司的流动性降低。公司的流动性是指及时满足财务应付义务的能力，而公司保持一定的流动性，不仅是公司经营所必需的，也是在制订股利分配方案时需要权衡的。

（3）举债能力。具有较强举债能力的公司因为能够及时地筹措到所需的现金，有可能采取高股利政策；而举债能力弱的公司则不得不多保留盈余，因而往往采取低股利政策。

（4）投资机会。有着良好投资机会的公司，需要有强大的资金支持，因而往往少发放股利，将大部分盈余用于投资。缺乏良好投资机会的公司，保留大量现金会造成资金的闲置，于是倾向于支付较高的股利。正因为如此，处于成长中的公司多采取低股利政策；处于经营收缩中的公司多采取高股利政策。

（5）资本成本。与发行新股相比，保留盈余不需花费筹资费用，是一种比较经济的筹资渠道。所以，从资本成本考虑，如果公司的经营发展对资金需求较大，也应当采取低股利政策。

（6）债务需要。具有较高债务偿还需要的公司，可以通过举借新债、发行新股筹集资金偿还债务，也可直接用经营积累偿还债务。如果公司认为后者适当的话，将会减少股利的支付。

4. 其他因素

除了上述的因素以外，还有其他一些因素也会影响公司的股利政策选择：

（1）债务合同约束。公司的债务合同，特别是长期债务合同，往往有限制公司现金支付程度的条款,这使公司只得采取低股利政策。

（2）通货膨胀。在通货膨胀时期,货币购买力下降,公司计提的折旧不能满足重置固定资产的需要,需要动用盈余补足重置固定资产的需要,因此公司股利政策往往偏紧。

（四）利润分配政策

利润分配政策是公司对利润分配有关事项所制定的方针和政策。利润分配政策从根本上说是税后利润分配政策,就股份制公司而言,就是股利政策。常用的股利政策有四种:剩余股利政策、固定股利或持续增长股利政策、固定股利支付率政策和低正常股利加额外股利政策。

1. 剩余股利政策

1）剩余股利政策的内容

剩余股利政策就是在公司有着良好的投资机会时,根据一定的目标资本结构（最佳资本结构）,测算出投资所需的权益资本,先从盈余当中留用,然后将剩余的盈余作为股利予以分配。

2）剩余股利政策的实施步骤

第一步,设定目标资本结构,即确定权益资本与债务资本的比率,在此资本结构下,加权平均资本成本将达到最低水平。

第二步,确定目标资本结构下投资所需的股东权益数额。

第三步,最大限度地使用保留盈余来满足投资方案所需的权益资本数额,再将剩余盈余作为股利发放给股东。

【例 7-1】 中国琴岛公司去年税后利润 600 万元,今年年初讨论决定股利分配的数额。预计今年需要增加投资资本 800 万元。公司的目标资本结构是权益资本占 60%,债务资本占 40%,今年继续保持。按法律规定,至少要提取 10% 的公积金。公司解:采用剩余股利政策。试计算公司应分配多少股利。

解:利润留存 $= 800 \times 60\% = 480$（万元）

股利分配 $= 600 - 480 = 120$（万元）

3）剩余股利政策的优缺点

（1）剩余股利政策的优点:留存收益优先保证再投资的需要,有助于降低再投资的资金成本,保持最佳的资本结构,实现企业价值的长期最大化。

（2）剩余股利政策的缺点:股利发放额每年随投资机会和盈利水平的波动而波动。不利于投资者安排收入与支出,也不利于公司树立良好的形象。

4）剩余股利政策的适用范围

剩余股利政策一般适用于处于初创阶段的公司。

2. 固定股利或持续增长股利政策

1）固定股利或持续增长股利政策的内容

固定股利或持续增长股利政策是指公司将每年发放的股利固定在一个固定的水平上,并在较长的时期内保持不变,只有当公司认为未来盈余会显著地、不可逆转地增长时,才提高年度的股利发放额。另外,当发生通货膨胀时,大部分企业的盈余由于通货膨胀而表现为增长,而对股东来说,每年固定不变的股利额则由于购买力下降而相对降低。因此,股东也要求公司增加股利的发放额,以弥补通货膨胀带来的影响。

2) 固定股利或持续增长股利政策的优缺点

（1）固定股利或持续增长股利政策的优点：一是固定股利或持续增长股利政策可以传递给股票市场和投资者一个公司经营状况稳定、管理层对未来充满信心的信号，这有利于公司在资本市场上树立良好的形象、增强投资者信心，进而有利于稳定公司股价；二是固定股利或持续增长股利政策有利于吸引那些打算做长期投资的股东，这部分股东希望通过这笔投资能够获得稳定的收入来源，以便安排各种经常性的消费和其他支出。

（2）固定股利或持续增长股利政策的缺点：一是固定股利或持续增长股利政策下的股利分配只升不降，股利支付与公司盈利相脱离，即不论公司盈利多少，均要派发固定的甚至固定增长的股利；二是在公司的发展过程中，难免会出现经营状况不好或短暂的困难时期，如果这时仍执行固定或稳定增长的股利政策，派发的股利金额大于公司实现的盈利，必将侵蚀公司的留存收益，影响公司的后续发展，甚至侵蚀公司现有的资本，给公司的财务运作带来很大压力，最终影响公司正常的生产经营活动。

3) 固定股利或持续增长股利政策的适用范围

固定股利或持续增长股利政策一般适用于成熟的、盈利比较好的公司，且很难被长期采用。

3. 固定股利支付率政策

1) 固定股利支付率政策的内容

固定股利支付率政策是指公司先确定一个股利占净利润的比例，然后每年都按此比率从净利润中向股东发放股利，每年发放的股利额都等于净利润乘以固定的股利支付率。这样净利润多的年份，股东领取的股利就多；净利润少的年份，股东领取的股利就少。也就是说，采用此政策发放股利时，股东每年领取的股利额是变动的，其多少主要取决于公司每年实现的净利润的多少及股利支付率的高低。

2) 固定股利支付率政策的优缺点

（1）固定股利支付率政策的优点。采用固定股利支付率政策，股利与公司盈余紧密相关，体现了"多盈多分、少盈少分、无盈不分"的股利分配原则；采用固定股利支付率政策，公司每年按固定的比例从税后利润中支付现金股利，从公司支付能力的角度看，这是一种稳定的股利政策。

（2）固定股利支付率政策的缺点。一是传递的信息可能对公司产生不利影响。大多数公司每年的收益很难保持稳定不变，如果公司每年收益状况不同，固定支付率的股利政策将导致公司每年股利分配额的频繁变化。而波动的股利向市场传递的信号就是公司未来收益前景不明确、不可靠，很容易给投资者留下公司经营状况不稳定、投资风险较大的不良印象，对于稳定股票价格不利。二是容易使公司面临较大的财务压力。公司实现的盈利越多，并不代表公司有充足的现金派发股利，只能表明公司盈利状况较好而已。如果公司的现金流量状况并不好，却还要按固定比率派发股利的话，就会给公司造成较大的财务压力。三是缺乏财务弹性。股利支付率是公司股利政策的主要内容，其模式的选择、政策的制定属于公司的财务手段。在不同阶段，根据财务状况制定不同的股利政策，会更有效地实现公司的财务目标。但在固定股利支付率政策下，公司丧失了利用股利政策来调节资本结构的财务手段，缺乏财务弹性。四是合适的固定股利支付率的确定难度大。如果固定股利支付率确定得较低,不能满足投资者对投资收益的要求;而固定股利支付率确定得较高,在没有足够的现金派发股利时会给公司带来巨大的财务压力。另外,当公司发展需要大量资金时,也要受其制约。

3）固定股利支付率政策的适用范围

固定股利支付率政策比较适用于那些发展稳定且财务状况也较稳定的公司。

4. 低正常股利加额外股利政策

1）低正常股利加额外股利政策的内容

低正常股利加额外股利政策,是指一般情况下公司每年只支付固定的、数额较低的股利,在盈余多的年份,再根据实际情况向股东发放额外股利。但额外股利并不固定化,不意味着公司永久地提高了规定的股利支付率。如果额外支付股利后,公司盈余发生不好的变动,公司就可以仍然只支付原来确定的较低的股利。

2）低正常股利加额外股利政策的优缺点

（1）低正常股利加额外股利政策的优点:一是低正常股利加额外股利政策赋予公司一定的灵活性,使公司在股利发放上留有余地和具有较大的财务弹性,每年可以根据公司的具体情况,选择不同的股利发放水平,以完善公司的资本结构,进而实现公司的财务目标;二是低正常股利加额外股利政策有助于稳定股价,增强投资者信心。低正常股利加额外股利政策既吸收了固定股利政策保障股东投资收益的优点,同时又摒弃了其对公司造成财务压力的不足,所以在资本市场上颇受投资者和公司的欢迎。

（2）低正常股利加额外股利政策的缺点:一是不同年份之间公司的盈利波动使得额外股利不断变化,或时有时无,容易给投资者留下公司收益不稳定的感觉;二是当公司在较长时期持续发放额外股利后,可能会被股东误认为"正常股利",而一旦取消了这部分额外股利,可能会使股东认为这是公司财务状况恶化的表现,进而可能会引起公司股价下跌的不良后果。

3）低正常股利加额外股利政策的适用范围

低正常股利加额外股利政策一般适用于盈利水平随着经济周期波动较大的企业或行业。

二、利润分配方案的确定

(一) 选择股利政策

公司选择股利政策通常需要考虑以下几个因素:

（1）公司所处的成长与发展阶段。

（2）公司支付能力的稳定情况。

（3）公司获利能力的稳定情况。

（4）目前的投资机会。

（5）投资者的态度。

（6）公司的信誉状况。

(二) 确定股利支付水平

股利支付水平通常用股利支付率来衡量。股利支付率是当年发放股利与当年净利润之比,或每股股利除以每股收益。

是否对股东派发股利以及比率高低,主要取决于公司对下列因素的权衡:

（1）公司所处的成长周期及目前的投资机会。

（2）公司的再筹资能力及筹资成本。

（3）公司的控制权结构。

（4）顾客效应。

（5）股利信号传递功能。

（6）贷款协议以及法律限制。

（7）通货膨胀因素等。

（三）确定股利支付形式

选择发放股利的形式,是股利分配方案的一项重要内容。股利支付的形式主要有以下几种。

1. 现金股利

现金股利是指公司以现金的形式发放给股东的股利。发放现金股利的多少主要取决于公司的股利政策和经营业绩。上市公司发放现金股利主要出于两个原因:一是投资者偏好、减少代理成本;二是传递公司的未来信息。公司采用现金股利形式时,必须具备两个基本条件:一是公司要有足够的未指明用途的留存收益(未分配利润);二是公司要有足够的现金。

2. 股票股利

股票股利是指公司以股票形式发放的股利,即按股东股份的比例发放股票作为股利。它不会引起公司资产的流出或负债的增加,而只涉及股东权益内部结构的调整。

3. 财产股利

财产股利是指公司用有价值的财产物资作为股利支付给股东的股利支付形式。例如,用公司拥有的其他公司的股票、债券等有价证券作为现金的替代品向股东支付股利。

4. 负债股利

负债股利即公司通过建立一项负债的方式向股东发放股利。例如,以公司的应付票据或债券作为股利支付给股东,在未来一定时期再偿付该项负债。

（四）确定股利发放日期

股份公司分配股利必须遵循法定的程序,先由董事会提出分配预案,然后提交股东大会决议,股东大会决议通过分配预案之后,向股东宣布发放股利的方案,并确定股权登记日、除息(或除权)日和股利支付日等。

1. 股利宣告日

股利宣告日即公司董事会宣布发放股利的日期。在股利宣告日,公司应将决定支付的股利总额作为负债加以确认。

2. 股权登记日

股权登记日是指有权领取股利的股东资格登记的最后日期。一般公司宣布发放股利后,可规定一段时期供股东过户登记。只有在股权登记日及之前列入股东名册上的股东,才有权获得本次分派的股利。

3. 除息(或除权)日

除息(或除权)日即除去交易中的股票领取本次分配的股利权利的日期。除息、除权分别适用于分配现金股利和股票股利的情况。在股权登记日确定之后,除息(或除权)日一般取决于证券业的交易习惯。例如,若证券业的交易习惯为实行"T+3"交易制度,即成交日之后的第三天才能完成交割和过户手续,那么为了保证在股权登记日成为法定意义上的股东,新股东最晚应在股权登记日之前的第三天购入股票,而从股权登记日之前的第二天开始购买股票的股东,不能在股权登记日完成交割和过户手续,就无权领取本次股利,在这种情况下,股权登记日之前的第二天即为除息(或除权)日。当证券交易通过先进的计算机交易系统进行时,证券交易、交割和过户往往在一天之内就能完成,那么在股权登记日当天购买股票的股东,仍然拥有领取本次发放的股利的权利,即在证券业实行"T+0"交易制度的情况下,除息(或除权)日应为股权登记日之后的第一个工作日。除息(或除权)日对股票的价格有明显的影响,从除息(或除权)日开始,股票价格因不再含有本次股利而会有所下降。

4. 股利支付日

股利支付日,即公司确定的向股东正式发放股利的日期。公司通过资本清算系统或其他方式将股利支付给股东。

【例7-2】　中国琴岛公司于20×7年3月10日举行的股东大会上通过了利润分配方案,并于当日由董事会宣布20×6年利润分配方案为每10股派发现金股利6元,公司将于20×7年3月31日将股利支付给已在20×7年3月20日之前登记在册的本公司股东。

根据上述条件,中国琴岛公司的股利宣告日为20×7年3月10日,股权登记日为20×7年3月20日,股利支付日为20×7年3月31日。如果证券交易所实行"T+3"交易制度,那么除息日应为20×7年3月18日;如果证券交易所实行"T+0"交易制度,那么除息日应为20×7年3月21日。

三、股票股利、股票分割和股票回购

(一) 股票股利

1. 股票股利的含义

股票股利是指企业以发行的股票作为股利的支付方式。股票股利并不直接增加股东的财富,不导致公司资产的流出或负债的增加,同时也并不因此而增加公司的财产,但会引起所有者权益各项目的结构发生变化。发放股票股利以后,如果盈利总额与市盈率不变,每股收益和每股市价会因普通股股数增加而下降。但由于股东所持股份的比例不变,每位股东所持有股票的市场价值总额仍保持不变。

2. 发放股票股利对股东的意义

(1) 事实上,有时公司发放股票股利后其股价并不成比例下降;一般在发放少量股票股利后,股价不会立即变化。这可使股东得到股票价值相对上升的好处。

(2) 发放股票股利的公司通常处于成长期,因此,投资者往往认为发放股票股利预示着公司将有较大发展,利润将大幅度增长,足以抵销增发股票带来的消极影响。这种心理会稳定住股价甚至略有提升。

(3) 在股东需要现金时,还可以将分得的股票股利出售,有些国家的税法规定出售股票所需缴纳的资本利得(价值增值部分)税率比收到现金股利所需交纳的所得税税率低,这使得股东可以从中获得纳税上的好处。

3. 发放股票股利对公司的意义

(1) 发放股票股利可使股东分享公司的盈余无须分配现金,这使公司留存了大量现金,便于进行再投资,有利于公司长期发展。

(2) 在盈余和现金股利不变的情况下,发放股票股利可以降低每股价格,从而吸引更多的投资者。

(3) 发放股票股利往往会向社会传递公司将会继续发展的信息,从而提高投资者对公司的信心,在一定程度上稳定股票价格。但在某些情况下,发放股票股利也会被认为是公司资金周转不灵的征兆,从而降低投资者对公司的信心,加速股价的下跌。

(4) 发放股票股利的费用比发放现金股利的费用大,会增加公司的负担。

【例 7-3】 中国琴岛公司宣布发放 10% 的股票股利,即发放 20 000 股普通股股票,并规定现有股东每持 10 股可得 1 股新发放股票。若该股票当时市价为 20 元,随着股票股利的发放,按照股票市值需从留存收益划转出的资金为:$20 \times 200\,000 \times 10\% = 400\,000$(元)。

派发 20 000 股的股票股利后,使股本账户增加了 20 000 元,由于股票面额(1 元)不变,股本数量也增加了 20 000 股,即从派发前的 200 000 股增加到 220 000 股。其余的 380 000 元(400 000−20 000)应作为股票溢价转至资本公积账户,而公司股东权益总额保持不变。公司股东权益各项目在发放股票股利前后的情况如表 7-1 所示。

表 7-1   股票股利发放前后对比表

项目	发放股票股利前	发放股票股利后
股本(面额 1 元,均为发行的普通股)	200 000	220 000
资本公积	400 000	780 000
留存收益	2 000 000	1 600 000
股东权益合计	2 600 000	2 600 000

(二) 股票分割

1. 股票分割的含义

股票分割,又称为股票拆细或拆股,是指将一张较大面值的股票拆成几张较小面值的股票。股票分割对公司的资本结构不会产生任何影响,一般只会使发行在外的股票总数增加,使得每股面额降低,每股盈余下降;但公司价值不变,资产负债表中股东权益各账户(股本、资本公积、留存收益)的余额及其相互之间的比例都保持不变,股东权益的总额也保持不变。

2. 股票分割的主要作用

(1) 有利于促进股票流通和交易。

(2) 有助于公司并购政策的实施,增加对被并购方的吸引力。

(3) 可能增加股东的现金股利,使股东感到满意。

(4) 有利于增强投资者对公司的信心。

【例 7-4】 中国琴岛公司原发行面额 2 元的普通股 200 000 股,若按 1 股换成 2 股的比例进行股票分割,分割前、后的每股收益计算如表 7-2、表 7-3 所示。

7-2 音频:
股票分割

表 7-2   股票分割前的股东权益

项目	金额
普通股(面额 2 元,已发行 200 000 股)	400 000
资本公积	800 000

（续表）

项目	金额
未分配利润	4 000 000
股东权益合计	5 200 000

表 7-3　　　　　　　　　　　　股票分割后的股东权益

项目	金额
普通股(面额1元,已发行400 000股)	400 000
资本公积	800 000
未分配利润	4 000 000
股东权益合计	5 200 000

假定公司本年净利润 440 000 元,那么股票分割前的每股收益为 2.2 元;假定股票分割后公司净利润不变,分割后的每股收益为 1.1 元,如果市盈率不变,每股市价也会因此而下降。

（三）股票回购

1. 股票回购的含义

股票回购是指股份公司出资将其发行流通在外的股票以一定价格购回予以注销或作为库存股的一种资本运作方式。

 延伸阅读7-1

《公司法》对股票回购的相关规定

我国《公司法》规定,公司只有在以下四种情形下才能回购本公司的股份:一是减少公司注册资本;二是与持有本公司股份的其他公司合并;三是将股份奖励给本公司职工;四是股东因对股东大会做出的合并、分立决议持异议,要求公司收购其股份。

公司因第一种情况收购本公司股份的,应当在收购之日起 10 日内注销;属于第二、第四种情况的,应当在 6 个月内转让或者注销。公司因奖励职工回购股份的,不得超过本公司已发行股份总额的 5%;用于回购的资金应当从公司的税后利润中支出;所收购的股份应当在一年内转让给职工。可见我国法规并不允许公司拥有西方会计实务中常见的库存股。

2. 股票回购对股东的意义

对股东而言,股票回购后股东得到的资本利得需缴纳资本利得税,发放现金股利后股东则需缴纳股息税。在前者低于后者的情况下,股东将得到纳税上的好处。

3. 股票回购对公司的意义

（1）公司进行股票回购的目的之一是向市场传递股价被低估的信号。股票回购有着与股票发行相反的作用。股票发行被认为是公司股票被高估的信号,如果公司管理层认为公司目前的股价被低估,通过股票回购,向市场传递了积极信号。股票回购的市场反应通常是提升了股价,有利于稳定公司股票价格。如果回购以后股票仍被低估,剩余股东也可以从低价回购中获利。

（2）当公司可支配的现金流明显超过投资项目所需的现金流时,可以用自由现金流进行股票回购,有助于增加每股盈利水平。股票回购减少了公司自由现金流,起到了降低管理层代理成本的作用。管理层通过股票回购试图使投资者相信公司的股票是具有投资吸引力的,公司没有把股东的钱浪费在收益不好的投资中。

(3)避免股利波动带来的负面影响。当公司剩余现金流是暂时的或者不稳定的,没有把握能够长期维持高股利政策时,可以在维持一个相对稳定的股利支付率的基础上,通过股票回购发放股利。

(4)发挥财务杠杆的作用。如果公司认为资本结构中权益资本的比例较高,可以通过股东回购提高负债比率,改变公司的资本结构,并有助于降低加权平均资本成本。虽然发放现金股利也可以减少股东权益,增加财务杠杆,但两者在收益相同情形下的每股收益不同。特别是通过发行债券融资回购本公司的股票,可以快速提高负债比率。

(5)通过股票回购,可以减少外部流通股的数量,提高股票价格,在一定程度上降低公司被收购的风险。

(6)调节所有权结构。公司拥有回购的股票(库存股),可以用来交换被收购或被兼并公司的股票,也可用来满足认股权证持有人认购公司股票或可转换债券持有人转换公司普通股的需要,还可以在执行管理层与员工股票期权时使用,避免发行新股而稀释收益。

4. 股票回购的方式

股票回购的方式按照不同的分类标准主要有以下几种:

(1)按照股票回购的地点不同,可以分为场内公开收购和场外协议收购两种。

场内公开收购是指公司把自己等同于任何潜在的投资者,委托证券公司代自己按照公司股票当前市场价格回购。场外协议收购是指公司与某一类或某几类投资者直接见面,通过协商来回购股票的一种方式。协商的内容包括回购股票的价格与数量,以及执行时间等。很显然,这种方式的缺点就在于透明度比较低。

(2)按照股票回购的对象不同,可以分为在资本市场上进行随机回购、向全体股东招标回购和向个别股东协商回购三种。

在资本市场上随机收购的方式最为普遍,但往往受到监管机构的严格监控。在向全体股东招标回购的方式下,回购价格通常高于当时的股票价格,具体的回购工作一般要委托金融中介机构进行,成本费用较高。由于不是面向全体股东,向个别股东协商回购必须保持回购价格的公正合理性,以免损害其他股东的利益。

(3)按照筹资方式不同,可分为举债回购、现金回购和混合回购三种。

举债回购是指公司通过向银行等金融机构借款的办法来筹资回购本公司的股份。其目的无非是防御其他公司的恶意兼并与收购。现金回购是指公司利用剩余资金来回购本公司的股票。如果公司既动用剩余资金,又向银行等金融机构举债来回购本公司股票,称之为混合回购。

(4)按照回购价格的确定方式不同,可以分为固定价格要约回购和荷兰式拍卖回购两种。

固定价格要约回购是指公司在特定时间发出的以某一高出股票当前市场价格的价格水平,回购既定数量股票的卖出报价。为了在短时间内回购数量相对较多的股票,公司可以宣布固定价格回购要约。它的优点是赋予所有股东向公司出售其所持有股票的均等机会,而且通常情况下公司享有在回购数量不足时取消回购计划或延长要约有效期的权利。荷兰式拍卖回购首次出现于1981年Todd造船公司的股票回购。此种方式的股票回购在回购价格确定方面给予公司更大的灵活性。在荷兰式拍卖的股票回购中,首先公司指定回购价格的范围(通常较宽)和计划回购的股票数量(可以上下限的形式表示);而后股东进行投标,说明愿意以某一特定价格水平(股东在公司指定的回购价格范围内任选)出售股票的数量;最后公司汇总所有股东提交的价格和数量,确定此次股票回购的"价格—数量曲线",并根据实际回购数量确定最终的回购价格。

5. 股票回购应考虑的因素

(1) 股票回购的节税效应。

(2) 投资者对股票回购的反应。

(3) 股票回购对股票市场价值的影响。

(4) 股票回购对公司信用等级的影响。

第二节 价值分享管理

一、价值分享的定义

价值分享就是公司可以拿出来进行分享并且最终能给分享对象带来财富或其他形式的经济效能增加的剩余,具体是指公司总收入扣除折旧费和对外固定合约支付(外购原材料和劳务的价值)后的余额,即公司新创造的价值。从理论的角度看,价值分享是一个组织的成员共同创造并分享物质财富和精神财富的过程;而从实践的角度看,价值分享是一个公司通过提高员工的献身精神和技能,提高公司效率,从而促进公司成长的过程。

二、价值分享的目的和意义

1. 价值分享的目的

为了有效应对外部环境的不确定性、推动组织可持续发展,越来越多的公司注重与核心人才进行价值分享,以调动这些人才的积极性、主动性与创造性。公司要做好价值分享,首先必须遵循一切从培养员工的献身精神出发为原则。员工的献身精神只是一个中间变量,提高效率才是价值分享所追求的结果;而效率的提高不但可以给老板带来持久的利益,也可以给员工带来持久的利益。此外,组织的可靠性及就业安全性也是员工关注的重点。

2. 价值分享的意义

在公司中,价值分享本身并不是做慈善或做公益,而是一种基于追求效率的价值创造和价值分享的过程。其长远意义是把公司建设成一个情感和利益的共同体,通过提高员工的积极性、激发人才的活性,进而促进公司的可持续发展;其现实意义是为了有效地节约监管成本,提高生产效率,提升工人对公司的忠诚度,在经济不景气、经营困难的背景下,动员全体员工分担责任、共克时艰,为公司的成长和持续成长保留机会。

三、价值分享的作用

价值分享的作用主要有两个:一是提高员工的献身精神,从而促进公司效率的提高;二

7-3 阅读资料:基于事业合伙人机制的价值分享设计——XD集团经营类子公司实践验证

是提高员工对公司的满意度,从而提高对公司的忠诚度。后者的作用更大,因为有了忠诚度就意味着员工愿意长期为公司服务,而这样的员工一定是对公司充满献身精神和责任感的。

这里,假设我们用 SS 代表员工的价值满意度,V 代表公司价值观,S 代表薪酬水平,P 代表公正评价,W 代表就业安全,D 代表职业开发……则公司的"价值法则"可以表达如下:

$$SS = f_5(V, S, P, W, D……)$$

在公司中,员工的价值满意度是公司价值观、薪酬水平、公正评价、就业安全和职业开发等诸多因素的复合函数。

四、价值分享的内容

1. 实现以价值观为基础的聘用

将"以人为本"的价值观付诸管理实践,把价值观的考核贯穿于人力资源管理的全过程,践行于员工的招聘、录用、培养、使用、分享等每个环节。对员工的甄别有许多角度,但首要的是对其价值观进行判断,坚决贯彻以价值观为基础的聘用,在用人问题上严把入口、严控源头。

2. 保证员工的公平对待

现如今,员工在选择工作时不仅看重工作内容、薪资水平,也更注重自己的内心感受,其中公平对待至为重要,这一变化对现有管理制度和管理方式提出了挑战。员工公平的公司文化影响着求职者的选择,因此公司有必要采取相应的管理措施吸纳人才,增强公司竞争力,增强公司文化制度建设,打造平等公正的文化氛围,树立"以人为本"的方针和理念,满足员工基本心理需要。

3. 保证员工的就业安全

使员工具有就业安全感非常重要,它不仅直接影响员工的表现,还影响公司发展的稳定性。员工对公司的忠诚不仅来自薪酬的高低,还来自对组织的可靠性、自身的就业安全和未来成长的考量。公司提高就业安全感可采取的措施有:与劳动挂钩的工资收入;员工薪资浮动,经济困难时可减薪而不必裁员;设计年资薪金,服务越久的人员得到的年资薪金越多。

7-4 阅读资料:企业价值分享的原则、形式与机制——一项多案例比较研究

4. 合理的利益分享计划

利益分享是价值分享的核心,包括合理的薪资水平、有效激励的奖酬制度、股权激励以及员工福利措施等。除此之外,还需要对激励的目标、强度和效果进行综合的评估和检验。利益分享的合理性、可行性和可持续性十分重要。从经济学角度来看,只有源于效率提高的收入增加才是合理的、可持续的。

5. 员工公司的职业开发计划

帮助公司实现价值和成长是公司对员工的期待,而帮助员工实现价值和成长是员工对公司的要求,在公司中全面实施员工职业开发计划是相辅相成的。

员工职业开发计划,是指从公司的角度考虑并安排的员工及员工家庭的成长计划。公司成长的过程就是员工成长的过程,公司价值最大化的过程就是员工职业开发最大化的过程。公司通过对员工进行培训,开发员工的潜力,实施综合性的内部提升计划,制订职业发展计划,开展心理辅导和咨询,帮助员工做好家庭财务计划等措施,可以提高员工素质、技能

和增强归属感。

本 章 小 结

　　本章主要学习利润分配与价值分享的相关知识,要求掌握利润分配的顺序、利润分配政策、股利支付形式、股票股利的含义、股票分割的含义以及股票回购的含义;阐述利润分配政策的优缺点,以及主要的股利支付形式对股东和公司的意义;从理论及实践角度理解企业价值分享的内容及作用。

本 章 重 要 概 念

　　剩余股利政策　固定股利或持续增长股利政策　固定股利支付率政策　低正常股利加额外股利政策　现金股利　股票股利　财产股利　负债股利　股票分割　股票回购　价值分享

7-5　第七章课件

7-6　第七章练习题

7-7　第七章练习题答案

第八章 财务与经济活动分析

内容简介

本章主要介绍财务分析的概念、目的和局限性；详细阐述财务分析的方法，偿债能力、营运能力、盈利能力、市价比率等相关指标的计算与分析；简单介绍企业综合财务分析方法——杜邦财务分析体系；简要介绍经济活动分析的概念、内容、形式及程序。

重点难点

本章重点为偿债能力、营运能力、盈利能力、市价比率等相关指标的计算与分析，本章难点为杜邦财务分析体系的核心比率计算和分析方法。

学习目标

通过学习本章，学生应了解财务分析的概念、目的及局限性；明确财务分析的方法，包括比较分析法和因素分析法；掌握杜邦财务分析体系的核心比率计算和分析方法；了解经济活动分析的内容、形式及程序。

知识框架

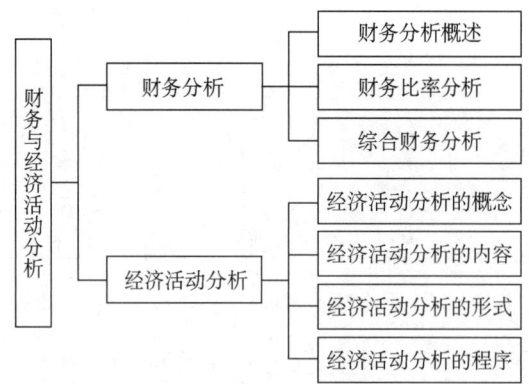

 引入案例　　　　欣泰电气两年半退市路

2016 年 7 月 12 日，欣泰电气(300372)开启了跌停板之旅。

自 2014 年 1 月 27 日欣泰电气上市至 2016 年 7 月 12 日，也只有两年半时间。

在此期间，2015 年 5 月，＊ST 二重成为 2014 年退市制度改革后第一家主动退市的公司；此后，ST 博元成为首家因重大信批违规退市的企业。此次欣泰电气的退市，则开启了因欺诈发行而退市的先河。

那么,这一出荒诞剧到底是如何上演的呢?

欺诈发行导致退市

欣泰电气总部位于辽宁丹东,主要从事变电设备的制造及销售。

2011年11月,欣泰电气向证监会提交了IPO申请;2012年7月3日,公司通过创业板发审会审核。2014年1月27日,欣泰电气正式登陆创业板。

但是,在其上市短短一年半以后,证监会就于2015年7月14日对其展开立案调查,证实欣泰电气不仅在上市申请文件中对相关财务数据做了虚假记载,而且在上市后披露的定期报告中也存在虚假记载和重大遗漏。

2016年6月1日,欣泰电气发表公告,公司涉嫌欺诈发行及信息披露违法违规案已由证监会调查完毕,证监会拟对欣泰电气及相关责任人做出行政处罚、罚款和市场禁入措施。6月17日,证监会通报了对欣泰电气及中介机构违法违规案件的查处情况,指出一旦认定欣泰电气欺诈发行并做出行政处罚,将启动欣泰电气后续退市程序。7月8日,证监会对欣泰电气欺诈发行正式做出行政处罚,启动强制退市程序。

至此,欣泰电气成为创业板退市第一股,同时也是第一家因欺诈发行退市的公司。

欣泰电气的退市是根据2014年10月证监会发布实施《关于改革完善并严格实施上市公司退市制度的若干意见》(以下简称《意见》)的规定进行处理的。《意见》规定,上市公司因首次公开发行股票申请或者披露文件存在虚假记载、误导性陈述或者重大遗漏,致使不符合发行条件的发行人骗取了发行核准,或者对新股发行定价产生了实质性影响,受到证监会行政处罚,或者因涉嫌欺诈发行罪被依法移送公安机关的,证券交易所应当依法做出暂停其股票上市交易的决定。

最高额赔付

作为欣泰电气的保荐机构,兴业证券也尝到了恶果。

2016年6月27日,兴业证券已公开表示拟使用公司自有资金5.5亿元设立欣泰电气适格投资者先行赔付专项基金,用于先行赔付适格投资者的投资损失。

兴业证券在2016年7月8日的公告中称,先行赔付专项基金在基金设立公告刊登之日起正式成立,兴业证券将于先行赔付专项基金设立前将出资额划付至先行赔付专项基金资金监管专户。

此前,因虚假陈述行为,已有平安证券保荐的万福生科(300268.SZ)和海联讯(300277.SZ)两个主动赔付案例。

2013年5月,万福生科的IPO保荐机构平安证券出资3亿元设立万福生科虚假陈述事件投资者利益补偿专项基金,实际赔付金额约1.79亿元;2014年7月,海联讯4位主要股东出资2亿元设立了虚假陈述事件投资者利益补偿专项基金,实际赔付金额约0.89亿元。

思考:有哪些方法可以检查出上市公司财务数据造假?

资料来源:吴月霞.欣泰电气成创业板"退市第一股"还有几步[EB/OL].(2016-06-02)[2023-03-28].https://cj.sina.com.cn/article/detail/5597884738/13954? isfromsina=no.

第一节 财务分析

一、财务分析概述

(一)财务分析的概念

财务分析是一个完整的体系,其分析的内容涉及企业财务分析的各个方面,分析方法和指标适用于任何企业及企业内的各个部门,只是不同的企业和部门具体应用时需要注意各自的特征。

广义的财务分析应包括企业一般与具体、整体与部门、内部与外部、目前与未来、价值与非价值等各种与企业经营成果和财务状况相关的内容分析。同时,财务分析也不受时间的限制,除了要进行定期的财务分析外,也可在平时对重要事项进行不定期分析,对特殊项目进行专项分析等,以帮助企业解决日常经营问题和特殊事项的决策问题。

从狭义上讲,财务分析是对各项财务指标完成情况所进行的分析,或将其理解为财务报表分析。

本节讲解的财务分析,主要是进行狭义上的财务分析,即财务报表分析。

(二) 财务分析的目的

财务分析的目的是将财务报表数据转换成有用的信息,以帮助信息使用者改善决策。现代财务分析一般包括战略分析、会计分析、财务分析和前景分析四个维度。

1. 战略分析的目的

战略分析的目的是确定主要的利润动因及经营风险并定性评估企业盈利能力,包括宏观分析、行业分析和企业竞争策略分析等。

2. 会计分析的目的

会计分析的目的是评价企业会计反映其经济业务的程度,包括评估企业会计的灵活性和恰当性、修正会计数据等。

3. 财务分析的目的

财务分析的目的是运用财务数据评价企业当前及过去的业绩并评估,包括比率分析和现金流量分析等。

4. 前景分析的目的

前景分析的目的是预测企业未来,包括财务报表预测和企业估值等内容。

(三) 财务分析的方法

财务分析的方法有很多种类,可归纳为比较分析法和因素分析法两类。不同财务分析者,由于分析目的不同,而采用各自所需的分析方法。

1. 比较分析法

比较是认识事物的最基本方法,没有比较就没有鉴别。财务报表分析的比较分析法,是对两个或两个以上有关的可比数据进行对比,从而揭示趋势或差异。

1) 按比较分析的对象划分

(1) 与本企业历史数据的比较分析,即与本企业不同时期(3~10 年)指标相比,称为趋势分析。

(2) 本企业与同类企业数据的比较分析,即与行业平均数或对标企业指标比较,称为横向比较分析。

(3) 本企业实际与计划预算数据的比较分析,即实际执行结果与计划预算指标比较,称为预算差异分析。

2) 按比较内容分为划分

(1) 会计要素的总量比较分析。总量是指报表项目的总金额,如总资产、净资产、净利润等。总量比较主要采用时间序列分析,例如,研究利润的逐年变化趋势,看其增长潜力;有时也用于同业对比,分析企业相对规模和竞争地位的变化。

(2) 结构百分比比较分析。把资产负债表、利润表、现金流量表转换成结构百分比报表。例如,以收入为100%,分析利润表各项目的比重。结构百分比报表用于发现有显著问题的项目,揭示进一步分析的方向。

(3) 财务比率比较分析。财务比率是各会计指标之间的数量关系,反映它们的内在联系。财务比率是相对数,排除了规模的影响,具有较好的可比性,是最常用的比较分析方法。财务比率的计算相对简单,但对其加以说明和解释却比较复杂和困难。

2. 因素分析法

因素分析法是依据财务指标与其驱动因素之间的关系,从数量上确定各因素对指标影响程度的一种方法。该方法将分析指标分解为各个可以量化的因素,并根据各个因素之间的依存关系,顺次用各因素的比较值(通常为实际值)替代基准值(通常为标准值或计划值),据以测定各因素对分析指标的影响。分析时要逐次进行各因素的有序替代,因此因素分析法又称为连环替代法。

因素分析法一般分为四个步骤:①确定分析对象,即确定需要分析的财务指标,比较其实际数额和标准数额(如上年实际数额),并计算两者的差额;②确定该财务指标的驱动因素,即根据该财务指标的形成过程,建立财务指标与各驱动因素之间的函数关系模型;③确定驱动因素的替代顺序;④按顺序计算各驱动因素脱离标准的差异对财务指标的影响。

【例8-1】 某企业20×7年3月生产产品所耗某种材料费用的实际数是6 720元,而其计划数是5 400元。实际比计划增加1 320元。因为材料费用由产品产量、单位产品材料耗用量和材料单价三个因素的乘积构成,所以材料费用这一总指标可以分解为三个因素,然后逐个分析它们对材料费用总额的影响程度。现假设这三个因素的数值如表8-1所示。

表8-1   材料费用资料

项目	单位	计划数	实际数	差异
产品产量	件	120	140	20
材料单耗	千克/件	9	8	−1
材料单价	元/千克	5	6	1
材料费用	元	5 400	6 720	1 320

根据表8-1中资料,材料费用总额实际数较计划数增加1 320元,这是分析对象。运用连环替代法,可以计算各因素变动对材料费用总额的影响程度,具体如下:

计划指标:120×9×5＝5 400(元)   ①

第一次替代:140×9×5＝6 300(元)   ②

第二次替代:140×8×5＝5 600(元)   ③

第三次替代:140×8×6＝6 720(元)(实际数)   ④

各因素变动的影响程度分析:

产量增加的影响:②−①＝6 300−5 400＝900(元)

材料节约的影响:③−②＝5 600−6 300＝−700(元)

价格提高的影响:④−③＝6 720−5 600＝1 120(元)

全部因素的影响:900−700＋1 120＝1 320 (元)

企业是一个有机整体,每个财务指标的高低都受其他因素的驱动。从数量上测定各因素的影响程度,有助于抓住主要矛盾,或更有说服力地评价经营状况。财务分析的核心是追溯产生差异的原因,因素分析法提供了定量解释差异成因的工具。

 思政育人

诚信是企业发展的基石

诚信是中华民族的传统美德之一,也是社会、经济、企业发展和个人进步的道德基础。孔子说:"人而无信,不知其可也! 大车无輗,小车无軏,其何以行之哉?"诚信对个人来说,是为人处世之立身之本。对企业来说,"诚"是企业聚心之魂,"信"是企业立足之本。诚信理念是中国企业文化建设的重点之一,也是企业生存的根本,诚信是企业生存和发展的基本要求。在市场经济的发展中,企业之间竞争力不断增强,诚信成为提高企业竞争力的基石,没有诚信的企业根本无法在市场中立足和发展。

诚信对于企业发展的意义在于:诚信是企业形成持久竞争力的无形资产;诚信是维护企业良好形象的内在要求;诚信是企业组织绩效的保证。诚信对一个品牌、一家企业来讲,是灵魂、是生命、是企业生存和发展的永恒的动力。

资料来源:董宝林.论诚信是中小企业发展的基石[J].现代商贸工业,2014(10):83.

(四)财务分析的局限性

财务分析以财务报表数据为主要分析依据,而财务报表本身存在着一定的局限性。

1. 财务报表本身的局限性

财务报表是企业财务会计系统的产物。每个企业的财务会计系统,都会受会计环境和企业会计战略的影响。

会计环境包括会计规范和会计管理、税务与会计的关系、外部审计、会计争端处理的法律系统、资本市场结构、公司治理结构等。这些因素是决定企业会计系统质量的外部因素。会计环境缺陷会导致会计系统缺陷,使之不能完全反映企业的实际状况。会计环境的重要变化会导致会计系统的变化,影响财务数据的可比性。例如,会计规范要求以历史成本报告资产,使财务数据不代表其现行成本或变现价值;会计规范要求假设币值不变,使财务数据不随通货膨胀率或物价水平变动;会计规范要求遵循谨慎原则,使会计预计损失而不预计收益,有可能少计收益和资产;会计规范要求按年度分期报告,使得财务报表只报告短期信息,不能提供反映长期潜力的信息。

企业会计战略是企业根据环境和经营目标做出的主观选择,不同企业会有不同的会计战略。企业会计战略包括选择会计政策、会计估计、补充披露及报告具体格式。不同会计战略会导致不同企业财务报告的差异,并影响其可比性。例如,对同一会计事项的会计处理,会计准则允许企业选择不同的会计政策,包括存货计价方法和固定资产折旧方法等。虽然财务报表附注对会计政策选择有一定的表述,但报表使用人未必能完成可比性的调整工作。

由于上述原因,财务报表存在如下局限性:①财务报表没有披露企业的全部信息,管理层拥有更多的信息,披露的只是其中的一部分;②已经披露的财务信息存在会计估计误差,不可能是真实情况的全面准确计量;③管理层的各项会计政策选择,有可能降低信息可比性。

2. 财务报表的可靠性问题

只有依据符合规范的、信息可靠的财务报表,才能得出正确的分析结论。所谓符合规范,是指除了上述局限性以外,没有虚假陈述。当然,外部分析人员很难认定是否存在虚假陈述,财务报表的可靠性有赖于注册会计师的鉴证。当然,注册会计师不能保证财务报表没

有任何错报和漏报。因此,分析人员自己必须关注财务报表的可靠性,对可能存在的问题保持足够的警觉。

外部分析人员虽然不能认定是否存在虚假陈述,但可以发现一些"危险信号"。对于存有危险信号的报表,分析人员要通过更细致的考察或获取其他有关信息,对财务报表信息的可靠性做出自己的判断。

常见的危险信号包括如下几种:

(1)财务报告不规范。不规范的财务报告,其可靠性也应受到怀疑。分析人员要关注财务报告是否存在重大遗漏,有的重大遗漏可能是因不想讲真话引起的;要注意是否及时提供财务报告,不能及时提供报告暗示企业当局与注册会计师存在分歧。

(2)数据出现异常。异常数据如无合理解释,应考虑该数据的真实性和一贯性是否存在问题。例如,原因不明的会计调整,可能是利用会计政策的灵活性"粉饰"报表数据;与销售额相比应收账款异常增加,可能存在提前确认收入问题;报告净利润与经营活动产生的现金流量净额的缺口加大,报告利润总额与应纳税所得额之间的缺口加大,可能存在盈余管理;第四季度大额的资产冲销和大额调整,可能是中期报告存在问题,年度报告根据注册会计师的建议进行了调整。

(3)关联方交易异常。关联方交易的定价不公允,可能存在转移利润的动机。

(4)资本利得金额大。在经营业绩不佳时,企业可能通过出售长期资产、债务重组等交易实现资本利得。

(5)审计报告异常。无正当理由更换注册会计师,或审计报告附有保留意见,有待做进一步分析判断。

3. 比较基础问题

在比较分析时,需要选择比较的参照标准,包括同业数据、本企业历史数据和预算数据。

横向比较时,需要使用同业标准。同业平均数只有一般性的参考价值,未必具备有代表性或合理的基准。选同行业一组有代表性的企业求平均数,作为同业标准,可能比整个行业的平均数更有可比价值。近年来,分析人员常以一流企业作为标杆,进行对标分析。也有不少企业实行多种经营,没有明确的行业归属,同业比较更加困难。

趋势分析,应以本企业历史数据为比较基础。历史数据代表过去,并不代表合理性。经营环境变化后,本年比上年利润提高了,未必说明已经达到应该达到的水平,甚至未必说明管理有了改进。

实际与预算比较分析,应以预算数据为比较基础。实际与预算发生差异,可能是执行中有问题,也可能是预算不合理,两者的区分并非易事。

总之,对比较基础本身要准确理解,并且要有限定地使用分析结论,避免简单化和绝对化。

二、财务比率分析

财务报表中有大量数据,可以用于计算企业有关的财务比率。为便于说明财务比率的计算和分析方法,本书以 ABC 股份有限公司(以下简称 ABC 公司)的财务报表数据为例。该公司 20×2 年资产负债表、利润表和现金流量表,如表 8-2、表 8-3 和表 8-4 所示。为简化计算,列举的数据都是假设的。

表 8-2   **资产负债表**

编制单位：ABC公司   20×2年12月31日   单位：万元

资产	期末金额	上年年末金额	负债和股东权益	期末金额	上年年末金额
流动资产：			流动负债：		
货币资金	44	25	短期借款	60	45
交易性金融资产	0	0	交易性金融负债	0	0
应收票据	20	23	应付票据	33	14
应收账款	398	199	应付账款	100	109
预付账款	22	4	应付职工薪酬	10	4
其他应收款	12	22	应交税费	2	1
存货	119	326	其他应付款	17	20
一年内到期的非流动资产	77	11	一年内到期的非流动负债	25	22
其他流动资产	8	0	其他流动负债	53	5
流动资产合计	700	610	流动负债合计	300	220
			非流动负债：		
非流动资产：			长期借款	450	245
债权投资	0	0	应付债券	240	260
其他债权投资	0	0	长期应付款	50	60
长期应收款	0	0	预计负债	0	0
长期股权投资	30	0	递延所得税负债	0	0
固定资产	1 238	1 012	其他非流动负债	0	15
在建工程	18	35	非流动负债合计	740	580
无形资产	6	8	负债合计	1 040	800
开发支出	0	0	股东权益：		
商誉	0	0	股本	100	100
长期待摊费用	5	15	资本公积	10	10
递延所得税资产	0	0	其他综合收益	0	0
其他非流动资产	3	0	盈余公积	60	40
非流动资产合计	1 300	1 070	未分配利润	790	730
		0	股东权益合计	960	880
资产总计	2 000	1 680	负债和股东权益总计	2 000	1 680

表 8-3   **利润表**

编制单位：ABC公司   20×2年   单位：万元

项目	本期金额	上期金额
一、营业收入	3 000	2 850
减：营业成本	2 644	2 503
税金及附加	28	28

（续表）

项目	本期金额	上期金额
销售费用	22	20
管理费用	46	40
财务费用	110	96
加:公允价值变动收益	0	0
投资收益	6	0
资产减值损失(损失以"-"号填列)	0	0
二、营业利润	156	163
加:营业外收入	45	72
减:营业外支出	1	0
三、利润总额	200	235
减:所得税费用	64	75
四、净利润	136	160
五、其他综合收益的税后净额	0	0
不能重分类进损益的其他综合收益	0	0
将重分类进损益的其他综合收益	0	0
六、综合收益总额	136	160
七、每股收益:		
(一)基本每股收益(元/股)	略	略
(二)稀释每股收益(元/股)	略	略

表 8-4　　　　　　　　　　　**现金流量表**

编制单位:ABC 公司　　　　　　　20×2 年　　　　　　　　单位:万元

项目	本期金额	上期金额(略)
一、经营活动产生的现金流量:		
销售商品、提供劳务收到的现金	2 810	
收到的税费返还	0	
收到其他与经营活动有关的现金	10	
经营活动现金流入小计	2 820	
购买商品、接受劳务支付的现金	2 363	
支付给职工以及为职工支付的现金	29	
支付的各项税费	91	
支付其他与经营活动有关的现金支出	14	

（续表）

项目	本期金额	上期金额（略）
经营活动现金流出小计	2 497	
经营活动产生的现金流量净额	323	
二、投资活动产生的现金流量：		
收回投资收到的现金	0	
取得投资收益收到的现金	0	
处置固定资产、无形资产和其他长期资产收回的现金净额	22	
处置子公司及其他营业单位收到的现金净额	0	
收到其他与投资活动有关的现金	0	
投资活动现金流入小计	22	
购置固定资产、无形资产和其他长期资产支付的现金	369	
投资支付的现金	30	
支付其他与投资活动有关的现金	0	
投资活动现金流出小计	399	
投资活动产生的现金流量净额	−377	
三、筹资活动产生的现金流量：		
吸收投资收到的现金	0	
取得借款收到的现金	270	
收到其他与筹资活动有关的现金	0	
筹资活动现金流入小计	270	
偿还债务支付的现金	17	
分配股利、利润或偿付利息支付的现金	170	
支付其他与筹资活动有关的现金	10	
筹资活动现金流出小计	197	
筹资活动产生的现金流量净额	73	
四、汇率变动对现金等价物的影响	0	
五、现金及现金等价物净增加额	19	
加：期初现金及现金等价物余额	25	
六、期末现金及现金等价物余额	44	

（一）短期偿债能力比率

债务一般按到期时间分为短期债务和长期债务，偿债能力分析由此分为短期偿债能力分析和长期偿债能力分析两部分。

偿债能力的衡量方法有两种：一种是比较可供偿债资产与债务的持有量，资产持有量超过债务持有量较多,则认为偿债能力较强;另一种是比较经营活动现金流量和偿债所需现金,如果产生的现金超过需要的现金较多,则认为偿债能力较强。

1. 可偿债资产与短期债务的持有量比较

1) 营运资本

营运资本是指流动资产超过流动负债的部分。其计算公式如下:

$$营运资本=流动资产-流动负债$$

根据 ABC 公司的财务报表数据:

本年营运资本＝700－300＝400(万元)

上年营运资本＝610－220＝390(万元)

计算营运资本使用的流动资产和流动负债的数据通常可以直接取自资产负债表。资产负债表的资产和负债分为流动项目和非流动项目,并按流动性强弱排序,为计算营运资本和分析流动性提供了便利。

如果流动资产与流动负债相等,并不足以保证短期偿债能力没有问题,因为债务的到期与流动资产的现金生成,不可能同步同量;为维持经营,企业不可能清算全部流动资产来偿还流动负债,而必须维持最低水平的现金、存货、应收账款等。所以,企业必须保持流动资产大于流动负债,即保有一定数额的营运资本作为安全边际,以防止流动负债穿透流动资产。ABC 公司现存 300 万元流动负债的具体到期时间不易判断,现存 700 万元流动资产生成现金的金额和时间也不好预测。400 万元营运资本是防止流动负债穿透流动资产的缓冲垫。因此,营运资本越多,流动负债的偿还越有保障,短期偿债能力越强。

营运资本之所以能够成为流动负债的缓冲垫,是因为它是长期资本用于流动资产的部分,不需要在 1 年内偿还。

$$\begin{aligned}营运资本&=流动资产-流动负债\\&=(总资产-非流动资产)-(总资产-股东权益-非流动负债)\\&=(股东权益+非流动负债)-非流动资产\\&=长期资本-长期资产\end{aligned}$$

根据 ABC 公司的财务报表数据:

本年营运资本＝(960＋740)－1 300＝1 700－1 300＝400(万元)

上年营运资本＝(880＋580)－1 070＝1 460－1 070＝390(万元)

当流动资产大于流动负债时,营运资本为正数,表明长期资本的数额大于长期资产,超出部分被用于流动资产。营运资本的数额越大,财务状况越稳定。当全部流动资产未由任何流动负债提供资金来源,而全部由长期资本提供时,企业没有任何短期偿债压力。

当流动资产小于流动负债时,营运资本为负数,表明长期资本小于长期资产,有部分长期资产由流动负债提供资本来源。由于流动负债在 1 年或 1 个营业周期内需要偿还,而长期资产在 1 年或 1 个营业周期内不能变现,偿债所需现金不足,必须设法另外筹资,这意味着财务状况不稳定。

2) 短期债务的持有量比率

短期债务的持有量比率包括流动比率、速动比率和现金比率。

(1) 流动比率。流动比率是流动资产与流动负债的比值,其计算公式如下:

$$流动比率＝流动资产÷流动负债$$

根据 ABC 公司的财务报表数据：

本年流动比率＝700÷300＝2.33

上年流动比率＝610÷220＝2.77

流动比率假设全部流动资产都可用于偿还流动负债，表明每 1 元流动负债有多少流动资产作为偿债保障。ABC 公司的流动比率降低了 0.44(2.77－2.33)，即为每 1 元流动负债提供的流动资产保障减少了 0.44 元。

流动比率和营运资本配置比率反映的偿债能力相同，它们可以互相换算：

$$流动比率＝1÷(1－营运资本÷流动资产)$$

根据 ABC 公司的财务报表数据：

本年流动比率＝1÷(1－57％)＝2.33

上年流动比率＝1÷(1－64％)＝2.78

流动比率是相对数，排除了企业规模的影响，更适合同业比较以及本企业不同历史时期的比较。此外，流动比率计算简单，因而被广泛应用。

但是，需要注意的是，不存在统一、标准的流动比率数值。不同行业的流动比率，通常有明显差别。营业周期越短的行业，合理的流动比率越低。在过去很长一段时期里，人们认为生产型企业合理的最低流动比率是 2。这是因为流动资产中变现能力最差的存货金额约占流动资产总额的一半，剩下的流动性较好的流动资产至少要等于流动负债，才能保证企业最低的短期偿债能力。这种认识一直未能从理论上证明。最近几十年，企业的经营方式和金融环境发生了很大变化，流动比率有下降的趋势，许多成功企业的流动比率都低于 2。

如果流动比率相对上年发生较大变动，或与行业平均值相比出现重大偏离，就应对构成流动比率的流动资产和流动负债的各项目逐一分析，寻找形成差异的原因。为了考察流动资产的变现能力，有时还需要分析其周转率。

流动比率有其局限性。流动比率假设全部流动资产都可以变为现金并用于偿债，全部流动负债都需要还清。实际上，有些流动资产的账面金额与变现金额有较大差异，如产成品等；经营性流动资产是企业持续经营所必需的，不能全部用于偿债；经营性应付项目可以滚动存续，无须动用现金全部结清。因此，流动比率是对短期偿债能力的粗略估计。

(2) 速动比率。构成流动资产的各项目，流动性差别很大。其中，货币资金、交易性金融资产和各种应收款项等，可以在较短时间内变现，称为速动资产；其他流动资产，包括存货、预付款项、一年内到期的非流动资产及其他流动资产等，称为非速动资产。

非速动资产的变现金额和变现时间具有较大的不确定性：一是存货的变现速度比应收款项要慢得多，部分存货可能已毁损报废、尚未处理，存货估价有多种方法，可能与变现金额相差甚远；二是一年内到期的非流动资产和其他流动资产的金额有偶然性，不代表正常的变现能力。因此，将可偿债资产定义为速动资产，用来计算短期债务的持有量比率更为可信。速动资产与流动负债的比值，称为速动比率，其计算公式如下：

$$速动比率＝速动资产÷流动负债$$

根据 ABC 公司的财务报表数据：

本年速动比率＝(44＋20＋398＋12)÷300＝1.58

上年速动比率＝(25＋23＋199＋22)÷220＝1.22

速动比率假设速动资产是可偿债资产,表明每1元流动负债有多少速动资产作为偿债保障。ABC公司的速动比率比上年提高了0.36,说明为每1元流动负债提供的速动资产保障增加了0.36元。

与流动比率一样,不同行业的速动比率差别很大。例如,大量现销的商店几乎没有应收款项,速动比率低于1亦属正常;相反,一些应收款项较多的企业,速动比率可能要大于1。

影响速动比率可信性的重要因素是应收款项的变现能力。账面上的应收款项未必都能收回变现,实际坏账可能比计提的准备金多;销售的季节性变化,可能使报表上的应收款项金额不能反映平均水平。这些情况,外部分析人员不易了解,而内部人员则可以做出合理的估计。

(3)现金比率。速动资产中,流动性最强、可直接用于偿债的资产是现金。与其他速动资产不同,现金本身就可以直接偿债,而其他速动资产需要等待不确定的时间,才能转换为不确定金额的现金。现金与流动负债的比值称为现金比率,其计算公式如下:

$$现金比率＝货币资金÷流动负债$$

根据ABC公司的财务报表数据:

本年现金比率＝44÷300＝0.147

上年现金比率＝25÷220＝0.114

现金比率表明1元流动负债有多少现金作为偿债保障。ABC公司的现金比率比上年下降0.033,说明企业为每1元流动负债提供的现金保障降低了0.033元。

2.现金流量比率

经营活动现金流量净额与流动负债的比值,称为现金流量比率。其计算公式如下:

$$现金流量比率＝经营活动现金流量净额÷流动负债$$

根据ABC公司的财务报表数据:

本年现金流量比率＝323÷300＝1.08

上列公式中的经营活动现金流量净额,通常使用现金流量表中的"经营活动产生的现金流量净额"。它代表企业创造现金的能力,且已经扣除了经营活动自身所需的现金流出,是可以用来偿债的现金流量。一般而言,该比率中的流动负债采用期末数而非平均数,因为实际需要偿还的是期末金额,而非平均金额。现金流量比率表明每1元流动负债的经营活动现金流量保障程度。该比率越高,偿债能力越强。用经营活动现金流量净额代替可偿债资产持有量,与短期债务进行比较以反映偿债能力,更具说服力。因为一方面它克服了可偿债资产未考虑未来变化及变现能力等问题;另一方面,实际用以支付债务的通常是现金,而不是其他可偿债资产。

 相关思考8-1

影响短期偿债能力的表外因素

1.增强短期偿债能力的表外因素

(1)可动用的银行授信额度。企业尚未动用的银行授信额度,可以随时用借款增加企业现金,提高支付能力。这一数据不在财务报表中反映,但有的公司以董事会决议公告披露。

(2)可快速变现的非流动资产。企业可能有一些非经营性长期资产可随时出售变现,这未必列示在"一年内到期的非流动资产"项目中。例如,储备的土地、未开采的采矿权、目前出租的房产等,在企业发生周转困难时,将其出售并不影响企业的持续经营。

(3)偿债能力的声誉。如果企业的信用记录优秀,在短期偿债方面出现暂时困难,比较容易筹集到短缺现金。

2. 降低短期偿债能力的表外因素

(1)与担保有关的或有负债事项。如果该金额较大且很可能发生,应在评价偿债能力时予以关注。

(2)经营租赁合同中的承诺付款事项。这很可能变为偿付义务。

(二)长期偿债能力比率

衡量长期偿债能力的财务比率,也分为持有量比率和流量比率两类。

1. 总债务持有量比率

长期来看,所有债务都要偿还。因此,反映长期偿债能力的持有量比率是总资产、总负债和股东权益之间的比例关系。常用比率包括:资产负债率、产权比率、权益乘数和长期资本负债率。

1)资产负债率

资产负债率是总负债与总资产的百分比,其计算公式如下:

$$资产负债率=(负债总额÷资产总额)×100\%$$

根据 ABC 公司的财务报表数据:

本年资产负债率=(1 040÷2 000)×100%=52%

上年资产负债率=(800÷1 680)×100%=48%

资产负债率反映总资产中有多大比例是通过负债取得的。它可用于衡量企业清算时对债权人利益的保障程度。资产负债率越低,企业偿债越有保证,负债越安全。资产负债率还代表企业的举债能力。一个企业的资产负债率越低,举债越容易。如果资产负债率高到一定程度,就无人愿意提供贷款了,这表明企业的举债能力已经用尽。

通常,资产在破产拍卖时的售价不到账面价值的 50%,因此如果资产负债率高于50%,则债权人的利益就缺乏保障。各类资产变现能力有显著区别,房地产的变现损失小,专用设备则难以变现。由此可见,不同企业的资产负债率不同,这与其持有的资产类别相关。

2)产权比率和权益乘数

产权比率和权益乘数是资产负债率的另外两种表现形式,它和资产负债率的性质一样,计算公式分别如下:

$$产权比率=负债总额÷股东权益$$

$$权益乘数=资产总额÷股东权益$$

产权比率表明每 1 元股东权益相对于负债的金额。权益乘数表明每 1 元股东权益相对于资产的金额。它们是两种常用的财务杠杆率。财务杠杆率表示负债的比例,与偿债能力相关。财务杠杆率影响总资产净利率和权益净利率之间的关系,还表明权益净利率风险的高低,与盈利能力相关。

3）长期资本负债率

长期资本负债率是指非流动负债占长期资本的百分比。其计算公式如下：

$$长期资本负债率＝[非流动负债÷（非流动负债＋股东权益）]×100\%$$

根据 ABC 公司的财务报表数据：

本年长期资本负债率＝[740÷（740＋960）]×100%＝44%

上年长期资本负债率＝[580÷（580＋880）]×100%＝40%

长期资本负债率是反映企业资本结构的一种形式。由于流动负债的金额经常变化，而非流动负债较为稳定，资本结构管理通常使用长期资本结构来衡量。

2. 总债务流量比率

1）利息保障倍数

利息保障倍数是指息税前利润对利息费用的倍数。其计算公式如下：

$$利息保障倍数＝息税前利润÷利息费用$$
$$＝（净利润＋利息费用＋所得税费用）÷利息费用$$

分母的利息费用是指本期的全部应付利息，不仅包括计入利润表中财务费用的利息费用，还应包括计入资产负债表中的资本化利息。

根据 ABC 公司的财务报表数据：

本年利息保障倍数＝（136＋110＋64）÷110＝2.82

上年利息保障倍数＝（160＋96＋75）÷96＝3.45

长期债务通常不需要每年还本，但往往需要每年付息。利息保障倍数表明每 1 元利息费用有多少倍的息税前利润作为偿付保障，可以反映债务政策风险的大小。利息保障倍数越大，利息支付越有保障。如果企业一直保持按时付息的信誉，则长期负债可以延续，举借新债也比较容易。如果利息支付尚且缺乏保障，归还本金就更难指望。因此，利息保障倍数可以反映长期偿债能力。

如果利息保障倍数小于 1，表明自身产生的经营收益不能支持现有规模的债务。利息保障倍数等于 1 也很危险，因为息税前利润受经营风险的影响，很不稳定，但支付利息却是固定的。利息保障倍数越大，企业拥有的偿还利息的缓冲效果越好。

2）现金流量利息保障倍数

现金流量利息保障倍数，是指经营活动现金流量净额对利息费用的倍数。其计算公式如下：

$$现金流量利息保障倍数＝经营活动现金流量净额÷利息费用$$

根据 ABC 公司的财务报表数据：

本年现金流量利息保障倍数＝323÷110＝2.94

现金流量利息保障倍数是现金基础的利息保障倍数，表明每 1 元利息费用有多少倍的经营活动现金净流量净额作为支付保障。它比利润基础的利息保障倍数更为可靠，因为实际用以支付利息的是现金，而不是利润。

3）现金流量与负债比率

现金流量与负债比率，是指经营活动现金流量净额与负债总额的比率。其计算公式如下：

经营活动现金流量净额与负债比率＝（经营活动现金流量净额÷负债总额）×100％

根据 ABC 公司的财务报表数据：

本年经营活动现金流量净额与负债比率＝（323÷1 040）×100％＝31％

一般来讲，该比率中的负债总额采用期末数而非平均数，因为实际需要偿还的是期末金额，而非平均金额。该比率表明企业用经营活动现金流量净额偿付全部债务的能力，比率越高，偿还债务总额的能力越强。

（三）营运能力比率

营运能力比率是衡量企业资产管理效率的一系列财务比率，这类常用的比率有：应收账款周转率、存货周转率、流动资产周转率、营运资本周转率、非流动资产周转率和总资产周转率等。

1. 应收账款周转率

应收账款周转率是营业收入与应收账款平均余额的比率，包含应收账款周转次数、应收账款周转天数和应收账款平均余额与收入比。计算公式分别如下：

$$应收账款周转次数＝营业收入÷应收账款平均余额$$

$$应收账款周转天数＝365÷（营业收入÷应收账款平均余额）$$

$$应收账款平均余额与收入比＝应收账款平均余额÷营业收入$$

$$应收账款平均余额＝（期初应收账款＋期末应收账款）/2$$

根据 ABC 公司的财务报表数据：

本年应收账款周转次数＝3 000÷[（398＋199）/2]＝10.05（次/年）

本年应收账款周转天数＝365÷[3 000÷（398＋199）/2]＝36.32（天/次）

本年应收账款平均余额与收入比＝[（398＋199）/2]÷3 000＝9.95％

应收账款周转次数，表明 1 年中应收账款周转的次数，或者说每 1 元应收账款投资支持的营业收入。应收账款周转天数，也称为应收账款收现期，表明从销售开始到收回现金所需要的平均天数。应收账款平均余额与营业收入比，则表明每 1 元营业收入所需要的应收账款投资。

2. 存货周转率

存货周转率又叫存货周转次数，是一定时期内企业营业收入与存货平均余额之比，是反映企业销售能力和存货周转速度的一个指标，也是衡量企业生产经营各环节存货运营效率的一个综合性指标。计算公式分别如下：

$$存货周转次数＝营业收入÷存货平均余额$$

$$存货周转天数＝365÷（营业收入÷存货平均余额）$$

$$存货与收入比＝存货平均余额÷营业收入$$

$$存货平均余额＝（期初存货＋期末存货）/2$$

根据 ABC 公司的财务报表数据：

本年存货周转次数＝3 000÷[（119＋326）/2]＝13.48（次/年）

本年存货周转天数＝365÷[3 000÷（119＋326）/2]＝27.07（天/次）

本年存货平均余额与收入比＝[（119＋326）/2]÷3 000＝7.42％

存货周转次数,表明1年中存货周转的次数,或者说明每1元存货支持的营业收入。存货周转天数表明存货周转一次需要的时间,也就是存货转换成现金平均需要的时间。存货与收入比,表明每1元营业收入需要的存货投资。

3. 流动资产周转率

流动资产周转率是营业收入与流动资产平均余额的比率。计算公式分别如下:

$$流动资产周转次数=营业收入÷流动资产平均余额$$

$$流动资产周转天数=365÷(营业收入÷流动资产平均余额)$$

$$流动资产平均余额与收入比=流动资产平均余额÷营业收入$$

$$流动资产平均余额=(期初流动资产+期末流动资产)/2$$

根据ABC公司的财务报表数据:

本年流动资产周转次数=3 000÷[(700+610)/2]=4.58(次/年)

本年流动资产周转天数=365÷[3 000÷(700+610)/2]=79.69(天/次)

本年流动资产平均余额与收入比=[(700+610)/2]÷3 000=21.83%

流动资产周转次数,表明1年中流动资产周转的次数,或者说明每1元流动资产支持的营业收入。流动资产周转天数表明流动资产周转一次需要的时间,也就是流动资产转换成现金平均需要的时间。流动资产与营业收入比,表明每1元销售收入需要的流动资产投资。

4. 营运资本周转率

营运资本周转率是营业收入与营运资本平均余额的比率。计算公式分别如下:

$$营运资本周转次数=营业收入÷营运资本平均余额$$

$$营运资本周转天数=365÷(营业收入÷营运资本平均余额)$$

$$营运资本平均余额与收入比=营运资本平均余额÷营业收入$$

$$营运资本平均余额=(期初营运资本+期末营运资本)/2$$

根据ABC公司的财务报表数据:

本年营运资本周转次数=3 000÷[(647+605)/2]=4.79(次/年)

本年营运资本周转天数=365÷[3 000÷(647+605)/2]=76.16(天/次)

本年营运资本与收入比=[(647+605)/2]÷3 000=20.87%

营运资本周转次数,表明1年中营运资本周转的次数,或者说明每1元营运资本支持的营业收入。营运资本周转天数表明营运资本周转一次需要的时间,也就是营运资本转换成现金平均需要的时间。营运资本与营业收入比,表明每1元营业收入需要的营运资本投资。

营运资本周转率是一个综合性的比率。严格意义上,应仅有经营性资产和负债被用于计算这一指标,即短期借款、交易性金融资产和超额现金等因不是经营活动必需的而应被排除在外。

5. 非流动资产周转率

非流动资产周转率是营业收入与非流动资产平均余额的比率。计算公式分别如下:

$$非流动资产周转次数=营业收入÷非流动资产平均余额$$

$$非流动资产周转天数=365÷(营业收入÷非流动资产平均余额)$$

$$非流动资产平均余额与营业收入比=非流动资产平均余额÷营业收入$$

$$非流动资产平均余额=(期初非流动资产+期末非流动资产)/2$$

根据 ABC 公司的财务报表数据：

本年非流动资产周转次数＝3 000÷[(1 300＋1 070)/2]＝2.53(次/年)

本年非流动资产周转天数＝365÷[3 000÷(1 300＋1 070)/2]＝144.18(天/次)

本年非流动资产与营业收入比＝[(1 300＋1 070)/2]÷3 000＝39.50％

非流动资产周转次数，表明 1 年中非流动资产周转的次数，或者说明每 1 元非流动资产支持的营业收入。非流动资产周转天数表明非流动资产周转一次需要的时间，也就是非流动资产转换成现金平均需要的时间。非流动资产与营业收入比，表明每 1 元营业收入需要的非流动资产投资。

非流动资产周转率反映非流动资产的管理效率，主要用于投资预算和项目管理分析，以确定投资与竞争战略是否一致，收购和剥离政策是否合理等。

6. 总资产周转率

总资产周转率是营业收入与总资产平均余额的比率。计算公式分别如下：

$$总资产周转次数＝营业收入÷总资产平均余额$$

$$总资产周转天数＝365÷(营业收入÷总资产平均余额)$$

$$总资产平均余额与收入比＝总资产平均余额÷营业收入$$

$$总资产平均余额＝(期初总资产＋期末总资产)/2$$

根据 ABC 公司的财务报表数据：

本年总资产周转次数＝3 000÷[(2 000＋1 680)/2]＝1.63(次/年)

本年总资产周转天数＝365÷[3 000÷(2 000＋1 680)/2]＝223.87(天/次)

本年总资产与收入比＝[(2 000＋1 680)/2]÷3 000＝61.33％

总资产周转次数，表明 1 年中总资产周转的次数，或者说明每 1 元总资产支持的营业收入。总资产周转天数表明总资产周转一次需要的时间，也就是总资产转换成现金平均需要的时间。总资产与营业收入比，表明每 1 元营业收入需要的总资产投资。

(四) 盈利能力指标

1. 营业净利率

营业净利率是指净利润与营业收入的比率，通常用百分数表示。其计算公式如下：

$$营业净利率＝(净利润÷营业收入)×100％$$

根据 ABC 公司的财务报表数据：

本年营业净利率＝(136÷3 000)×100％＝4.53％

上年营业净利率＝(160÷2 850)×100％＝5.61％

变动＝4.53％－5.61％＝－1.08％

"净利润""营业收入"两者之商可以概括企业的全部经营成果。该比率越大，企业的盈利能力越强。

2. 总资产净利率

总资产净利率是指净利润与总资产平均余额的比率，它表明每 1 元总资产创造的净利润。其计算公式如下：

$$总资产净利率＝(净利润÷总资产平均余额)×100％$$

根据 ABC 公司的财务报表数据：

本年总资产净利率＝[136÷(2 000＋1 680)/2]×100％＝7.39％

假设上年期初总资产为 1 500 元。

上年总资产净利率＝[160÷(1 500＋1 680)/2]×100％＝10.06％

变动＝7.39％－10.06％＝－2.67％

3. 权益净利率

权益净利率,也称净资产收益率,是净利润与股东平均权益的比率,它反映每 1 元股东权益赚取的净利润,可以衡量企业的总体盈利能力。其计算公式如下：

$$权益净利率＝(净利润÷股东平均权益)×100％$$

根据 ABC 公司的财务报表数据：

本年权益净利率＝[136÷(960＋880)/2]×100％＝14.8％

假设上年期初股东权益为 760 元。

上年权益净利率＝[160÷(760＋880)/2]×100％＝19.51％

权益净利率的分母是股东的投入,分子是股东的所得。权益净利率具有很强的综合性,概括了企业全部经营业绩和财务业绩。

(五) 市价比率

1. 市盈率

市盈率是指普通股每股市价与每股收益的比率,它反映普通股股东愿意为每 1 元净利润支付的价格。其中,每股收益是指可分配给普通股股东的净利润与流通在外普通股加权平均股数的比率,它反映每只普通股当年创造的净利润水平。其计算公式如下：

$$市盈率＝每股市价÷每股收益$$
$$每股收益＝普通股股东净利润÷流通在外普通股加权平均股数$$

【例 8-2】 假设 ABC 公司无优先股,20×2 年 12 月 31 日普通股每股市价 36 元,20×2 年流通在外普通股加权平均股数 100 万股,20×2 年年末净利润 136 万元,计算 ABC 公司本年市盈率。

解:本年每股收益＝136÷100＝1.36(元/股)

本年市盈率＝36÷1.36＝26.47(倍)

2. 市净率

市净率也称市账率,是指普通股每股市价与每股净资产的比率。它反映普通股股东愿意为每 1 元净资产支付的价格,说明市场对企业资产质量的评价。其中,每股净资产也称每股账面价值,是指普通股股东权益与流通在外普通股股数的比率。它表示每股普通股享有的净资产,是理论上的每股最低价值。其计算公式如下：

$$市净率＝每股市价÷每股净资产$$
$$每股净资产＝普通股股东权益÷流通在外普通股股数$$

对于既有优先股又有普通股的企业,通常只为普通股计算每股净资产。在这种情况下,普通股每股净资产的计算需要分两步完成:①从股东权益总额中减去优先股权益,包括优先股的清算价值及全部拖欠的股息,得出普通股权益;②用普通股权益除以流通在外普通股股数,确定普通股每股净资产。

【例 8-3】 假设 ABC 公司有优先股 10 万股,清算价值为每股 15 元,累积股息为每股 5 元;20×2 年 12 月 31 日普通股每股市价 36 元,流通在外普通股股数 100 万股,20×2 年 ABC 公司的股东权益合计为 960 万元,计算 ABC 公司的本年市净率。

解:本年每股净资产=[960-(15+5)×10]÷100=7.6(元/股)

本年市净率=36÷7.6=4.74

在计算市净率和每股净资产时,应注意所使用的流通在外普通股股数是资产负债表日流通在外普通股股数,而不是当前流通在外普通股加权平均数。这是因为每股净资产的分子为时点数,分母也应选取同一时点数。

3. 市销率

市销率是指普通股每股市价与每股营业收入的比率。它表示普通股股东愿意为每 1 元营业收入支付的价格。其中,每股营业收入是指营业收入与流通在外普通股加权平均数的比率,它表示每只普通股创造的营业收入。计算公司分别如下:

$$市销率=每股市价÷每股营业收入$$
$$每股营业收入=营业收入÷流通在外普通股加权平均股数$$

【例 8-4】 假设 20×2 年 12 月 31 日普通股每股市价 36 元,20×2 年流通在外普通股加权平均股数 100 万股,20×2 年营业收入为 3 000 万元,计算 ABC 公司本年市销率。

解:本年每股营业收入=3 000÷100=30(元/股)

本年市销率=36÷30=1.2

三、综合财务分析

8-1 音频:
杜邦财务体
系

杜邦分析体系,又称杜邦财务分析体系,简称杜邦体系,是利用各主要财务比率之间的内在联系,对企业财务状况和经营成果进行综合系统分析评价的方法。该体系是以权益净利率为核心,以总资产净利率和权益乘数为分解,重点揭示企业获利能力及杠杆水平对权益净利率的影响,以及各相关指标间的相互作用关系。杜邦体系因最初由美国杜邦公司成功应用而得名。

(一) 杜邦分析体系的核心比率

权益净利率是杜邦分析体系的核心比率,具有很好的可比性,可用于不同企业之间的比较。资本具有逐利性,总是流向投资报酬率高的行业和公司,因此各公司的权益净利率会比较接近。如果一个企业的权益净利率经常高于其他企业,就会引来竞争者,使该企业的权益净利率回到平均水平。如果一个企业的权益净利率经常低于其他企业,就难以增获资本,会被市场驱逐,从而使幸存企业的权益净利率提升到平均水平。

权益净利率不仅有很强的可比性,而且有很强的综合性,可做如下分解:

$$权益净利率=\frac{净利润}{营业收入}×\frac{营业收入}{总资产}×\frac{总资产}{股东权益}$$
$$=营业净利率×总资产周转次数×权益乘数$$

企业为了提高权益净利率,可从营业净利率、总资产周转次数、权益乘数这三个分解指标入手。无论提高其中的哪个比率,权益净利率都会提高。其中,"营业净利率"是利润表的一种概括表示,"净利润"和"营业收入"两者相除可以概括企业经营成果;"权益乘数"是资产负债表的一种概括表示,表明资产、负债和股东权益的比例关系。

(二)杜邦分析体系的基本框架

杜邦分析体系的基本框架可用图 8-1 表示。

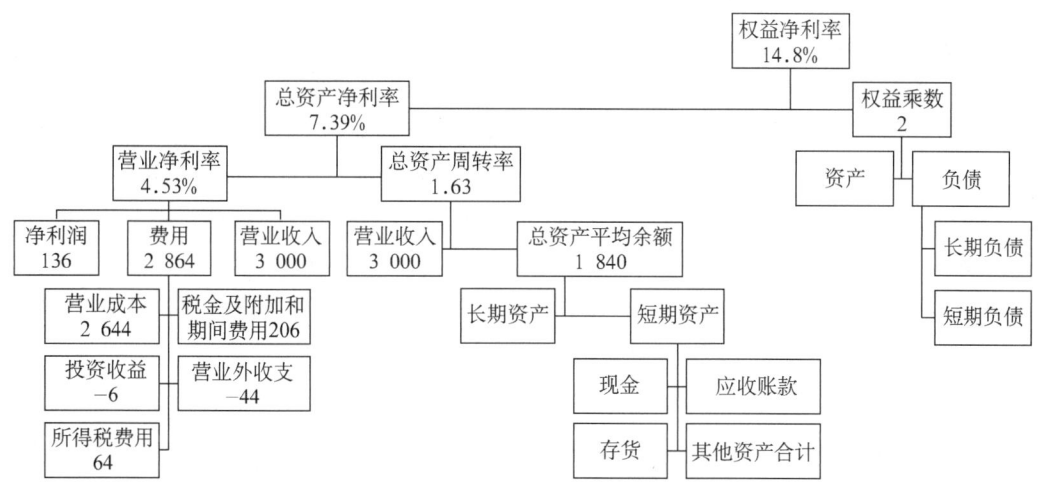

图 8-1　杜邦分析体系的基本框架图

由图 8-1 可见,该体系是一个多层次的财务比率分解体系。各项财务比率,可在每个层次上与本企业历史或同业财务比率比较,比较之后向下一级分解。逐级向下分解,逐步覆盖企业经营活动的每一个环节,以实现系统、全面评价企业经营成果和财务状况的目的。

第一层次的分解,是把权益净利率分解为营业净利率、总资产周转次数和权益乘数。这三个比率在各企业之间可能存在显著差异。通过对差异的比较,可以观察本企业与其他企业的经营战略和财务政策有什么不同。

分解出来的营业净利率和总资产周转次数,可以反映企业的经营战略。一些企业营业净利率较高,而总资产周转次数较低;另一些企业与之相反,总资产周转次数较高而营业净利率较低。两者经常呈反方向变化,这种现象不是偶然的。为了提高营业净利率,就要增加产品附加值,往往需要增加投资,引起周转率的下降。与此相反,为了加快周转,就要降低价格,引起营业净利率下降。通常,营业净利率较高的制造业,其周转率都较低;周转率很高的零售业,营业净利率很低。采取"高盈利、低周转"还是"低盈利、高周转"的方针,是企业根据外部环境和自身资源做出的战略选择。正因如此,仅从营业净利率的高低并不能看出业绩好坏,应把它与总资产周转次数联系起来考察企业经营战略。真正重要的是两者共同作用得到的总资产净利率。总资产净利率可以反映管理者运用企业资产赚取利润的业绩,是最重要的盈利能力指标。

分解出来的财务杠杆(以权益乘数表示)可以反映企业的财务政策。在总资产净利率不变的情况下,提高财务杠杆可以提高权益净利率,但同时也会增加财务风险。如何配置财务杠杆是企业最重要的财务政策。一般而言,总资产净利率较高的企业,财务杠杆较低,反之亦然。这种现象也不是偶然的。可以设想,为了提高权益净利率,企业倾向于尽可能提高财务杠杆。但是,贷款提供者不一定会同意这种做法。贷款提供者不分享超过利息的收益,更倾向于为预期未来经营活动现金流量净额比较稳定的企业提供贷款。为了稳定现金流量，企业的一种选择是降低价格以减少竞争，另一种选择是增加营运资本以防止现金流中断，这都会导致总资产净利率下降。这就是说，为了提高流动性，只能降低盈利性。因此，经营风险低的企业可以得到较多的贷款，其财务杠杆较高；经营风险高的企业，只能得到较少的贷款，其财务杠杆较低。总资产净利率与财务杠杆负相关，共同决定了企业的权益净利率。因此，企业必须使其经营战略和财务政策相匹配。

（三）权益净利率的驱动因素分解

杜邦分析体系要求在每一个层次上进行财务比率的比较和分解。通过与上年比较，可以识别变动的趋势；通过与同业比较，可以识别存在的差距。分解的目的是识别引起变动（或产生差距）的原因，并衡量其重要性，为后续分析指明方向。

下面以 ABC 公司权益净利率的比较和分解为例，说明其一般方法。

权益净利率的比较对象，可以是其他企业的同期数据，也可以是本企业的历史数据，这里仅以 ABC 公司的本年与上年的比较为例。

$$权益净利率＝营业净利率×总资产周转次数×权益乘数$$

ABC 公司本年权益净利率 $14.8\% = 4.53\% × 1.63 × 2$

ABC 公司上年权益净利率 $19.51\% = 5.61\% × 1.79 × 1.943$

ABC 公司本年与上年权益净利率变动 $＝-4.71\%$

与上年相比，权益净利率下降了，企业整体业绩不如上年。影响权益净利率变动的不利因素是营业净利率和总资产周转次数的下降；有利因素是财务杠杆的提高。

利用连环替代法可以定量分析相关因素对权益净利率变动的影响程度，如下所述：

（1）营业净利率变动的影响：

按本年营业净利率计算的上年权益净利率 $＝4.53\% × 1.79 × 1.943$
$$＝15.76\%$$

营业净利率变动的影响 $＝15.76\% - 19.51\% = -3.75\%$.

（2）总资产周转次数变动的影响：

按本年营业净利率、总资产周转次数计算的上年权益净利率 $＝4.53\% × 1.63 × 1.943$
$$＝14.35\%$$

总资产周转次数变动的影响 $＝14.35\% - 15.76\% = -1.41\%$

（3）财务杠杆变动的影响：

财务杠杆变动的影响 $＝14.8\% - 14.35\% = 0.45\%$

通过分析可知，最重要的不利因素是营业净利率降低，使权益净利率减少 3.75%；其次是总资产周转次数降低，使权益净利率减少 1.41%。有利的因素是权益乘数提高，使权益净利率增加 0.45%。不利因素超过有利因素，所以权益净利率减少 4.71%，应重点关注营业净利率降低的原因。

在分解之后进入下一层次的分析，分别考察营业净利率、总资产周转次数和财务杠杆的变动原因。前面已经对此做过说明，此处不再赘述。

（四）杜邦分析体系的局限性

前述杜邦分析体系虽然被广泛使用，但也存在某些局限性。

（1）计算总资产净利率的"总资产"与"净利润"不匹配。总资产为全部资产提供者享有,而净利润则专属于股东,两者不匹配。由于总资产利润率的"投入与产出"不匹配,该指标不能反映实际的报酬率。为了改善该比率,要重新调整分子和分母。

企业资本的提供者包括无息负债的债权人、有息负债的债权人和股东,无息负债的债权人不要求分享收益,要求分享收益的是股东和有息负债的债权人。因此,需要计量股东和有息负债的债权人投入的资本,并且计量这些资本产生的收益,两者相除才是合乎逻辑的总资产净利率,才能准确反映企业的基本盈利能力。

（2）没有区分经营活动损益和金融活动损益。前述杜邦分析体系没有区分经营活动和金融活动。对于大多数企业来说金融活动是净筹资,它们在金融市场上主要是筹资,而不是投资。筹资活动不产生净利润,而是支出净费用。这种筹资费用是否属于经营活动费用,始终存在很大争议,各国的会计准则对此的处理不尽相同。从财务管理角度看,企业的金融资产是尚未投入实际经营活动的资产,应将其与经营资产相区别。与此相应,金融损益也应与经营损益相区别,才能使经营资产和经营损益匹配。因此,正确计量基本盈利能力的前提是区分经营资产和金融资产,区分经营损益和金融损益。

（3）没有区分金融负债与经营负债。既然要把金融活动分离出来单独考察,就需要单独计量筹资活动成本。负债的成本(利息支出)仅仅是金融负债的成本,经营负债是无息负债。因此,必须区分金融负债与经营负债,利息与金融负债相除,才是真正的平均利息率(市场利息率在一个较长时期内的平均数)。此外,区分金融负债与经营负债后,金融负债与股东权益相除,可以得到更符合实际的财务杠杆。经营负债没有固定成本,本来就没有杠杆作用,将其计入财务杠杆,会歪曲杠杆的实际效应。

第二节 经济活动分析

一、经济活动分析的概念

企业经济活动分析是认识企业经济活动、进行科学管理的重要方法,它是以计划、核算以及其他信息资料为依据,采用专门的方法,对企业的全部或部分经济活动过程与结果进行检查和分析,评价企业计划完成情况和各种资源利用效果,查明积极因素和消极因素及其影响程度,揭示企业的经济发展趋势,总结经验教训,提出改进措施,挖掘企业内部潜力。

8-2 阅读资料:经济活动分析在企业中的重要作用

二、经济活动分析的内容

（1）生产分析。首先是对产品产值、主要产品产量、产品品种、产品质量等指标进行分析;其次还要对影响生产的主要因素进行分析。

（2）成本分析。成本分析包括对生产费用、全部商品产品成本、可比产品成本降低任务、百元商品产值成本和产品单位成本指标的分析,技术经济指标对产品成本影响的分析,产品成本厂际对比分析,以及成本预测和决策分析。

（3）产品销售和利润分析。销售分析包括对销售收入、主要产品销售量和销售合同等指标的分析,以及销售预测分析。利润分析主要包括对利润总额、产品销售利润、利润分配和利润率的分析,以及利润预测分析。

（4）资金分析。主要包括对资金平衡关系的分析、各类资金占用及其来源分析、资金利用效果分析以及资金预测分析。

三、经济活动分析的形式

为充分发挥经济活动分析的作用，必须采用各种不同的分析形式并相互结合。在实践中经济活动分析的形式很多，按照不同方法做如下分类。

1. 按分析内容包括的范围分类

（1）综合分析，也称全面分析，是对企业经营过程和结果进行全面系统的分析。这种分析可提供全面经济活动情况，对于全面安排、指导全局工作有重要意义。

（2）专题分析，是对企业经济活动中某一专门问题所进行的深入具体分析。这种分析，针对性强，有助于深入了解问题实质及其规律，对改进企业经营管理有重大作用。

（3）典型分析，是对有代表性的典型单位或有典型意义的经验所进行的分析。

2. 按进行分析的时间先后分类

（1）决策分析，是在选择方案过程中对各个方案预期经济效果进行分析，从中选出最佳方案。

8-3 阅读资料：现代企业经济管理模式与经济活动分析

（2）预测分析，是指经济指标完成过程中对预测完成结果的分析。通过这种分析，可以事先发现问题，采取相应措施，以保证各项任务的全面完成。

（3）日常分析，是指计划执行过程中经常进行的分析，对于指导日常生产，为定期分析积累资料，具有重要意义。

（4）定期分析，是指按月、季、年所进行的分析。这种分析，对总结工作、指导下期生产经营活动起重大作用。

四、经济活动分析的程序

经济活动分析程序包括企业全面经济活动分析程序和专题分析程序。

（一）全面经济活动分析程序

全面经济活动分析的程序，要根据企业再生产过程的内在联系，与生产技术、财务计划各组成部分的编制顺序相一致。在实际工作中有两种程序：一种是从生产分析入手，然后进行财务分析，这种分析程序称为正顺序分析；另一种是从财务分析入手，然后进行生产分析，这种分析程序称为逆顺序分析。通常采用正顺序分析。

生产分析是从产量、产值、品种、质量等方面分析生产计划完成情况，因此还要对生产均衡性、生产三要素变动对生产计划完成情况影响程度进行分析。财务分析涉及经济活动的各个方面，就其基本内容来说主要包括成本分析、资金分析、利润分析三个部分。成本分析主要研究企业的资金耗费情况，即生产费用支出的合理性和产品成本水平的高低；资金分析主要研究资金占用与周转情况，以及遵守国家信贷、财政、结算纪律情况；利润分析主要研究企业资金运用的经济效果。它们之间的关系是：资金耗费的大小，决定成本水平的高低；资金周转速度的快慢，决定着资金占用的多少；成本水平的高低和资金占用的多少，决定着企业利润的大小，即经济效果的好坏。

（二）专题分析的步骤

（1）拟定分析计划。为保证分析工作有计划有目的地进行，必须制订分析计划。分析计划包括的基本内容有：分析的范围和期限、分析工作的组织分工、进度安排，以及资料来源等。

（2）搜集分析资料。根据分析的目的和要求，搜集、整理和审查分析资料。进行经济活动分析所需要的资料主要有：各项计划和定额资料，反映计划完成过程和结果的会计、统计和业务核算资料、各种报表资料，反映生产技术、设计、工艺等方面的技术资料，会议记录、决议、报告等文字资料，国内外同行业有关资料，以及其他调查资料。对搜集来的大量经济资料，必须采用适当方法认真审查，以保证资料的正确性、真实性和合理性，为经济分析提供可靠的依据。

（3）确定分析结果。根据相关的资料，首先对各个经济指标进行对比，找出实际与计划的差异，本期实际同上期或先进水平的差距；然后查明造成差距的原因，并测定各影响因素对经济指标变动的影响程度，进一步明确影响的主要因素。

（4）提出改进措施和方案。分析的目的是挖掘企业内部潜力，提高经济效益。因此，应根据分析的结果，做出切合实际的结论，同时提出切实可行的改进措施，以指导今后工作。

（5）写出分析报告。分析报告的主要内容有：对企业所分析问题的简要说明，根据分析结果做出客观、正确的评价，指出所取得的经验和存在的主要问题，提出改进工作的建议、措施和方案。分析报告内容应力求简明扼要，情况描述要真实、准确，措施和建议要具体，文字简洁流畅，图表要清晰、形象、易懂。

本 章 小 结

本章主要学习财务分析的方法和相关指标的计算，讲解财务分析中常用的比较分析法与因素分析法，结合具体财务报表数据计算与分析与企业偿债能力、营运能力、盈利能力、市价比率相关的指标，并运用杜邦分析体系对企业财务状况和经营成果进行综合系统的分析。本章最后简要介绍经济活动分析的概念、内容、形式及程序。

8-4 第八章课件

本 章 重 要 概 念

比较分析　因素分析　偿债能力　营运能力　盈利能力　杜邦分析体系　经济活动分析

8-5 第八章练习题

8-6 第八章练习题答案

参 考 文 献

［1］荆新,王化成,刘俊彦.财务管理学[M].北京:中国人民大学出版社,2020.

［2］刘淑莲.财务管理[M].大连:东北财经大学出版社,2019.

［3］财政部会计资格评价中心.财务管理[M].北京:经济科学出版社,2022.

［4］刘勤,尚惠红.智能财务—打造数字时代财务管理新世界[M].北京:中国财政经济出版社,2021.

［5］王昊,王新秀.业财融合概念结构[M].北京:中国财政经济出版社,2021.

附　　录

附表一　复利终值系数表($F/P, i, n$)

n	1%	2%	3%	4%	5%	6%	7%	8%	9%	10%
1	1.010	1.020	1.030	1.040	1.050	1.060	1.070	1.080	1.090	1.100
2	1.020	1.040	1.061	1.082	1.103	1.124	1.145	1.166	1.188	1.210
3	1.030	1.061	1.093	1.125	1.158	1.191	1.225	1.260	1.295	1.331
4	1.041	1.082	1.126	1.170	1.216	1.262	1.311	1.360	1.412	1.464
5	1.051	1.104	1.159	1.217	1.276	1.338	1.403	1.469	1.539	1.611
6	1.062	1.126	1.194	1.265	1.340	1.419	1.501	1.587	1.677	1.772
7	1.072	1.149	1.230	1.316	1.407	1.504	1.606	1.714	1.828	1.949
8	1.083	1.172	1.267	1.369	1.477	1.594	1.718	1.851	1.993	2.144
9	1.094	1.195	1.305	1.423	1.551	1.689	1.838	1.999	2.172	2.358
10	1.105	1.219	1.344	1.480	1.629	1.791	1.967	2.159	2.367	2.594
11	1.116	1.243	1.384	1.539	1.710	1.898	2.105	2.332	2.580	2.853
12	1.127	1.268	1.426	1.601	1.796	2.012	2.252	2.518	2.813	3.138
13	1.138	1.294	1.469	1.665	1.886	2.133	2.410	2.720	3.066	3.452
14	1.149	1.319	1.513	1.732	1.980	2.261	2.579	2.937	3.342	3.797
15	1.161	1.346	1.558	1.801	2.079	2.397	2.759	3.172	3.642	4.177
16	1.173	1.373	1.605	1.873	2.183	2.540	2.952	3.426	3.970	4.595
17	1.184	1.400	1.653	1.948	2.292	2.693	3.159	3.700	4.328	5.054
18	1.196	1.428	1.702	2.026	2.407	2.854	3.380	3.996	4.717	5.560
19	1.208	1.457	1.754	2.107	2.527	3.026	3.617	4.316	5.142	6.116
20	1.220	1.486	1.806	2.191	2.653	3.207	3.870	4.661	5.604	6.727
25	1.282	1.641	2.094	2.666	3.386	4.292	5.427	6.848	8.623	10.835
30	1.348	1.811	2.427	3.243	4.322	5.743	7.612	10.063	13.268	17.449
40	1.489	2.208	3.262	4.801	7.040	10.286	14.974	21.725	31.409	45.259
50	1.645	2.692	4.384	7.107	11.467	18.420	29.457	46.902	74.358	117.391

续表

n	11%	12%	13%	14%	15%	16%	17%	18%	19%
1	1.110	1.120	1.130	1.140	1.150	1.160	1.170	1.180	1.190
2	1.232	1.254	1.277	1.300	1.323	1.346	1.369	1.392	1.416
3	1.368	1.405	1.443	1.482	1.521	1.561	1.602	1.643	1.685
4	1.518	1.574	1.630	1.689	1.749	1.811	1.874	1.939	2.005
5	1.685	1.762	1.842	1.925	2.011	2.100	2.192	2.288	2.386
6	1.870	1.974	2.082	2.195	2.313	2.436	2.565	2.700	2.840
7	2.076	2.211	2.353	2.502	2.660	2.826	3.001	3.185	3.379
8	2.305	2.476	2.658	2.853	3.059	3.278	3.511	3.759	4.021
9	2.558	2.773	3.004	3.252	3.518	3.803	4.108	4.435	4.785
10	2.839	3.106	3.395	3.707	4.046	4.411	4.807	5.234	5.695
11	3.152	3.479	3.836	4.226	4.652	5.117	5.624	6.176	6.777
12	3.498	3.896	4.335	4.818	5.350	5.936	6.580	7.288	8.064
13	3.883	4.363	4.898	5.492	6.153	6.886	7.699	8.599	9.596
14	4.310	4.887	5.535	6.261	7.076	7.988	9.007	10.147	11.420
15	4.785	5.474	6.254	7.138	8.137	9.266	10.539	11.974	13.590
16	5.311	6.130	7.067	8.137	9.358	10.748	12.330	14.129	16.172
17	5.895	6.866	7.986	9.276	10.761	12.468	14.426	16.672	19.244
18	6.544	7.690	9.024	10.575	12.375	14.463	16.879	19.673	22.901
19	7.263	8.613	10.197	12.056	14.232	16.777	19.748	23.214	27.252
20	8.062	9.646	11.523	13.743	16.367	19.461	23.106	27.393	32.429
25	13.585	17.000	21.231	26.462	32.919	40.874	50.658	62.669	77.388
30	22.892	29.960	39.116	50.950	66.212	85.850	111.065	143.371	184.675
40	65.001	93.051	132.782	188.884	267.864	378.721	533.869	750.378	1 051.668
50	184.565	289.002	450.736	700.233	1 083.657	1 670.704	2 566.215	3 927.357	5 988.914

续表

n	20%	25%	30%	35%	40%	50%
1	1.200	1.250	1.300	1.350	1.400	1.500
2	1.440	1.563	1.690	1.823	1.960	2.250
3	1.728	1.953	2.197	2.460	2.744	3.375
4	2.074	2.441	2.856	3.322	3.842	5.063
5	2.488	3.052	3.713	4.484	5.378	7.594
6	2.986	3.815	4.827	6.053	7.530	11.391
7	3.583	4.768	6.275	8.172	10.541	17.086
8	4.300	5.960	8.157	11.032	14.758	25.629
9	5.160	7.451	10.604	14.894	20.661	38.443
10	6.192	9.313	13.786	20.107	28.925	57.665
11	7.430	11.642	17.922	27.144	40.496	86.498
12	8.916	14.552	23.298	36.644	56.694	129.746
13	10.699	18.190	30.288	49.470	79.371	194.620
14	12.839	22.737	39.374	66.784	111.120	291.929
15	15.407	28.422	51.186	90.158	155.568	437.894
16	18.488	35.527	66.542	121.714	217.795	656.841
17	22.186	44.409	86.504	164.314	304.913	985.261
18	26.623	55.511	112.455	221.824	426.879	1477.892
19	31.948	69.389	146.192	299.462	597.630	2216.838
20	38.338	86.736	190.050	404.274	836.683	3325.257
25	95.396	264.698	705.641	1 812.776	4 499.880	25 251.168
30	237.376	807.794	2 619.996	8 128.550	24 201.432	191 751.059
40	1 469.772	7 523.164	36 118.865	163 437.135	700 037.697	11 057 332.321
50	9 100.438	70 064.923	497 929.223	3 286 157.879	20 248 916.240	637 621 500.214

附表二　复利现值系数表($P/F,i,n$)

n	1%	2%	3%	4%	5%	6%	7%	8%	9%	10%
1	0.990	0.980	0.971	0.962	0.952	0.943	0.935	0.926	0.917	0.909
2	0.980	0.961	0.943	0.925	0.907	0.890	0.873	0.857	0.842	0.826
3	0.971	0.942	0.915	0.889	0.864	0.840	0.816	0.794	0.772	0.751
4	0.961	0.924	0.888	0.855	0.823	0.792	0.763	0.735	0.708	0.683
5	0.951	0.906	0.863	0.822	0.784	0.747	0.713	0.681	0.650	0.621
6	0.942	0.888	0.837	0.790	0.746	0.705	0.666	0.630	0.596	0.564
7	0.933	0.871	0.813	0.760	0.711	0.665	0.623	0.583	0.547	0.513
8	0.923	0.853	0.789	0.731	0.677	0.627	0.582	0.540	0.502	0.467
9	0.914	0.837	0.766	0.703	0.645	0.592	0.544	0.500	0.460	0.424
10	0.905	0.820	0.744	0.676	0.614	0.558	0.508	0.463	0.422	0.386
11	0.896	0.804	0.722	0.650	0.585	0.527	0.475	0.429	0.388	0.350
12	0.887	0.788	0.701	0.625	0.557	0.497	0.444	0.397	0.356	0.319
13	0.879	0.773	0.681	0.601	0.530	0.469	0.415	0.368	0.326	0.290
14	0.870	0.758	0.661	0.577	0.505	0.442	0.388	0.340	0.299	0.263
15	0.861	0.743	0.642	0.555	0.481	0.417	0.362	0.315	0.275	0.239
16	0.853	0.728	0.623	0.534	0.458	0.394	0.339	0.292	0.252	0.218
17	0.844	0.714	0.605	0.513	0.436	0.371	0.317	0.270	0.231	0.198
18	0.836	0.700	0.587	0.494	0.416	0.350	0.296	0.250	0.212	0.180
19	0.828	0.686	0.570	0.475	0.396	0.331	0.277	0.232	0.194	0.164
20	0.820	0.673	0.554	0.456	0.377	0.312	0.258	0.215	0.178	0.149
25	0.780	0.610	0.478	0.375	0.295	0.233	0.184	0.146	0.116	0.092
30	0.742	0.552	0.412	0.308	0.231	0.174	0.131	0.099	0.075	0.057
40	0.672	0.453	0.307	0.208	0.142	0.097	0.067	0.046	0.032	0.022
50	0.608	0.372	0.228	0.141	0.087	0.054	0.034	0.021	0.013	0.009

续表

n	11%	12%	13%	14%	15%	16%	17%	18%	19%
1	0.901	0.893	0.885	0.877	0.870	0.862	0.855	0.847	0.840
2	0.812	0.797	0.783	0.769	0.756	0.743	0.731	0.718	0.706
3	0.731	0.712	0.693	0.675	0.658	0.641	0.624	0.609	0.593
4	0.659	0.636	0.613	0.592	0.572	0.552	0.534	0.516	0.499
5	0.593	0.567	0.543	0.519	0.497	0.476	0.456	0.437	0.419
6	0.535	0.507	0.480	0.456	0.432	0.410	0.390	0.370	0.352
7	0.482	0.452	0.425	0.400	0.376	0.354	0.333	0.314	0.296
8	0.434	0.404	0.376	0.351	0.327	0.305	0.285	0.266	0.249
9	0.391	0.361	0.333	0.308	0.284	0.263	0.243	0.225	0.209
10	0.352	0.322	0.295	0.270	0.247	0.227	0.208	0.191	0.176
11	0.317	0.287	0.261	0.237	0.215	0.195	0.178	0.162	0.148
12	0.286	0.257	0.231	0.208	0.187	0.168	0.152	0.137	0.124
13	0.258	0.229	0.204	0.182	0.163	0.145	0.130	0.116	0.104
14	0.232	0.205	0.181	0.160	0.141	0.125	0.111	0.099	0.088
15	0.209	0.183	0.160	0.140	0.123	0.108	0.095	0.084	0.074
16	0.188	0.163	0.141	0.123	0.107	0.093	0.081	0.071	0.062
17	0.170	0.146	0.125	0.108	0.093	0.080	0.069	0.060	0.052
18	0.153	0.130	0.111	0.095	0.081	0.069	0.059	0.051	0.044
19	0.138	0.116	0.098	0.083	0.070	0.060	0.051	0.043	0.037
20	0.124	0.104	0.087	0.073	0.061	0.051	0.043	0.037	0.031
25	0.074	0.059	0.047	0.038	0.030	0.024	0.020	0.016	0.013
30	0.044	0.033	0.026	0.020	0.015	0.012	0.009	0.007	0.005
40	0.015	0.011	0.008	0.005	0.004	0.003	0.002	0.001	0.001
50	0.005	0.003	0.002	0.001	0.001	0.001	0	0	0

n	20%	25%	30%	35%	40%	50%
1	0.833	0.800	0.769	0.741	0.714	0.667
2	0.694	0.640	0.592	0.549	0.510	0.444
3	0.579	0.512	0.455	0.406	0.364	0.296
4	0.482	0.410	0.350	0.301	0.260	0.198
5	0.402	0.328	0.269	0.223	0.186	0.132
6	0.335	0.262	0.207	0.165	0.133	0.088
7	0.279	0.210	0.159	0.122	0.095	0.059
8	0.233	0.168	0.123	0.091	0.068	0.039
9	0.194	0.134	0.094	0.067	0.048	0.026
10	0.162	0.107	0.073	0.050	0.035	0.017
11	0.135	0.086	0.056	0.037	0.025	0.012
12	0.112	0.069	0.043	0.027	0.018	0.008
13	0.093	0.055	0.033	0.020	0.013	0.005
14	0.078	0.044	0.025	0.015	0.009	0.003
15	0.065	0.035	0.020	0.011	0.006	0.002
16	0.054	0.028	0.015	0.008	0.005	0.002
17	0.045	0.023	0.012	0.006	0.003	0.001
18	0.038	0.018	0.009	0.005	0.002	0.001
19	0.031	0.014	0.007	0.003	0.002	0
20	0.026	0.012	0.005	0.002	0.001	0
25	0.010	0.004	0.001	0.001	0	0
30	0.004	0.001	0	0	0	0
40	0.001	0	0	0	0	0
50	0	0	0	0	0	0

附表三　年金终值系数表(F/A, i, n)

n	1%	2%	3%	4%	5%	6%	7%	8%	9%
1	1.000	1.000	1.000	1.000	1.000	1.000	1.000	1.000	1.000
2	2.010	2.020	2.030	2.040	2.050	2.060	2.070	2.080	2.090
3	3.030	3.060	3.091	3.122	3.153	3.184	3.215	3.246	3.278
4	4.060	4.122	4.184	4.246	4.310	4.375	4.440	4.506	4.573
5	5.101	5.204	5.309	5.416	5.526	5.637	5.751	5.867	5.985
6	6.152	6.308	6.468	6.633	6.802	6.975	7.153	7.336	7.523
7	7.214	7.434	7.662	7.898	8.142	8.394	8.654	8.923	9.200
8	8.286	8.583	8.892	9.214	9.549	9.897	10.260	10.637	11.028
9	9.369	9.755	10.159	10.583	11.027	11.491	11.978	12.488	13.021
10	10.462	10.950	11.464	12.006	12.578	13.181	13.816	14.487	15.193
11	11.567	12.169	12.808	13.486	14.207	14.972	15.784	16.645	17.560
12	12.683	13.412	14.192	15.026	15.917	16.870	17.888	18.977	20.141
13	13.809	14.680	15.618	16.627	17.713	18.882	20.141	21.495	22.953
14	14.947	15.974	17.086	18.292	19.599	21.015	22.550	24.215	26.019
15	16.097	17.293	18.599	20.024	21.579	23.276	25.129	27.152	29.361
16	17.258	18.639	20.157	21.825	23.657	25.673	27.888	30.324	33.003
17	18.430	20.012	21.762	23.698	25.840	28.213	30.840	33.750	36.974
18	19.615	21.412	23.414	25.645	28.132	30.906	33.999	37.450	41.301
19	20.811	22.841	25.117	27.671	30.539	33.760	37.379	41.446	46.018
20	22.019	24.297	26.870	29.778	33.066	36.786	40.995	45.762	51.160
25	28.243	32.030	36.459	41.646	47.727	54.865	63.249	73.106	84.701
30	34.785	40.568	47.575	56.085	66.439	79.058	94.461	113.283	136.308
40	48.886	60.402	75.401	95.026	120.800	154.762	199.635	259.057	337.882
50	64.463	84.579	112.797	152.667	209.348	290.336	406.529	573.770	815.084

n	10%	11%	12%	13%	14%	15%	16%	17%
1	1.000	1.000	1.000	1.000	1.000	1.000	1.000	1.000
2	2.100	2.110	2.120	2.130	2.140	2.150	2.160	2.170
3	3.310	3.342	3.374	3.407	3.440	3.473	3.506	3.539
4	4.641	4.710	4.779	4.850	4.921	4.993	5.066	5.141
5	6.105	6.228	6.353	6.480	6.610	6.742	6.877	7.014
6	7.716	7.913	8.115	8.323	8.536	8.754	8.977	9.207
7	9.487	9.783	10.089	10.405	10.730	11.067	11.414	11.772
8	11.436	11.859	12.300	12.757	13.233	13.727	14.240	14.773
9	13.579	14.164	14.776	15.416	16.085	16.786	17.519	18.285
10	15.937	16.722	17.549	18.420	19.337	20.304	21.321	22.393
11	18.531	19.561	20.655	21.814	23.045	24.349	25.733	27.200
12	21.384	22.713	24.133	25.650	27.271	29.002	30.850	32.824
13	24.523	26.212	28.029	29.985	32.089	34.352	36.786	39.404
14	27.975	30.095	32.393	34.883	37.581	40.505	43.672	47.103
15	31.772	34.405	37.280	40.417	43.842	47.580	51.660	56.110
16	35.950	39.190	42.753	46.672	50.980	55.717	60.925	66.649
17	40.545	44.501	48.884	53.739	59.118	65.075	71.673	78.979
18	45.599	50.396	55.750	61.725	68.394	75.836	84.141	93.406
19	51.159	56.939	63.440	70.749	78.969	88.212	98.603	110.285
20	57.275	64.203	72.052	80.947	91.025	102.444	115.380	130.033
25	98.347	114.413	133.334	155.620	181.871	212.793	249.214	292.105
30	164.494	199.021	241.333	293.199	356.787	434.745	530.312	647.439
40	442.593	581.826	767.091	1 013.704	1 342.025	1 779.090	2 360.757	3 134.522
50	1 163.909	1 668.771	2 400.018	3 459.507	4 994.521	7 217.716	10 435.649	15 089.502

n	18%	19%	20%	25%	30%	35%
1	1.000	1.000	1.000	1.000	1.000	1.000
2	2.180	2.190	2.200	2.250	2.300	2.350
3	3.572	3.606	3.640	3.813	3.990	4.173
4	5.215	5.291	5.368	5.766	6.187	6.633
5	7.154	7.297	7.442	8.207	9.043	9.954
6	9.442	9.683	9.930	11.259	12.756	14.438
7	12.142	12.523	12.916	15.073	17.583	20.492
8	15.327	15.902	16.499	19.842	23.858	28.664
9	19.086	19.923	20.799	25.802	32.015	39.696
10	23.521	24.709	25.959	33.253	42.619	54.590
11	28.755	30.404	32.150	42.566	56.405	74.697
12	34.931	37.180	39.581	54.208	74.327	101.841
13	42.219	45.244	48.497	68.760	97.625	138.485
14	50.818	54.841	59.196	86.949	127.913	187.954
15	60.965	66.261	72.035	109.687	167.286	254.738
16	72.939	79.850	87.442	138.109	218.472	344.897
17	87.068	96.022	105.931	173.636	285.014	466.611
18	103.740	115.266	128.117	218.045	371.518	630.925
19	123.414	138.166	154.740	273.556	483.973	852.748
20	146.628	165.418	186.688	342.945	630.165	1152.210
25	342.603	402.042	471.981	1 054.791	2 348.803	5 176.504
30	790.948	966.712	1 181.882	3 227.174	8 729.985	23 221.570
40	4 163.213	5 529.829	7 343.858	30 088.655	120 392.883	466 960.385
50	21 813.094	31 515.336	45 497.191	280 255.693	1 659 760.743	9 389 019.656

附表四　年金现值系数表(P/A,i,n)

n	1%	2%	3%	4%	5%	6%	7%	8%	9%	10%
1	0.990	0.980	0.971	0.962	0.952	0.943	0.935	0.926	0.917	0.909
2	1.970	1.942	1.913	1.886	1.859	1.833	1.808	1.783	1.759	1.736
3	2.941	2.884	2.829	2.775	2.723	2.673	2.624	2.577	2.531	2.487
4	3.902	3.808	3.717	3.630	3.546	3.465	3.387	3.312	3.240	3.170
5	4.853	4.713	4.580	4.452	4.329	4.212	4.100	3.993	3.890	3.791
6	5.795	5.601	5.417	5.242	5.076	4.917	4.767	4.623	4.486	4.355
7	6.728	6.472	6.230	6.002	5.786	5.582	5.389	5.206	5.033	4.868
8	7.652	7.325	7.020	6.733	6.463	6.210	5.971	5.747	5.535	5.335
9	8.566	8.162	7.786	7.435	7.108	6.802	6.515	6.247	5.995	5.759
10	9.471	8.983	8.530	8.111	7.722	7.360	7.024	6.710	6.418	6.145
11	10.368	9.787	9.253	8.760	8.306	7.887	7.499	7.139	6.805	6.495
12	11.255	10.575	9.954	9.385	8.863	8.384	7.943	7.536	7.161	6.814
13	12.134	11.348	10.635	9.986	9.394	8.853	8.358	7.904	7.487	7.103
14	13.004	12.106	11.296	10.563	9.899	9.295	8.745	8.244	7.786	7.367
15	13.865	12.849	11.938	11.118	10.380	9.712	9.108	8.559	8.061	7.606
16	14.718	13.578	12.561	11.652	10.838	10.106	9.447	8.851	8.313	7.824
17	15.562	14.292	13.166	12.166	11.274	10.477	9.763	9.122	8.544	8.022
18	16.398	14.992	13.754	12.659	11.690	10.828	10.059	9.372	8.756	8.201
19	17.226	15.678	14.324	13.134	12.085	11.158	10.336	9.604	8.950	8.365
20	18.046	16.351	14.877	13.590	12.462	11.470	10.594	9.818	9.129	8.514
25	22.023	19.523	17.413	15.622	14.094	12.783	11.654	10.675	9.823	9.077
30	25.808	22.396	19.600	17.292	15.372	13.765	12.409	11.258	10.274	9.427
40	32.835	27.355	23.115	19.793	17.159	15.046	13.332	11.925	10.757	9.779
50	39.196	31.424	25.730	21.482	18.256	15.762	13.801	12.233	10.962	9.915

n	11%	12%	13%	14%	15%	16%	17%	18%	19%
1	0.901	0.893	0.885	0.877	0.870	0.862	0.855	0.847	0.840
2	1.713	1.690	1.668	1.647	1.626	1.605	1.585	1.566	1.547
3	2.444	2.402	2.361	2.322	2.283	2.246	2.210	2.174	2.140
4	3.102	3.037	2.974	2.914	2.855	2.798	2.743	2.690	2.639
5	3.696	3.605	3.517	3.433	3.352	3.274	3.199	3.127	3.058
6	4.231	4.111	3.998	3.889	3.784	3.685	3.589	3.498	3.410
7	4.712	4.564	4.423	4.288	4.160	4.039	3.922	3.812	3.706
8	5.146	4.968	4.799	4.639	4.487	4.344	4.207	4.078	3.954
9	5.537	5.328	5.132	4.946	4.772	4.607	4.451	4.303	4.163
10	5.889	5.650	5.426	5.216	5.019	4.833	4.659	4.494	4.339
11	6.207	5.938	5.687	5.453	5.234	5.029	4.836	4.656	4.486
12	6.492	6.194	5.918	5.660	5.421	5.197	4.988	4.793	4.611
13	6.750	6.424	6.122	5.842	5.583	5.342	5.118	4.910	4.715
14	6.982	6.628	6.302	6.002	5.724	5.468	5.229	5.008	4.802
15	7.191	6.811	6.462	6.142	5.847	5.575	5.324	5.092	4.876
16	7.379	6.974	6.604	6.265	5.954	5.668	5.405	5.162	4.938
17	7.549	7.120	6.729	6.373	6.047	5.749	5.475	5.222	4.990
18	7.702	7.250	6.840	6.467	6.128	5.818	5.534	5.273	5.033
19	7.839	7.366	6.938	6.550	6.198	5.877	5.584	5.316	5.070
20	7.963	7.469	7.025	6.623	6.259	5.929	5.628	5.353	5.101
25	8.422	7.843	7.330	6.873	6.464	6.097	5.766	5.467	5.195
30	8.694	8.055	7.496	7.003	6.566	6.177	5.829	5.517	5.235
40	8.951	8.244	7.634	7.105	6.642	6.233	5.871	5.548	5.258
50	9.042	8.304	7.675	7.133	6.661	6.246	5.880	5.554	5.262

n	20%	25%	30%	35%	40%	50%
1	0.833	0.800	0.769	0.741	0.714	0.667
2	1.528	1.440	1.361	1.289	1.224	1.111
3	2.106	1.952	1.816	1.696	1.589	1.407
4	2.589	2.362	2.166	1.997	1.849	1.605
5	2.991	2.689	2.436	2.220	2.035	1.737
6	3.326	2.951	2.643	2.385	2.168	1.824
7	3.605	3.161	2.802	2.508	2.263	1.883
8	3.837	3.329	2.925	2.598	2.331	1.922
9	4.031	3.463	3.019	2.665	2.379	1.948
10	4.192	3.571	3.092	2.715	2.414	1.965
11	4.327	3.656	3.147	2.752	2.438	1.977
12	4.439	3.725	3.190	2.779	2.456	1.985
13	4.533	3.780	3.223	2.799	2.469	1.990
14	4.611	3.824	3.249	2.814	2.478	1.993
15	4.675	3.859	3.268	2.825	2.484	1.995
16	4.730	3.887	3.283	2.834	2.489	1.997
17	4.775	3.910	3.295	2.840	2.492	1.998
18	4.812	3.928	3.304	2.844	2.494	1.999
19	4.843	3.942	3.311	2.848	2.496	1.999
20	4.870	3.954	3.316	2.850	2.497	1.999
25	4.948	3.985	3.329	2.856	2.499	2.000
30	4.979	3.995	3.332	2.857	2.500	2.000
40	4.997	3.999	3.333	2.857	2.500	2.000
50	4.999	4.000	3.333	2.857	2.500	2.000